Y 5545 (313)
+ C2.1.

Y4 4113

COLLECTION
DES
CLASSIQUES FRANÇOIS.

IMPRIMERIE DE JULES DIDOT AÎNÉ,
IMPRIMEUR DU ROI,
Rue du Pont-de-Lodi, n° 6.

OEUVRES
DE
CRÉBILLON

AVEC LES NOTES
DE TOUS LES COMMENTATEURS.

ÉDITION PUBLIÉE
PAR M. PARRELLE.

TOME PREMIER.

A PARIS,
CHEZ LEFEVRE, ÉDITEUR,
RUE DE L'ÉPERON, N° 6;
CHEZ AIMÉ-ANDRÉ, LIBRAIRE,
QUAI MALAQUAIS, N° 13.

M DCCC XXVIII.

AVERTISSEMENT
DE L'ÉDITEUR.

Crébillon avoit trente-un ans quand il fit représenter IDOMÉNÉE, sa première pièce, en 1705. Dans l'intervalle qui s'écoula entre cette époque et celle de sa mort, c'est-à-dire dans le cours de cinquante-sept ans, il donna au théâtre huit autres tragédies :

ATRÉE ET THYESTE, en 1707;
ÉLECTRE, en 1708;
RHADAMISTE ET ZÉNOBIE, en 1711;
XERXÈS, en 1714;
SÉMIRAMIS, en 1717;
PYRRHUS, en 1726;
CATILINA, en 1748;
Et LE TRIUMVIRAT, en 1754.

Dès 1737, les quatre premières, la sixième et la septième, furent recueillies et publiées en deux volumes in-12; cette édition se renouvela en 1743 et 1749.

En 1750, Crébillon obtint la faveur de faire imprimer ses ouvrages au Louvre : ils le furent en effet en deux volumes in-4°, qui, outre les six tragédies que nous venons d'indiquer, renferment encore CATILINA et XERXÈS. Celle-ci, représentée trente-six ans auparavant, avoit été imprimée en 1749 pour la première fois, ainsi que CATILINA. Quant au TRIUMVIRAT, il ne fut livré à la presse qu'en 1755.

Cette dernière édition contient une *Dédicace au Roi*, qui en faisoit les frais, et une *Préface générale* de l'auteur, avec ses *Discours académiques* et ses *Œuvres diverses*, qui avoient déja paru à la suite de CATILINA. Mais on n'y trouve ni les dédicaces ni les préfaces particulières: il seroit facile d'expliquer la disparition des unes; il l'est moins de se rendre compte de la suppression des autres.

Quoi qu'il en soit, l'édition de 1750 est la dernière qui ait reçu les soins de Crébillon; car il n'est p présumable que son grand âge lui ait permis de surveiller celles qui furent faites en 1757 et 1759, celleci en deux, et celle-là en trois volumes in-12: aussi méritent-elles peu de confiance.

Depuis la mort de Crébillon, arrivée en 1762, ses œuvres ont été réimprimées souvent et dans tous les formats. Cependant on s'est toujours contenté de reproduire l'édition de 1772, en trois volumes in-12, publiée par l'abbé de La Porte, édition assez correcte, mais surchargée d'une foule de pièces inutiles, pour ne pas dire ridicules, et qui ne sauroient trouver grace aux yeux d'un lecteur éclairé. C'est ainsi que dans cet amas indigeste, présenté sous le titre d'*Écrits de divers auteurs*, on voit une *Ode sur l'anniversaire de Crébillon*; une *Ode sur sa mort*; son *Épitaphe*; les *Attributs de son tombeau*, et autres bagatelles scolastiques, où l'on ne rencontre pas une ligne qui mérite d'être citée. Une édition classique ne pouvoit s'accommoder de pareilles superfluités, et nous les avons retranchées, persuadé d'ailleurs qu'elles seroient avantageusement remplacées par les observations que Voltaire, La Harpe, et quelques autres écrivains distingués, ont faites sur les œuvres de notre poëte. Ces remarques, dans La Harpe sur-tout, sont nombreuses; mais la réputation de l'Aristarque françois est trop bien établie pour que nous ayons à craindre que leur multiplicité ne fatigue le lecteur. Toutefois, il faut l'avouer, son aveugle admiration pour Voltaire l'a rendu souvent injuste à l'égard d'un poëte qui avoit à ses yeux le tort impardonnable de se placer entre son maître et Racine dans la carrière brillante du théâtre; et il nous a fallu le dépouiller de son amertume, quelquefois même de ses injures contre Crébillon: nous avons fait subir la même épreuve à Geoffroy, qui, de son côté, s'est cru obligé de défendre, aux dépens de Voltaire, la mémoire de l'auteur de RHADAMISTE. Enfin, nous avons toujours réduit les notes à ce qu'elles avoient de purement littéraire: c'étoit l'unique moyen de les rendre utiles. D'ailleurs le temps, qui efface tout, a plongé dans l'oubli ces vieilles querelles; et si de nos jours un traducteur du théâtre latin a essayé de les ressusciter en traitant Crébillon de *poëte ignorant, manquant de goût, et presque de jugement,* on le lui pardonne aisément en lisant son livre: on voit bien que les beaux vers d'ATRÉE, traduits ou imités de Sénèque, étoient pour lui des censeurs incommodes.

Mais revenons à notre édition. Le texte de Crébillon y est rétabli d'après les éditions originales que nous avons pour ainsi dire contrôlées l'une par l'autre, et paroît ici pour la première fois accompagné d'observations critiques puisées dans des écrivains en état de juger et d'apprécier les œuvres du génie; les vers supprimés par l'auteur sont reproduits, ainsi que les variantes, que nous avons conservées toutes les fois qu'elles ont offert un intérêt grammatical ou littéraire; les dates des premières représentations, fort inexactement indiquées jusqu'ici, ont été rectifiées d'après les mémoires ou journaux du temps; l'Éloge de Crébillon par d'Alembert, complété par des notes biographiques, est en outre débarrassé de quelques digressions qui n'avoient pas un rapport assez direct avec la vie ou les ouvrages du poëte.

Enfin, dans cette édition, comme dans celles de *Malherbe*, *Corneille* et *Montesquieu*, nous n'avons rien négligé pour mériter le suffrage du public; et c'est déjà un titre à sa bienveillance que de lui présenter un écrivain qui appartient encore au siècle de Louis XIV, à ce siècle qui est pour nous comme une nouvelle antiquité dont nous devons feuilleter nuit et jour les chefs-d'œuvre:

Nocturna versate manu, versate diurna.
(*De Art. poet.*, 269.)

L. P.

ÉLOGE
DE CRÉBILLON[1].

PROSPER JOLYOT DE CRÉBILLON naquit à Dijon le 13 février 1674. La capitale de la Bourgogne, où il reçut le jour, s'honore d'avoir vu naître un grand nombre d'hommes célèbres dans les lettres, parmi lesquels nous ne citerons que Bossuet, qui dispense de nommer ses autres compatriotes, comme il dispense de nommer les orateurs ses contemporains.

Le jeune Crébillon fit ses études chez les jésuites, qui ont été de même les premiers instituteurs de plusieurs écrivains distingués : nous ne rappellerons ici que les trois plus illustres, ce même Bossuet qu'ils voulurent acquérir et qui leur échappa, le grand Corneille qui les aima *toujours*, et M. de Voltaire qui les aima *long-temps*.

Une anecdote que M. l'abbé d'Olivet a souvent racontée nous apprend que Crébillon annonça dès le collége les talents qui devoient lui faire un nom, et en même temps l'amour qu'il a montré

---

[1] Lu à l'Académie françoise, en séance publique, le 25 août 1778. Cet éloge est de d'Alembert.

jusqu'à la fin de ses jours pour une vie indépendante et libre de toute espèce de contrainte. Les jésuites ses maîtres, qui s'occupoient avec zèle (car c'est une justice qu'il faut leur rendre) de l'éducation de la jeunesse confiée si long-temps à leurs soins, n'oublioient pas dans cette éducation l'avantage de leur compagnie, toujours présent à leurs yeux; espèce de sentiment patriotique dont nous n'aurons pas la dureté de leur faire un reproche. Dans cette vue ils s'étudioient à bien connoître leurs disciples, pour en tirer tout le parti possible relativement aux différents projets qu'ils pouvoient former sur eux. Ils avoient pour cet effet dans chaque collége un registre secret, sur lequel ils écrivoient le nom de chaque écolier, avec une note en latin sur ses talents, son esprit, et son caractère. Fontenelle, par exemple, qui avoit aussi étudié chez eux dans la ville de Rouen, sa patrie, avoit pour note: *Adolescens omnibus numeris absolutus, et inter discipulos princeps.* (Jeune homme accompli à tous égards, et le modèle de ses condisciples.) La note de Crébillon n'étoit pas tout-à-fait si honorable; elle portoit: *Puer ingeniosus, sed insignis nebulo.* (Enfant plein d'esprit, mais insigne vaurien.) Nous n'aurions osé rapporter une circonstance si futile de l'enfance de Crébillon, si sa conduite dans tout le cours de sa vie avoit justifié l'épithète malhonnête dont on le gratifioit de si bonne heure; une telle épithète, appliquée par un régent de collége à un écolier plein d'esprit et de vivacité, ne signifioit autre chose que l'impétuosité naturelle d'un enfant qui se livroit avec ardeur aux plaisirs innocents de son âge, qui affichoit un dégoût bien excusable pour des études rebutantes et par elles-mêmes et par leur forme, qui montroit dès-lors un caractère ferme et décidé, incapable de s'assujettir à des règles minutieuses, enfin qui savoit peut-être déjà démêler dans ses instituteurs ces travers trop fréquents que la maladresse des maîtres laisse apercevoir à leurs disciples. Tel étoit sans doute le jeune Crébillon, regardé par les jésuites comme le fléau de leur collége.

Sa famille, ancienne et illustrée dans la magistrature du côté paternel et maternel, desiroit de conserver cette illustration, qui étoit pour elle un héritage précieux et respecté. En conséquence de ces vues, son père, greffier en chef de la chambre des comptes de Dijon, le destina à la robe, sans consulter ni la volonté de ce fils, ni la nature, qui se plaît si souvent à contrarier les projets des pères, et qui malgré eux a fait les Boileau, les Molière, et tant d'autres. Crébillon fit donc son droit à Paris, fut reçu avocat, dévora tout l'ennui du fatras des lois, et passa ensuite dans l'étude d'un procureur pour y apprendre les éléments de la chicane, auxquels il prit encore moins de goût. Il s'y dévoua cependant, ou plutôt il s'y soumit, avec toute la docilité qui peut accompagner une répugnance excessive. Il se dédommageoit de cette fastidieuse occupation en allant souvent au spectacle. Le goût très vif qu'il prit pour cet amusement devint bientôt une passion violente, et cette passion alla si loin qu'il ne put un jour la contenir en présence de son procureur même, à qui jusqu'alors il avoit caché soigneusement tout le plaisir défendu qu'il goûtoit avec tant d'avidité. Le procureur, homme d'esprit, vit dans l'éloquence avec laquelle Crébillon parloit des chefs-d'œuvre de la scène le germe d'un talent fait pour briller un jour sur le théâtre; il osa conseiller à son élève de renoncer à la chicane, au barreau, à la magistrature même, de suivre l'impulsion de son génie, et de savoir désobéir à ses parents pour illustrer un jour le nom qu'ils portoient.

A juger du caractère de Crébillon par le genre de son esprit, plein de vigueur et d'une sorte d'audace, on croiroit que pour se livrer à son talent il n'auroit pas eu besoin d'en être averti, ou du moins qu'il n'avoit besoin que de l'être; mais les exhortations du procureur l'effrayèrent d'abord plus qu'elles ne l'encouragèrent. Plein d'admiration et de respect pour les écrivains immortels qui ont donné tant d'éclat à la scène françoise, et ne se croyant pas même destiné à les suivre de loin, il regardoit cette ambition comme une espèce de sacrilége. Ainsi cet homme, qui devoit être un de nos premiers auteurs tragiques, modeste et timide comme l'est toujours le génie effrayé par les grands modèles, n'osoit entrer dans le sentier de la gloire, où ils l'invitoient à les suivre, tandis qu'une foule de jeunes présomptueux s'y jettent avec une aveugle confiance, et disparoissent bientôt pour jamais. A la fin pourtant le jeune Crébillon, réveillé tous les jours par des conseils dont la sincérité ne lui étoit pas suspecte, mais encore plus excité par une voix intérieure et puissante à laquelle il résistoit en vain, hasarda une pièce[1] qu'il lut aux comédiens. Le sort de cet ouvrage lui fit croire d'abord que cette voix importune l'avoit trompé; la pièce eut le malheur d'être rejetée par l'aréopage qu'il avoit pris pour juge. Il en conçut un chagrin qui rejaillit sur son procureur même; il le regarda presque comme un ennemi qui lui avoit conseillé de se déshonorer, jura de ne le plus croire et de ne plus faire de vers de sa vie.

Les amants et les poëtes oublient bientôt leurs serments. Crébillon se calma peu à peu, revint où la nature le vouloit, et fit la tragédie d'*Idoménée*, qui eut assez de succès pour le consoler de son premier malheur. L'action néanmoins en étoit foible, et le style négligé; une rivalité d'amour entre le père et le fils, assez mal imaginée dans un

---

[1] Le sujet de cette pièce étoit la mort des enfants de Brutus.

pareil sujet, donna beaucoup de prise à la censure; mais quelques beautés de détail firent excuser et le vice du plan, et les défauts de l'exécution. Le cinquième acte fut cependant assez mal reçu à la première représentation de la pièce. Aussi fécond que docile, le poëte en fit un meilleur, qui fut composé, appris et joué en cinq jours. Une facilité si singulière annonçoit et préparoit de plus heureux efforts; aussi Crébillon, s'élançant de ce premier pas dans la carrière tragique, montra bientôt au public étonné le vaste chemin qu'il avoit fait. Il sauta, si on peut parler ainsi, de la tragédie d'*Idoménée* à celle d'*Atrée et Thyeste*, qui laissa la première bien loin derrière elle. Le fond de l'intérêt dans cette dernière pièce n'est à la vérité guère plus grand que dans *Idoménée*; mais l'action y est plus attachante et plus vive; le style, sans être beaucoup plus correct, a bien plus de couleur et de force; et les beautés y sont plus fréquentes et plus marquées. Cette tragédie est même restée long-temps au théâtre; mais la catastrophe pleine d'horreur qui la termine, ce sang qu'Atrée veut faire boire à Thyeste, a toujours nui au plein succès de la pièce dans toutes ses remises, comme elle y avoit nui dans sa nouveauté. On pensera peut-être qu'elle seroit plus heureuse aujourd'hui, depuis qu'on a vu dans *Gabrielle de Vergy* [1] une situation

---

[1] Tragédie de Du Belloy.

plus horrible encore, attirer long-temps la foule. Mais, sans prétendre ni justifier ni combattre ce dernier succès, nous croyons qu'*Atrée* ne peut jamais en espérer un semblable. Dans la pièce de Crébillon, l'horreur du cinquième acte n'est absolument que dégoûtante et sans intérêt; elle se fait sentir tout-à-coup, et presque sans être préparée, au moment où Atrée présente à Thyeste le sang de son fils; et ce moment affreux, que rien ne répare et n'adoucit, révolte avec raison le spectateur. Dans *Gabrielle*, l'horreur est affoiblie par l'intérêt qu'on prend aux deux amants, par le spectacle, touchant, quoique terrible, des douleurs et des angoisses de Gabrielle, par le prolongement même de ce spectacle, qui diminue la violence de l'effet, en laissant au spectateur le temps de sentir qu'il n'assiste qu'à une représentation : voilà pourquoi, si nous osons ici hasarder notre avis, les femmes, qui se rejettent au fond de leurs loges quand elles voient la coupe sanglante d'Atrée tomber et se répandre sur le théâtre, regardent au contraire, quoiqu'en frémissant, l'urne et l'agonie de Gabrielle; semblables à ces enfants qui aiment à entendre les contes dont on les effraie, et reviennent tout effrayés les écouter encore : sur la scène un frémissement subit et instantané n'est que pénible quand la cause en est révoltante; mais dans une situation terrible d'ailleurs, un frémissement qui dure et se prolonge, peut faire éprouver une sorte de plaisir, et rendre par ce moyen la situation moins affreuse. Quoi qu'il en soit, la tragédie d'*Atrée* obtint les plus grands éloges[1], et l'estime générale qu'elle mérita mit le comble, non seulement au bonheur du poëte, mais à celui du procureur qui avoit donné Crébillon au théâtre. Quoiqu'il fût attaqué d'une maladie mortelle, il se fit porter à la première représentation d'*Atrée*. Il en seroit sorti avec affliction, s'il eût attendu le jugement des spectateurs pour fixer le sien, car cette représentation fut assez froidement reçue; le parterre parut plus consterné qu'intéressé; il vit baisser la toile sans siffler ni applaudir, et s'écoula avec ce silence fâcheux qui n'annonce pas dans les auditeurs le desir de l'être une seconde fois. Mais le procureur jugea mieux que le public, ou plutôt jugea dès ce premier moment comme le public devoit juger bientôt après. La pièce finie, il alla sur le théâtre chercher son ami, qui, encore très incertain de son sort, étoit déjà presque résigné à sa chute; il embrassa Crébillon avec transport :

---

[1] Voltaire essaya de traiter le même sujet, et les *Pélopides* furent sa dernière lutte contre Crébillon; mais, pour ce coup, la partie étoit trop inégale. L'auteur d'*Atrée* l'avoit composé dans la vigueur de l'âge et du talent: Voltaire n'étoit plus que l'ombre de lui-même dans la tragédie, lorsqu'il fit les *Pélopides*; et ce sujet est un de ceux qui demandent le plus de nerf tragique. Toute la pièce de Voltaire est de la dernière foiblesse, dans le plan comme dans les vers, et ne vaut pas une scène d'*Atrée*. (La H.)

« Je meurs content, lui dit-il, je vous ai fait poëte, et je laisse un homme à la nation. »

L'horreur dont on avoit accusé la tragédie d'*Atrée*, fut adoucie par l'auteur, non sans quelque regret, dans *Électre*, qui suivit d'assez près, et dont le succès fut aussi grand[1] que mérité. On reprocha pourtant à cette pièce de l'embarras dans l'exposition, et un double amour qui y jette de la langueur, sur-tout dans les premiers actes. Mais l'intérêt du sujet, la chaleur de l'action, des vers heureux et qui sont restés, le caractère d'Électre dessiné d'un pinceau ferme et noble, enfin la beauté supérieure du rôle de Palamède, enlevèrent tous les suffrages, et imposèrent silence aux critiques.

Après le succès d'*Électre*, on auroit cru que la gloire dramatique de Crébillon étoit à son comble. C'étoit déjà une chose très rare au théâtre de voir des triomphes si rapides, qui ne fussent pas au moins interrompus et comme tempérés par des chutes. Ce fut une chose plus rare encore de voir les succès aller en augmentant, et le poëte, semblable aux dieux d'Homère, faire trois pas et arriver au terme. Crébillon avoit déjà laissé bien loin derrière lui tout l'essaim de poëtes tragiques

---

[1] Le succès de cette tragédie eût été plus grand encore, si le froid excessif de 1709 n'avoit obligé les comédiens d'en suspendre les représentations et de fermer leur théâtre.

qui se traînoient sur la scène depuis Corneille et Racine; il se surpassa lui-même dans *Rhadamiste*, son chef-d'œuvre, et nous pouvons ajouter, un des chefs-d'œuvre du théâtre françois. Cette pièce est d'un dessin fier et hardi, d'une touche originale et vigoureuse[1]. Les caractères de Rhadamiste, de Zénobie et de Pharasmane, sont tracés avec autant d'énergie que de chaleur; l'action est intéressante et animée, les situations frappantes et théâtrales; le style a d'ailleurs une sorte de noblesse sauvage, qui semble être la qualité propre de cette tragédie, et la distinguer de toutes les autres. Parmi plusieurs scènes d'un grand effet, celle où Zénobie déclare en présence de son époux son amour pour Arsame est une des plus belles qui soient au théâtre. La supériorité des trois derniers actes, et même d'une partie du second, fit pardonner la langueur du premier, et sur-tout l'obscurité d'une exposition aussi froide, plus compliquée et moins vraisemblable que celle de *Rodogune*, mais qui produit, ainsi que dans *Rodogune*, des beautés théâtrales du premier ordre; tant il est vrai, comme le prouvent cent autres exemples, que le succès d'une tragédie est bien plus dans l'effet subit et momentané des situations, que dans la préparation des incidents, ou même dans leur vraisemblance, et « il vaut mieux frapper fort que de frapper juste[2]. »

[1] Elle fut si goûtée du public qu'elle eut deux éditions en huit jours. — [2] Paroles de Voltaire.

Ce sujet de *Rhadamiste* avoit infiniment plu à Crébillon; le rôle de Pharasmane, implacable ennemi de l'arrogance et de l'ambition romaine, donnoit lieu à l'auteur de déployer dans toute sa force la haine vive et profonde dont il étoit pénétré lui-même pour ces *tyrans de l'univers;* car c'étoit le nom, peut-être bien mérité, qu'il donnoit toujours aux Romains, dont les annales réveillent tant d'idées de gloire, et dont la gloire a tant fait de malheureux. Il regardoit, disoit-il, comme un des plus grands fléaux qui eussent désolé l'humanité, les conquêtes de cette nation insolente et cruelle, et les chaînes dont elle avoit accablé tant de peuples.

Néanmoins ce *Rhadamiste*, qui venoit d'obtenir du public une faveur si distinguée, ne put même obtenir grace du sévère Boileau qui vivoit encore. Il s'exprima sur cette pièce avec plus de dureté qu'il n'avoit fait dans ses Satires sur les productions les plus méprisables à ses yeux. « J'ai trop vécu, s'écrioit-il avec la plus violente humeur; à quels Visigoths je laisse en proie la scène françoise! Les Boyers et les Pradons que nous avons tant bafoués, étoient des aigles auprès de ceux-ci[1]. »

---

[1] En citant ce jugement, on oublie trop qu'il ne porte que sur le premier acte de *Rhadamiste*. Si la santé de Boileau lui eût permis d'écouter la pièce jusqu'au bout, il eût sans doute rendu autant de justice à l'intérêt des situations et aux beautés du style, qu'il avoit montré de sévérité pour une exposition froide et embarrassée.

La comparaison étoit aussi injurieuse qu'injuste. Mais le mérite de la versification, le premier de tous aux yeux de Boileau, étoit, il faut l'avouer, le côté foible de la nouvelle tragédie. D'ailleurs ce juge inexorable, encore plein du souvenir des hommes de génie avec lesquels il avoit vécu, des Molière, des Racine, et des Corneille, ne voyoit qu'avec dédain leurs successeurs.

Rhadamiste fut suivi de *Xerxès* et de *Sémiramis*, qui eurent l'un et l'autre très peu de succès. Outre les défauts particuliers à chacune de ces tragédies, on reprochoit à Crébillon d'être monotone dans ses sujets et dans sa manière, et de ne pouvoir sortir de cette horreur tragique qu'on avoit tolérée, ou même applaudie dans ses premières pièces, mais dont on étoit fatigué et rebuté dans les dernières. Il crut répondre à ces critiques en donnant *Pyrrhus*, dont le sujet, la marche, le style et le ton étoient plus assortis à la délicatesse, ou, comme il le prétendoit, à la foiblesse des spectateurs. Personne ne mouroit dans cette pièce ; l'auteur s'étoit fait cette violence : mais comme il ne se trouvoit dans toute sa force, et, pour ainsi dire, à son aise que sur une scène ensanglantée, il n'avoit travaillé, disoit-il, qu'avec une sorte de dégoût à cette *ombre* de tragédie, qu'il ne put même achever qu'au bout de cinq ans. La pièce reçut néanmoins plus d'accueil que cet accouchement laborieux et forcé ne sembloit le permettre. Mais l'accueil fut passager, et l'ouvrage a disparu de dessus la scène.

Nous ne devons pas oublier de dire que dans l'intervalle entre *Xerxès* et *Sémiramis*, Crébillon avoit commencé une tragédie de *Cromwell*, où il donnoit l'essor le plus intrépide aux sentimens de liberté qui étoient gravés si profondément dans son cœur. Il en lut à ses amis quelques scènes, où l'aversion angloise pour le pouvoir absolu étoit peinte avec tant d'énergie, qu'il reçut une défense de continuer sa pièce. Il étoit bien éloigné de consacrer l'attentat d'un sujet, dont le fanatisme odieux, se couvrant de l'égide des lois, osa priver du trône et de la vie un monarque vertueux et digne d'un meilleur sort; mais l'auteur avoit fait de Cromwell un scélérat plein de grandeur; et l'administration craignit que l'admiration pour le criminel ne diminuât l'horreur du crime, que la peinture d'un peuple libre ne fît des impressions trop vives sur une nation gouvernée par d'autres lois, et que la haine pour le despotisme n'affoiblît le respect pour l'autorité. On connoît quelques vers [1] de cette tragédie, que les amis de l'auteur lui ont souvent entendu dire, et où l'usurpateur étaloit avec la plus insolente audace ses maximes anti-monarchiques. Ces vers, quoique placés dans la bouche d'un rebelle, et par consé-

---

[1] Aucun de ces vers n'est parvenu jusqu'à nous.

quent peu propres à ébranler de fidèles sujets, pénétrés de ce qu'ils doivent au pouvoir légitime, parurent néanmoins trop mal sonnants pour être entendus sur le théâtre d'une nation qui se fait tant d'honneur d'aimer ses souverains; et Crébillon se soumit à cet arrêt avec une docilité d'autant plus louable, que s'il détestoit l'autorité arbitraire, il respectoit et chérissoit celle de son roi. Il a tracé lui-même ce double sentiment dans un exemplaire qu'il avoit du fameux livre qui a pour titre : *Vindiciæ contra tyrannos* (réclamation contre les tyrans) (1), ouvrage dont l'objet est de fixer les droits réciproques des rois et des peuples. Dans cet exemplaire que nous avons vu, Crébillon a souligné avec soin les passages sur la haine du despotisme, sur le droit que la tyrannie donne aux opprimés de la braver et de l'anéantir, et en même temps sur l'obéissance et l'amour que les peuples doivent à une autorité sage et modérée, fondée sur la justice et sur les lois. Ainsi, toujours fier et libre, et en même temps toujours François et fidèle, Crébillon sut également se garantir et des fureurs de la révolte, et des bassesses de l'esclavage.

Revenons à ses travaux dramatiques. La tragédie de *Pyrrhus* en fut presque le terme, soit que cette tragédie, si contraire à son goût, eût

---

¹ L'auteur de cet ouvrage est Hubert Languet. Voyez le *Dictionnaire de Moréri*.

épuisé son génie, soit que l'auteur se voyant, après tant de succès, plus chargé de lauriers que de fortune, fût enfin dégoûté de ce théâtre où il avoit brillé si long-temps. Il renonça même presque entièrement au commerce des hommes, non par humeur ou par misanthropie, mais par amour pour cette liberté qu'il regardoit comme le seul bien qui lui restât. Ce caractère indépendant le rendoit incapable de se prêter aux inutilités ordinaires de la société, qu'on y décore du nom de *bienséances* et de *devoirs*; il lui étoit plus impossible encore de se plier à ces assiduités si nécessaires auprès des hommes puissants pour s'assurer ce qu'on nomme des *protecteurs*, Mécènes orgueilleux des talents médiocres qui les recherchent, et secrets ennemis des talents distingués qui les négligent. Crébillon s'enfonça dans une retraite ignorée, où il se réduisit à une vie simple, frugale et presque dure, entouré d'animaux dont l'attachement le consoloit de l'injustice des hommes, ou plutôt l'en dédommageoit sans qu'il eût besoin de s'en consoler; car il sembloit même sentir à peine cette injustice, tant il étoit loin de s'en plaindre. Soit apathie, soit équité, il ne s'étoit jamais pris qu'à lui seul des disgraces qu'il avoit essuyées au théâtre. Après la première représentation de *Xerxès*, qui, comme nous l'avons dit, ne fut pas heureuse, il avoit demandé aux comédiens leurs rôles, et les avoit jetés au feu en leur présence: « Je me suis trompé, leur dit-il, le public m'a éclairé. »

Malgré le grand nombre de ses succès, il n'avoit pu obtenir, dans le temps le plus brillant de sa gloire, une place à l'Académie françoise; les cabales littéraires les plus opposées étoient réunies contre lui, parceque les chefs et les suppôts de ces cabales voyoient dans Crébillon un homme qui menaçoit de les faire bientôt oublier tous par l'éclat de sa renommée. Il faut convenir aussi qu'il avoit un peu irrité par sa faute l'amour-propre de ceux qui jouissoient alors, à tort ou à droit, de quelque réputation dans les lettres; il s'étoit permis contre eux une satire ingénieuse et piquante, qu'il eut pourtant la modération ou la prudence de ne jamais faire imprimer; ses détracteurs y étoient désignés d'une manière plaisante par des noms d'animaux qui les caractérisoient avec une vérité assez frappante pour leur déplaire; l'un étoit la taupe, l'autre le singe, celui-là le chameau, celui-ci le renard. Ce fut la seule satire que Crébillon se permit dans toute sa vie; il faut la pardonner au premier mouvement d'un talent opprimé, qui, éprouvant l'injustice, s'irrite d'abord contre elle, se venge un moment, se repent bientôt de cette foiblesse, et n'oppose plus à ses ennemis que le travail, les succès, et le silence. Crébillon étoit bien éloigné de donner sur ce point aux poètes ses confrères un mauvais exemple, dont par malheur ils n'ont pas besoin; il ne s'exprimoit jamais qu'avec le plus profond dédain sur ces insectes plus importuns que malfaisants, dont la littérature est inondée. Un jeune poëte vint un jour lui faire la lecture d'une satire; il l'écouta tranquillement, et quand la lecture fut achevée : « Jugez, lui dit-il, combien ce malheureux genre est facile et méprisable, puisqu'à votre âge vous y réussissez. »

Il n'est pas inutile de remarquer, comme un trait digne d'être conservé dans l'histoire des sottises humaines, que les ennemis de Crébillon, ne pouvant articuler aucun fait contre sa personne, alloient chercher dans ses pièces des preuves de la perversité de son caractère. Il n'y avoit, selon eux, qu'une ame noire qui pût s'attacher de préférence aux sujets qu'il avoit choisis. « On m'a chargé, dit-il dans la préface d'*Atrée*, de toutes les iniquités de ce personnage, et on me regarde encore dans quelques endroits comme un homme avec qui il ne fait pas sûr de vivre. » Ce peu de mots suffisoit pour rendre ses ennemis ridicules, et le dispensoit d'honorer, comme il fit, d'une réponse sérieuse leur absurde imputation; ils avoient porté l'ineptie jusqu'à lui reprocher, comme des principes qu'il recéloit au fond de son cœur, les maximes atroces qu'il avoit mises dans la bouche de quelques scélérats, qu'apparemment on vouloit qu'il fît parler en hommes vertueux pour soutenir leur caractère. Le censeur de *Sémiramis*, après s'être bien fait prier pour accorder son approbation, crut faire un grand effort d'indulgence en la donnant de la manière suivante : « J'ai lu *Sémiramis*, et j'ai cru que la mort de cette princesse, au défaut des remords, pouvoit faire *tolérer* l'impression de cette tragédie. » Il est vrai que cet approbateur étoit un des héros de la satire dont nous avons parlé il n'y a qu'un moment; le scrupule vint en cette occasion prêter sa foible vengeance à l'amour-propre offensé. Tels furent les moyens qu'employèrent la haine et l'envie pour éloigner Crébillon; et malheureusement elles ne réussirent que trop bien à le réduire au silence qui les mettoit si fort à leur aise.

On ne devineroit pas aisément quelle étoit sa principale occupation dans sa solitude. Il imaginoit des sujets de romans, qu'il composoit ensuite de tête et sans les écrire; car sa mémoire étoit aussi prodigieuse que sa paresse étoit insurmontable. Il avoit une grande passion pour ce genre d'ouvrage; et même, presque indifférent à toute autre lecture, il n'avoit guère lu que nos anciens romans, sur-tout ceux de La Calprenède dont il ne parloit jamais qu'avec admiration, et dont il convenoit d'avoir tiré beaucoup de secours pour ses tragédies. Un jour qu'il étoit fort occupé d'un de ces romans, dont la composition charmoit sa retraite, quelqu'un entra brusquement chez lui : « Ne me troublez point, lui cria-t-il, je suis dans un moment intéressant ; je vais faire pendre un ministre fripon, et chasser un ministre imbécile. »

Il étoit comme oublié depuis long-temps, et presque mort pour la nation, lorsqu'on s'avisa enfin de penser qu'il existoit, et de lui rendre justice. Il entra à l'Académie [1], et il obtint des graces de la cour. Mais quelque bien placées que fussent ces récompenses, il ne faut pas se presser d'en faire honneur à l'équité de ses contemporains. Cette même haine, qui l'avoit frustré des distinctions littéraires dans le temps où il en étoit le plus digne, auroit alors voulu l'en accabler, si elle avoit pu, pour humilier un autre écrivain [2], dont la gloire méritoit depuis long-temps toute l'attention de l'envie. On pressa Crébillon d'achever sa tragédie de *Catilina*, qu'il avoit commencée depuis trente ans, dont il avoit lu des morceaux à quelques amis, et dont on parloit comme d'une merveille dramatique. Le public, qui depuis si long-temps entendoit louer cette pièce, et ne la voyoit jamais, quoiqu'on la lui promît toujours, s'écrioit quelquefois avec Cicéron : « Jusqu'à quand abuserez-vous de notre patience, Catilina ? » Enfin, l'accueil que Cré-

---

[1] Il y fut reçu le 27 septembre 1731, à la place de M. de La Faye.
[2] Voltaire.

billon recevoit de toutes parts, les sollicitations de Paris et de Versailles, les prières de l'académie, les ordres même du roi, tout le détermina à finir et à donner sa tragédie; mais l'événement fit voir qu'il eût mieux fait de continuer à écouter sa paresse, que de céder à ses amis et à ses prôneurs. Cette production, peu digne de l'auteur de *Rhadamiste*, et qui n'a jamais reparu depuis sa nouveauté, eut cependant une sorte de succès momentané, ou plutôt un assez grand nombre de représentations sans aucune estime; elle fut redevable de cette indulgence à l'intérêt qu'on avoit su inspirer au public pour la vieillesse de l'auteur [1], et sur-tout à la ligue nombreuse et puissante, déchaînée contre celui qu'elle vouloit immoler. La mort de l'un et de l'autre a fait taire l'amitié et la haine, et ne laisse

---

[1] Le roi de Prusse, à qui Crébillon avoit envoyé cette pièce, lui répondit, le 8 février 1749, en ces termes : « J'ai reçu votre lettre et votre tragédie de *Catilina*. Elle a justifié toute l'impatience que j'avois de l'applaudir. Les portraits en sont bien peints, finis, et frappés à ce coin de perfection et de justesse qui vous caractérisent si particulièrement. La versification en est par-tout belle, mâle, soutenue; et il y a je ne sais combien de vers qui forment des sentiments à retenir, à graver, et qui vont à la postérité avec la réputation si bien méritée de leur auteur. Je suis extrêmement sensible à l'attention que vous avez bien voulu me marquer en m'envoyant ce bel ouvrage; je vous en fais mon compliment, et vous prie d'être persuadé de mon estime et de mon admiration. Je suis, etc. » Frédéric appeloit *Catilina* « un dialogue divinement rimé. »

plus parler que la justice; ce n'est ni dans des sociétés ni dans des brochures qu'on peut apprendre à juger ces deux athlètes, c'est dans la salle du spectacle que leur place est fixée pour jamais; et s'il pouvoit y avoir encore quelque contestation sur ce sujet, on peut la terminer en deux mots, *venez et voyez*[1]. Sans insister sur ce parallèle, nous aimons mieux, pour la gloire de Crébillon, et pour celle de son illustre vainqueur,

[1] Une grande partie du public se plaisoit à opposer Crébillon à Voltaire. La littérature étoit divisée en deux factions; mais on s'est toujours trompé sur les véritables motifs de cette guerre, au fond plus politique que littéraire. Ce n'étoit pas les deux écrivains, les deux poëtes que l'on considéroit dans cette guerre : c'étoient les deux hommes. Crébillon, solitaire et même un peu sauvage, tranquille, indolent, sans intrigue, sans ambition, sans parti, se renfermoit dans la sphère du théâtre, et n'étoit autre chose qu'un auteur. Voltaire, inquiet, ardent, altéré de célébrité et de renommée, dévoré du besoin de la vaine gloire, travaillant dans tous les genres, jetant çà et là dans tous ses écrits des sentences et des réflexions très hasardées, annonçoit un novateur, un conquérant qui vouloit subjuguer l'opinion et dominer sur tous les esprits : cette audace alarmoit une partie de la nation; et, comme les succès de Voltaire étoient un puissant véhicule pour sa doctrine, tous ceux qui ne s'accommodoient pas de la manière de penser de ce poëte, sur des objets bien plus importants que la littérature, imaginoient, pour rabaisser sa gloire, de rehausser celle de son rival; ils jugeoient que le meilleur moyen d'arrêter l'essor de sa philosophie étoit de paralyser ses succès littéraires : mais il y a un progrès de mœurs et une force de choses qu'aucune industrie ne peut arrêter. Le combat fut donc, en apparence, entre les tragédies de Crébillon et celles de Voltaire, entre l'*Électre* et l'*Oreste*; mais, dans le fait, ce ne fut que la lutte et le choc des anciens principes contre les nouveaux systèmes. (Geoffroy.)

rappeler aux gens de lettres un trait de M. de Voltaire, bien digne de leur être proposé pour exemple. Dans son discours de réception à l'académie, il avoit bien mieux loué Crébillon que n'avoient fait tous ses partisans; c'étoit à César qu'il appartenoit de célébrer dignement Pompée. « Le théâtre, avoit-il dit dans ce beau discours, « est menacé, je l'avoue, d'une chute prochaine; « mais au moins je vois parmi vous, messieurs, « ce génie qui m'a servi de maître quand j'ai fait « quelques pas dans la carrière; je le regarde avec « une satisfaction mêlée de douleur, comme on « voit sur les ruines de sa patrie un héros qui l'a « défendue. » Nous ajouterons à ce bel éloge le trait honnête et sage de Crébillon lui-même, qui, demandé par M. de Voltaire pour censeur de la tragédie d'*Oreste*[1], dit en la lui rendant: « J'ai été content du succès de mon *Électre*, je souhaite que le frère vous fasse autant d'honneur que la

[1] L'*Oreste* de Voltaire parut en 1750. Comme on lui faisoit un crime d'oser traiter le même sujet que Crébillon, il fit prononcer sur le théâtre, avant la représentation de sa tragédie, un discours dans lequel on lit le passage suivant: « L'auteur n'a point la vanité téméraire de vouloir lutter contre la pièce d'*Électre*, justement honorée de vos suffrages, encore moins contre son confrère, qu'il a souvent appelé son maître, et qui ne lui a inspiré qu'une noble émulation, également éloignée du découragement et de l'envie; émulation compatible avec l'amitié, et telle que doivent la sentir les gens de lettres. » Suivant Geoffroy, *Électre* triompha d'abord de l'*Oreste* de Voltaire; mais mademoiselle Clairon se donna tant de mouvement que l'*Oreste* prévalut enfin sur l'*Électre*.

sœur m'en a fait. » Tels étoient les vrais sentiments réciproques de deux hommes qu'une cabale odieuse cherchoit à désunir; elle n'auroit dû les approcher, pour emprunter ici une belle expression de Bossuet, qu'afin d'apprendre de l'un d'eux toute l'estime que méritoit l'autre. « Heureux les arts, a dit un ancien, si les artistes seuls en jugeoient! » Celui qui a dit ce mot oublioit toute l'injustice des petits intérêts et des passions secrètes. Ces hommes si maladroitement empressés à défier l'auteur de *Rhadamiste* pour écraser celui de *Zaïre*, auroient bien fait de se rappeler et de s'appliquer les deux vers si connus de notre fabuliste philosophe :

Rien n'est si dangereux qu'un ignorant ami ;
Mieux vaudroit un sage ennemi[1].

Ils auroient dû se souvenir qu'il est dans le temple de la renommée littéraire des places marquées pour tous les talents, et tôt ou tard occupées par ceux qui méritent de les remplir; que cette renommée fait une justice, tantôt prompte, tantôt tardive, mais toujours infaillible et sévère, des protégés et des protecteurs, des auteurs et des juges, des éloges et des satires; qu'enfin rien n'est plus contraire au véritable intérêt des lettres, que de semer la discorde entre des hommes faits pour s'aimer, pour se soutenir, pour s'encou-

[1] La Fontaine, fable x du livre VIII.

rager mutuellement, pour se rendre par-là respectables à cette *populace* nombreuse, de tous les états, ennemie cachée de la gloire des talents, et dont la sottise est si contente de les voir à son niveau, quand ils ont le malheur de se dégrader par leurs querelles.

Crébillon étoit si peu flatté de l'ardeur indiscrète de ses amis, qu'il s'opposoit même, autant qu'il le pouvoit, à tous les moyens qu'ils vouloient prendre pour lui assurer des succès. Un d'eux lui demandant des billets pour la première représentation de Catilina : « Vous savez bien, lui dit-il, que je ne veux pas qu'il y ait personne dans le parterre qui se croie obligé à m'applaudir.... Aussi, lui répondit son ami, ce n'est pas pour vous faire applaudir que je vous demande ces billets; soyez sûr que ceux à qui je les donnerai seront les premiers à siffler la pièce, si elle le mérite. En ce cas-là, répondit Crébillon, vous en aurez. »

Nous n'avons dit qu'un mot de son entrée dans l'académie. Son nom est trop distingué dans notre liste, pour que nous passions légèrement sur cette réception. Elle fut d'ailleurs remarquable par une singularité qui n'avoit point encore eu d'exemple; il fit son remerciment en vers [1]; et cette nouveauté fut d'autant plus

---

[1] Ce discours est à la fin du tome II.

goûtée, que le public étoit depuis long-tem fatigué de l'uniformité de ces harangues. Cependant, soit timidité, soit paresse, le nouvel académicien ne porta pas l'innovation aussi loin qu'il l'auroit pu, et que sa réputation, son âge et le vœu unanime de ses auditeurs l'y autorisoient. Il conserva dans son discours le fond, déja si usé, de tous ceux dont nos assemblées avoient tant de fois retenti, et ne fit que répéter en vers, plus énergiques qu'élégants, les compliments d'usage qu'on entendoit depuis si long-temps en prose. On a essayé depuis d'affranchir nos remerciments académiques des entraves que nos prédécesseurs y avoient mises, et des bornes étroites où ces discours étoient circonscrits.

Une autre circonstance du discours de Crébillon, c'est qu'au moment où il prononça ce vers :

Aucun fiel n'a jamais empoisonné ma plume...

le public, par des applaudissements réitérés, confirma le témoignage qu'il se rendoit à lui-même. Car ce public, qui voit avec quelque satisfaction déchirer les hommes célèbres, leur sait gré de ne point répondre, parcequ'au plaisir secret qu'il a de les voir outragés sans repousser l'outrage, se joint la justice non moins secrète qu'il leur rend d'être au-dessus de la satire : aussi, quand la satire est oubliée, ce qui ne manque pas d'arriver bientôt, il n'y a plus qu'une voix pour louer leur modération et leur silence; on leur tient compte à-la-fois, et d'avoir connu leur force en se montrant insensibles aux injures, et de n'avoir voulu troubler ni le plaisir de ceux qui les disent ni le plaisir de ceux qui s'en amusent.

Les faveurs de la cour, dans le temps même où Crébillon en étoit comblé, n'avoient point énervé son ame. Jaloux de justifier ces faveurs par de nouveaux succès, il entreprit une tragédie du *Triumvirat*, où il crut pouvoir transporter, avec quelques changements légers, plusieurs morceaux de cette ancienne tragédie de *Cromwell*, qui lui étoit si chère, et qu'il avoit étouffée malgré lui. Il osa, dans une assemblée publique, lire à l'académie quelques uns de ces morceaux, dont la force, et sur-tout la hardiesse, frappèrent vivement tout l'auditoire. L'effet fut si général et si violent que l'auteur reçut ordre, non pas de supprimer cette piéce, comme celle de *Cromwell*, mais d'en adoucir les traits qui pouvoient alarmer la prudente circonspection du gouvernement. Contrarié dans son travail, mais non rebuté, Crébillon affoiblit et gâta sa piéce par obéissance; mais il eut pourtant le courage de la finir, quoique son âge de plus de quatre-vingts ans lui permît et peut-être lui ordonnât le repos. Un grand intérêt l'excitoit d'ailleurs à terminer cet ouvrage. Il avoit à cœur de réparer l'honneur de Cicéron, qu'il se reprochoit d'avoir dégradé dans sa tragédie de *Catilina*, en le faisant trop petit et trop foible. La pièce fut jouée, mais non pas avec le succès de l'*OEdipe à Colone*, que le premier des tragiques grecs avoit composé à-peu-près au même âge; et Crébillon ne put pas dire avec Corneille :

> Tel Sophocle à cent ans charmoit encore Athènes,
> Tel bouillonnoit encor son vieux sang dans ses veines[1];

le moment de la faveur ou de l'indulgence étoit passé; on ne vit plus dans le *Triumvirat* que la vieillesse de l'auteur; les sifflets respectèrent sa tragédie, mais la foule n'y vint pas; l'ouvrage disparut après quelques représentations, et l'auteur ne pensa plus qu'à finir en paix le reste de ses jours.

Nous avons déja dit que la mémoire de Crébillon étoit surprenante : elle le fut jusqu'à la fin de sa vie. Il n'écrivoit jamais ses pièces qu'au moment où il falloit les faire représenter; et déja plus que septuagénaire, il récita par cœur aux comédiens sa tragédie de *Catilina*. Quand il disoit quelque scène à ses amis, et qu'on faisoit une critique qui lui paroissoit juste, il réformoit l'endroit critiqué, et il oublioit totalement sa première façon, pour ne se souvenir que de la dernière. Sa mémoire, aux ordres, pour ainsi dire, de son goût, ne conservoit que ce qu'il croyoit devoir retenir. En général, il étoit bien plus docile aux critiques que ne l'ont été tant d'auteurs qui auroient eu si

[1] Voyez l'Épitre au Roi, tome XI, p. 131 de notre édition de Corneille.

grand besoin de l'être. Ayant récité dans une assemblée de gens de lettres une tragédie qu'il venoit de faire, et les auditeurs l'ayant trouvée mauvaise, « il n'en sera plus question, leur dit-il; vous avez prononcé son arrêt; » et dès ce moment il oublia tout-à-fait l'ouvrage.

Quoiqu'il eût dans l'esprit plus de force que de gaieté, il savoit plaisanter quelquefois. Dans le temps où il ne songeoit pas encore à finir son *Catilina*, dont il n'avoit fait que les deux premiers actes, il tomba sérieusement malade; ces deux actes lui furent demandés par son médecin, qui désespéroit de le guérir, et qui craignoit apparemment pour ses honoraires. L'auteur mourant lui répondit par ce vers de *Rhadamiste:*

Ah! doit-on hériter de ceux qu'on assassine[1] ?

Pendant qu'il achevoit ce *Catilina* si attendu, il en dit un jour une scène entière devant un jeune homme, qui lui en répéta sur-le-champ plusieurs tirades: « Monsieur, lui dit Crébillon, ne seriez-vous point le chartreux qui a fait mes pièces? » Il rioit ainsi tout le premier du bruit qu'avoient fait courir quelques mauvais plaisants, qu'avoient daigné croire quelques imbéciles, et même que des gens d'esprit n'étoient pas fâchés de répéter; car il faut bien laisser le moins qu'on peut les bons

[1] Acte II, scène II.

ouvrages à leurs auteurs : on prétendoit que les tragédies de Crébillon avoient pour père un chartreux, de si noires productions n'ayant pu naître que dans la cellule d'un triste et morne solitaire ; mais que le moine étoit mort en travaillant au *Catilina*, et que cette mort fatale avoit entraîné la pièce dans la même tombe.

Dans les premières années où Crébillon se livra au théâtre, il devint amoureux, et se maria sans l'aveu de ses parents. Son père étoit déjà très irrité de ce que le jeune homme avoit préféré la gloire d'écrivain célèbre à l'importance de magistrat médiocre. Mais son fils lui parut tout-à-fait déshonoré lorsqu'il le vit entrer dans une famille qui n'étoit ni opulente ni noble, quoique d'ailleurs honnête et vertueuse ; il déshérita ce fils ingrat et rebelle. Cependant, quelques années après, la réputation brillante dont Crébillon commençoit à jouir parvint aux oreilles de ce père, jusqu'alors inexorable : l'amour-propre du vieillard se sentit flatté ; il commença à croire que son fils avoit pris en effet un parti très sage ; il le rétablit dans ses droits, et la vanité répara les torts de la nature. Crébillon, après la mort de son père, alla recueillir la succession très modique qu'il lui avoit laissée ; mais, grace à son incurie pour ses intérêts, les frais de justice dévorèrent une partie de cette succession, et le *système*[1] acheva le reste. Il trouva

---

[1] De Law.

des secours dans les bienfaits de quelques hommes opulents, dont l'amour-propre eut la prétention de l'enrichir; mais bientôt ils se lassèrent de combler de biens un homme qui ne vouloit être ni leur complaisant ni leur protégé: Crébillon redevint bientôt libre et pauvre; et, quoique dans le temps de son opulence passagère il eût aimé la dépense jusqu'aux superfluités et aux fantaisies, il n'eut aucune peine à se plier au genre de vie qu'exigeoit sa nouvelle situation. Il passa sans effort, comme autrefois Alcibiade, du luxe de la Perse à l'austérité d'un Spartiate; et (ce qu'Alcibiade sans doute n'éprouvoit pas) il se trouva encore plus heureux dans le second état qu'il ne l'avoit été dans le premier.

Il avoit laissé un fils que la mort vient d'enlever aux lettres, et qui, comme son père, s'est rendu célèbre par ses écrits, mais dans un genre très opposé. Le père avoit peint du coloris le plus noir les crimes et la méchanceté des hommes: le fils, dans des romans pleins d'esprit et dictés par une connoissance profonde de tous les replis honteux du cœur humain, a tracé du pinceau le plus délicat et le plus vrai les raffinements, les nuances, et jusqu'aux graces de nos vices; cette légèreté séduisante qui rend les François ce qu'on appelle *aimables*, et ce qui ne signifie pas *dignes d'être aimés*; cette activité inquiète qui leur fait éprouver l'ennui jusqu'au sein du plaisir même; cette perversité de principes, déguisée et comme adoucie par le masque des bienséances ; enfin nos mœurs tout à-la-fois corrompues et frivoles, où l'excès de la dépravation se joint à l'excès du ridicule.

Crébillon mourut le 17 juin 1762, âgé de quatre-vingt-huit ans, après une maladie à laquelle il résista long-temps par un tempérament très robuste; car il conserva toute sa force jusqu'à la dernière vieillesse, malgré le peu de soin qu'il avoit eu de la ménager, ou peut-être même à cause des rudes épreuves qu'il lui avoit fait subir. Le gouvernement, qui lui avoit accordé une protection si éclatante, voulut un moment lui faire élever un mausolée: hommage qu'on n'avoit rendu ni à Corneille ni à Racine, encore moins à Molière, dont les mânes obtinrent à peine, comme l'on sait, les honneurs funèbres, et n'en furent même redevables qu'au grand roi qui avoit fait jouer le *Tartuffe;* auguste et digne protecteur du grand homme vivant, et du grand homme qui n'étoit plus! Le mausolée de Crébillon se réduisit au projet, la mort du poëte ayant bientôt refroidi la chaleur factice et passagère que sa vieillesse avoit vue naître.

FIN DE L'ÉLOGE DE CRÉBILLON.

AU ROI.

SIRE,

VOTRE MAJESTÉ vient de me faire une grace si peu méritée*, que j'ose à peine lui offrir l'hommage de ses propres bienfaits : témoin des merveilles de votre règne, je devrois rougir de les avoir si mal célébrées, tandis que VOTRE MAJESTÉ daigne immortaliser mes ouvrages. Quel bonheur fut égal au mien ! J'ai commencé de voir le jour sous l'empire d'un roi si grand, que sans son successeur il n'auroit jamais eu de rival ; j'ai

---

* Louis XV venoit d'ordonner que les œuvres de Crébillon seroient imprimées au Louvre.

vieilli sous les lois du plus aimable et du meilleur de tous les rois; j'ai vu naître pour ainsi dire sa gloire; je l'ai vue chaque jour prendre un nouvel éclat; et je la vois enfin consommée par le don d'une paix qui ne peut être envisagée sans admiration, ni oubliée sans ingratitude.

Je suis avec le plus profond respect et la plus parfaite soumission,

SIRE,

DE VOTRE MAJESTÉ,

Le très humble, très obéissant, et très fidèle sujet et serviteur,
PROSPER JOLYOT DE CRÉBILLON.

PRÉFACE[1].

J'avois résolu de donner une dissertation sur la tragédie; mais depuis quelque temps il a paru un si grand nombre de discours sur cette matière déja tant rebattue, et presque toujours sans fruit, que j'ai craint de tomber dans des redites. Jamais les auteurs ne furent mieux instruits des règles et des finesses de l'art : on en peut juger par leurs préfaces; il seroit seulement à souhaiter que les ouvrages qui les occasionent se ressentissent un peu plus de ces préliminaires si brillants : d'ailleurs que dirois-je à mes contemporains, qu'ils ne sussent aussi bien que moi? Ceux qui sont doués d'un génie heureux puisent des leçons dans leurs propres talents, ceux qui en sont dénués n'ont besoin que d'un seul précepte, c'est de ne point écrire. On sera peut-être surpris que dans le cours d'une assez longue vie, je ne me sois point occupé à retoucher mes ouvrages, sur-tout depuis que le roi a daigné en ordonner l'impression à son imprimerie royale, bienfait qui, en me comblant de gloire, seroit seul capable de confirmer le public dans la bienveillance

[1] Cette préface parut pour la première fois dans l'édition du Louvre, 1750, 2 vol. in-4°.

dont il m'a toujours honoré, et dont il m'a donné des marques si particulières; mais je n'ai jamais eu grande foi aux corrections; la plupart ne sont que des fautes nouvelles : lorsqu'on n'est plus dans la chaleur des premières idées, on ne peut trop se défier des secondes. Un autre motif m'a engagé à me laisser tel que j'étois quand le public m'a pris sous sa protection; comme je ne me flatte pas de pouvoir devenir un modéle, mes défauts pourront servir d'instruction : peut-être qu'en m'examinant de près, mes successeurs seront à leur tour tentés de faire l'examen de leur conscience; ils en sentiront mieux les dangers d'une carrière aussi épineuse que celle du théâtre, quand ils verront qu'un homme né avec une sorte de talent pour la tragédie, et éclairé par les piéces de Corneille et de Racine, n'a pu éviter des écueils que vraisemblablement il devoit avoir aperçus. Je suis d'autant moins excusable, que j'ai connu parfaitement les beautés de la tragédie, et que j'ai, mieux que qui que ce soit, senti mes défauts. Ai-je atteint ce que j'ai si parfaitement connu? me suis-je corrigé de ce que j'ai si bien senti? Je n'ai pu me garantir d'un vice qui nous est commun à tous, et qui est la véritable source de nos dérèglements poétiques, je veux dire l'impatience, quelquefois l'entêtement, et encore plus souvent l'orgueil : l'impatience n'est pas tout-à-fait sans fondement; un auteur qui a fait choix d'un sujet, et qui s'est cru obligé de le communiquer, ainsi que ses idées, craint qu'on ne le lui vole; et, à la honte des lettres, ces sortes de larcins ne sont que trop familiers, du moins si l'on s'en rapporte à ceux qui revendiquent ce qu'on leur a pris. Mais ces craintes doivent-elles l'emporter sur ce que nous devons au public, et sur ce que nous nous devons à nous-mêmes, et nous engager à précipiter nos compositions? il vaut mieux encore être pillés que sifflés. Il n'y a pas un défaut dans nos plans dont nous ne soyons frappés les premiers; mais, après les avoir bien discutés, nous ne songeons souvent qu'à nous les justifier, flattés du fol espoir de pouvoir les couvrir si bien, qu'on ne s'en doutera seulement pas: si des amis clairvoyants nous en font apercevoir, nous répondons avec vivacité que pour ôter ce défaut prétendu, il faudroit refondre toute la pièce; que Corneille et Racine sont pleins de ces fautes. Mais si à la fin on parvient à nous faire ouvrir les yeux, alors, pour concilier le sentiment de nos amis avec notre amour-propre, nous employons plus d'esprit, d'art et de temps pour pallier ce défaut, qu'il ne nous en auroit fallu pour faire deux nouveaux actes. Une autre erreur aussi dangereuse pour le moins, c'est de prétendre qu'un défaut qui produit de grandes beautés, ne doit pas être compté pour un défaut: je ne l'en trouve, moi, que plus énorme; dès qu'on est capable d'enfanter de grandes beautés, on ne peut leur donner une source trop pure. Qu'arrive-t-il enfin? les défauts percent, et sont saisis par le public, à qui rien n'échappe, et on ne manque pas de se récrier contre sa dureté. Nous avons tort : l'indulgence du public va jusqu'à l'extrême patience ; son amour pour les spectacles lui fait passer bien des choses que nos plus zélés partisans ne nous pardonneroient pas. Si on retranchoit de nos pièces tout ce qu'il y a d'inutile, nous mourrions de frayeur à l'aspect du squelette : que de dissertations, que de métaphysique sur les effets des passions que leurs seuls mouvements développeroient de reste, si nous nous attachions purement et simplement à l'action, que nous interrompons sans cesse par des réflexions qui refroidissent également la pièce, le spectateur et l'acteur! A propos de passion, me sera-t-il permis de dire ici deux mots en faveur de l'amour, qu'une morale renouvelée, car elle n'a point le mérite de la nouveauté, veut bannir de la tragédie? Je ne crains pas qu'on soupçonne de partialité sur cet article un homme que l'on n'a point accusé jusqu'ici d'être fort doucereux. Le poëme tragique, supposé que je le connoisse bien, est, pour ainsi dire, le rendez-vous de toutes les passions ; pourquoi en chasserions-nous l'amour, qui est souvent le mobile de toutes les passions ensemble? Les cœurs nés sans amour sont des êtres de raison ; et je ne vois pas en quoi l'amour, nommément dit, peut dégrader le héros et l'honnête homme. Sophocle et Euripide, dit-on, se sont bien passés de l'amour : c'est un agrément de moins dans leurs ouvrages ; ces deux grands hommes ont travaillé selon le goût de leur siècle, nous nous conformons au goût du nôtre. Voudroit-on nous persuader que Corneille et Racine doivent être moins grands pour nous que Sophocle et Euripide ne le furent pour les Grecs? qui d'entre eux doit nous donner le ton? Que l'on blâme les analyses perpétuelles que nous faisons des sentiments amoureux, ces délicatesses, ces recherches puériles qui affadissent le cœur au lieu de l'émouvoir, et qui enlaidissent l'amour loin de l'embellir, je passe condamnation. Un homme d'esprit a dit:

> Ce n'est point l'amour qui nous perd;
> C'est la manière de le faire.

Parmi nous, c'est la manière de l'employer; ce n'est pas la faute de l'amour si nous le mettons toujours à sa toilette: mais que nous le représentions impétueux, violent, injuste, malheureux, capable de nous porter aux plus grands crimes, ou aux actions les plus vertueuses, l'amour alors deviendra la plus grande ressource du théâtre; j'oserai même soutenir qu'il est dangereux de s'en passer, et que si on venoit à le supprimer, ce seroit priver la tragédie de l'objet le plus intéressant, et le plus capable de bien exercer sa morale.

Quant aux brochures que l'on fait courir contre moi, je ne me pique pas d'y répondre; les critiques les plus envenimées me font encore beaucoup d'honneur; j'en aurois même remercié leurs auteurs, si j'y avois trouvé des instructions qui pussent m'être de quelque utilité: mais franchement je n'y ai entrevu que le dessein de m'humilier ou de me fâcher;

mes censeurs ont manqué leur coup: la critique n'humilie que les orgueilleux, et ne fâche que les sots; j'aurois presque osé me flatter de n'être ni l'un ni l'autre.

IDOMÉNÉE,

TRAGÉDIE,

REPRÉSENTÉE POUR LA PREMIÈRE FOIS
LE 29 DÉCEMBRE 1705.

A S. A. S. MONSEIGNEUR

LE DUC[1].

> Toi qui, par mille exploits divers,
> Soutiens le poids d'un nom si fameux dans le monde,
> Héros, à tes bontés souffre que je réponde,
>   Et reçois l'offre de mes vers.
> Je méditois en vain de t'en faire l'hommage,
>   En vain je me l'étois promis,

[1] Louis de Bourbon, mort en 1710, dans sa quarante-deuxième année. Ce prince étoit le petit-fils du grand Condé.

ÉPITRE.

Jamais ton nom sacré n'eût paré mon ouvrage,
  Si toi-même ne l'eus permis [1].
Non, quel que soit pour toi le zèle qui me guide,
Quel que fût de mes vers le prix ou le bonheur,
  Grand prince, ma muse timide
Ne te les eût offerts que dans le fond du cœur.
Un auteur vainement, sous le nom de prémices,
  Croit son hommage en sûreté :
  Dans nos plus humbles sacrifices,
  On nous croit sans humilité.
  C'est tendre à l'immortalité
Que de paroître au jour sous de si grands auspices ;
C'est rendre enfin mes vers ou suspects ou complices
  D'une coupable vanité.
  Heureux que ma muse indiscrète
  N'ait point suivi sa folle ardeur,
Et que, prête à livrer le héros au poëte,
Elle ait d'un front modeste épargné la pudeur !
Si, plus que toi peut-être instruite de ta gloire,
Rappelant des périls que tu ne craignis pas,
Te les reprochant même au sein de la victoire,
Ma muse t'apprenoit tout ce que fit ton bras...
  Non, ne crains point que son audace,

---

[1] Les premières éditions portent *ne l'eût*. Les éditeurs modernes, voulant sans doute corriger Crébillon, ont refait ce vers de la manière suivante :

  Si tu ne me l'eusses permis.

ÉPITRE.

De Steinkerque ou Nerwinde[1] embrassant les exploits,
    Fasse résonner une voix
    A peine connue au Parnasse.
Mais si du dieu des vers je me fais avouer,
Si sur moi d'un rayon il répand la lumière,
    Je ne rentre dans la carrière
    Que pour apprendre à te louer.

JOLYOT DE CRÉBILLON.

---

[1] La bataille de Steinkerque se donna en 1692, et celle de Nerwinde l'année suivante.

ACTEURS.

IDOMÉNÉE, roi de Crète.
IDAMANTE, fils d'Idoménée.
ÉRIXÈNE, fille de Mérion, prince rebelle.
SOPHRONYME, ministre d'Idoménée.
ÉGÉSIPPE, officier du palais.
POLYCLÈTE, confident d'Idamante.
ISMÈNE, confidente d'Érixène.
SUITE DU ROI.
GARDES.

La scène est à Cydonie, capitale de la Crète, dans le palais d'Idoménée.

IDOMÉNÉE,
TRAGÉDIE.

ACTE PREMIER.

SCÈNE I.

IDOMÉNÉE.

Où suis-je? quelle horreur m'épouvante et me suit!
Quel tremblement[2], ô ciel! et quelle affreuse nuit!
Dieux puissants, épargnez la Crète infortunée.

---

[1] Ce sujet, que Crébillon a mis le premier sur le théâtre, est emprunté du *Télémaque*; et Fénelon paroit avoir puisé son épisode dans la note suivante de Servius sur le vers 121 du troisième livre de l'*Énéide*: « Idomeneus de semine Deucalionis natus, Cretensium rex, quum, post eversam Trojam reverteretur, in tempestate devovit diis sacrificaturum se de re quæ ei primo occurrisset. Contigit autem ut filius ejus primus occurreret; quem quum, ut alii dicunt, immolasset, ut alii, immolare voluisset, et post orta esset pestilentia, a civibus pulsus regno, Sallentinum Calabriæ promontorium tenuit, juxta quod condidit civitatem. » Nous aurons soin de rapporter les passages du *Télémaque* imités par Crébillon.

[2] De quel tremblement s'agit-il ici? est-ce d'un tremblement de terre, ou d'un saisissement survenu à Idoménée, et produit par l'horreur de sa situation?

SCÈNE II.

IDOMÉNÉE, SOPHRONYME.

IDOMÉNÉE.

Sophronyme, est-ce toi ?

SOPHRONYME.

Que vois-je ? Idoménée !
Ah ! seigneur, de quel bruit ont retenti ces lieux !

IDOMÉNÉE.

Eh quoi ! tant de malheurs n'ont point lassé les dieux !
Depuis six mois entiers une fureur commune
Agite tour-à-tour Jupiter et Neptune.
La foudre est l'astre seul qui nous luit dans les airs :
Neptune va bientôt nous couvrir de ses mers.
C'en est fait ! tout périt ; la Crète désolée
Semble rentrer au sein de la terre ébranlée[1].
Chaque jour, entouré des plus tristes objets,
La mort jusqu'en mes bras moissonne mes sujets.
Jupiter, sur moi seul épuise ta vengeance !
N'afflige plus des lieux si chers à ton enfance !
Mes peuples malheureux n'espèrent plus qu'en toi :
Si j'ai pu t'offenser, ne tonne que sur moi.
Pour les seuls innocents allumes-tu la foudre ?
Sur son trône embrasé réduis le prince en poudre,
Épargne les sujets : pourquoi les frapper tous ?
Qui d'eux, ou de leur roi, mérite ton courroux ?

[1] Ces vers, d'une touche ferme et vigoureuse, annonçoient déjà l'auteur de *Rhadamiste*.

ACTE I, SCÈNE II.

SOPHRONYME.

Quoi ! toujours de nos maux vous croirez-vous coupable ?
N'armez point contre vous une main redoutable.
Le ciel, depuis long-temps déclaré contre nous,
Semble, dans sa fureur, ne ménager que vous.
Dans les maux redoublés dont la rigueur nous presse,
Votre seule pitié, seigneur, nous intéresse[*].

IDOMÉNÉE.

Les dieux voudroient en vain ne ménager que moi :
Eh ! frapper tout son peuple, est-ce épargner un roi ?
Hélas ! pour me remplir de douleurs et de craintes,
Pour accabler mon cœur des plus rudes atteintes,
Il suffiroit des cris de tant d'infortunés,
Aux maux les plus cruels chaque jour condamnés :
Et c'est moi cependant, c'est leur roi sacrilége
Qui répand dans ces lieux l'horreur qui les assiége !
Je ne gémirois point sur leur destin affreux,
Si le ciel étoit juste autant que rigoureux.
Mais ce n'est pas le ciel, c'est moi qui les foudroie :
Juge de quels remords je dois être la proie.
Quels regrets quand je vois mes peuples malheureux
Craindre pour moi les maux que j'attire sur eux,
Prier que pour eux seuls le ciel inexorable
Porte loin de leur roi le coup qui les accable !

SOPHRONYME.

Quoi ! seigneur, vous seriez l'auteur de tant de maux !
Et de vous seul la Crète attendroit son repos !

---

[*] Sophronyme veut dire que, dans les maux dont la rigueur presse Idoménée et son peuple, les Crétois ne sont affectés que de la part que le roi prend à leurs malheurs.

Quoi[1]! des dieux irrités ce peuple la victime...

IDOMÉNÉE.

L'est moins de leur courroux qu'il ne l'est de mon crime.
Cet aveu te surprend. A peine croirois-tu,
Sophronyme, à quel point j'ai manqué de vertu:
Mais telle est désormais ma triste destinée...

SOPHRONYME.

Quel crime a donc commis le sage Idoménée?
Fils de Deucalion, petit-fils de Minos,
Vos vertus ont passé celles de ces héros:
Nous trouvions tout en vous, un roi, les dieux, un père[2].
Seigneur, par quel malheur, à vous-même contraire,
Avez-vous pu trahir des noms si glorieux[3]?
Qui fit donc succomber votre vertu?

IDOMÉNÉE.

Les dieux[4].

[1] Ces fréquentes exclamations sont le défaut ordinaire de tous ceux qui s'élancent dans la carrière du théâtre avant de s'être formé l'esprit et le goût.

[2] Médée dit avec plus d'emphase encore:

Oui, tu vois en moi seule et le fer et la flamme,
Et la terre et la mer, et l'enfer et les cieux,
Et le sceptre des rois et le foudre des dieux.

Acte I, sc. v.

Ces vers de Corneille pourroient avoir inspiré celui de Crébillon. Quoi qu'il en soit, les deux poètes ne tombèrent qu'une fois dans une semblable déclamation, et tous deux étoient alors à leur coup d'essai.

[3] Crébillon veut fournir à Idoménée des motifs de consolation, puisés dans la noblesse de son origine et dans ses vertus. Ce morceau est une foible imitation du second couplet d'Arcas avec Agamemnon. Voyez *Iphigénie*, acte I, sc. 1.

[4] Le crime d'Idoménée ne peut être imputé aux dieux; et cette

ACTE I, SCENE II.

SOPHRONYME.

Quel forfait peut sur vous attirer leur colère ?

IDOMÉNÉE.

On n'est pas innocent lorsqu'on peut leur déplaire[1] ;
Les dieux sur mes pareils font gloire de leurs coups ;
D'illustres malheureux honorent leur courroux :
Entre le ciel et moi sois juge, Sophronyme :
Il prépara du moins, s'il ne fit pas mon crime.
Par vingt rois dès long-temps vainement rassemblés,
Les Troyens à la fin se virent accablés ;
De leurs bords désolés tout pressoit la retraite :
Ainsi, loin de nos Grecs, je voguai vers la Crète.
Le prince Mérion, prompt à m'y devancer,
Sur mon trône peut-être auroit pu se placer,
Si mon fils n'eût dompté l'orgueil de ce rebelle.
A Samos, par tes soins, j'en reçus la nouvelle.
Je peindrois mal ici les transports de mon cœur
Lorsque j'appris d'un traitre Idamante vainqueur[2] :
La gloire de mon fils me causa plus de joie
Que ne firent jamais les dépouilles de Troie.
Après dix ans d'absence, empressé de revoir
Cet appui de mon trône, et mon unique espoir,

---

réponse, qui vise au sublime, manque de vérité. Il ne doit accuser que lui de son *indigne foiblesse*.

[1] Dès qu'on leur est suspect, on n'est plus innocent.
Athalie, acte II, sc. v.

[2] Pour *Lorsque j'appris qu'Idamante étoit vainqueur d'un traître*. Il y a dans ce vers une ellipse et une inversion : la première, peu conforme au génie de notre langue, nuit à la correction de la phrase ; l'autre nuit à sa clarté.

A regagner la Créte aussitôt je m'apprête,
Ignorant le péril qui menaçoit ma tête.
Sans que je te rappelle un honteux souvenir,
Ni que de nos affronts je t'aille entretenir,
Tu sais de quels forfaits ma race s'est noircie.
Comme Pasiphaé, Phèdre, au crime endurcie,
Ne signale que trop et Minos et Vénus.
Tous nos malheurs enfin te sont assez connus.
Né de ce sang fatal à la déesse en proie,
J'avois encor sur moi la querelle de Troie :
Juge de la vengeance, à ce titre odieux.
Ce fut peu de sa haine, elle arma tous les dieux.
La Créte paroissoit, tout flattoit mon envie [1] ;
Je distinguois déja le port de Cydonie :
Mais le ciel ne m'offroit [2] ces objets ravissants
Que pour rendre toujours mes desirs plus pressants.
Une effroyable nuit sur les eaux répandue
Déroba tout-à-coup ces objets à ma vue ;
La mort seule y parut [3]... Le vaste sein des mers
Nous entr'ouvrit cent fois la route des enfers.

---

[1] *Le mot propre étoit espoir.* (La H.)

[2] *Paroissoit, flattoit, distinguoit, offroit : ces quatre imparfaits l'un sur l'autre sont d'une grande négligence.* (La H.)

[3] *Hémistiche admirable ! malheureusement les huit vers qui suivent ne sont qu'un fatras digne de Brébeuf.* (La H.) — *La mort seule y parut !* cette image, digne d'Homère, est une traduction sublime de cet hémistiche de Virgile :

.... Intentant omnia mortem.
Æneid. I, 95.

On devoit concevoir de grandes espérances d'un poëte qui débutoit par des traits aussi mâles et aussi hardis.

ACTE I, SCÈNE II.

Par des vents opposés les vagues ramassées,
De l'abyme profond [1] jusques au ciel poussées,
Dans les airs embrasés agitoient mes vaisseaux,
Aussi près d'y périr qu'à fondre sous les eaux.
D'un déluge de feux l'onde comme allumée
Sembloit rouler sur nous une mer enflammée ;
Et Neptune en courroux à tant de malheureux
N'offroit pour tout salut que des rochers affreux.
Que te dirai-je enfin ? Dans ce péril extrême
Je tremblai, Sophronyme, et tremblai pour moi-même.
Pour apaiser les dieux, je priai... je promis...
Non, je ne promis rien : dieux cruels ! j'en frémis...
Neptune, l'instrument [2] d'une indigne foiblesse,
S'empara de mon cœur, et dicta la promesse :
S'il n'en eût inspiré le barbare dessein,
Non [3], je n'aurois jamais promis de sang humain.
« Sauve des malheureux si voisins du naufrage,
« Dieu puissant ! m'écriai-je, et rends-nous au rivage [4] :

---

[1] Incubuere mari, totumque a sedibus imis
    Una Eurusque Notusque ruunt.....
          Æneid. I, 88.

[2] *Instrument* est ici à contre-sens : l'instrument *d'une foiblesse* est celui qui la sert, et non pas celui qui l'inspire. *Le barbare dessein*, en parlant du vœu d'Idoménée, est encore une expression impropre : un pareil vœu n'est rien moins qu'un dessein ; c'est une pensée funeste, suggérée par la crainte. (LA H.)

[3] Ce sont encore là de très beaux mouvements. (LA H.)

[4]   . . . . . Finibus Atticis
    Reddas incolumem, precor.
        Horat. *Od.* I, 3.

« Le premier des sujets [1] rencontré par son roi
« A Neptune immolé satisfera pour moi... »
Mon sacrilége vœu [2] rendit le calme à l'onde;
Mais rien ne put le rendre à ma douleur profonde;
Et l'effroi succédant à mes premiers transports [3],
Je me sentis glacer en revoyant ces bords.
Je les trouvai déserts, tout avoit fui l'orage:
Un seul homme alarmé parcouroit le rivage;
Il sembloit de ses pleurs mouiller quelques débris:
J'en approche en tremblant... hélas! c'étoit mon fils [4].
A ce récit fatal tu devines le reste.

[1] Il falloit absolument *le premier de mes sujets*; et la mesure seule s'y est opposée. (La H.)

[2] Cette tempête et ce vœu n'ont pas une tradition bien certaine, même en poésie. Suivant Homère, Idoménée ramena en Crète tous ceux de ses compagnons que la guerre avoit épargnés devant Troie; et la mer ne lui en enleva pas un seul.

Πάντας δ' Ιδομενεὺς Κρήτην εἰσήγαγ' ἑταίρους,
Οἳ φύγον ἐκ πολέμου, πόντος δὲ οἱ οὔτιν' ἀπηύρα.

Odyss. Γ, 191.

Si la funeste aventure d'Idoménée eût été accréditée du temps d'Homère, il n'eût pas manqué de la rappeler, lui qui se plaît à montrer les vainqueurs de Troie poursuivis par la vengeance des dieux.

[3] De quels transports s'agit-il ici? Idoménée, en formant son vœu, n'a pu ressentir que de la terreur. (La H.)

[4] Ces quatre vers sont sans contredit les meilleurs de tout le morceau. Il n'y a de trop que le mot *alarmé*: la circonstance en demandoit un plus expressif, et qui parût plus nécessaire pour le sens, et moins pour le vers. (La H.) — La Harpe auroit dû remarquer que Voltaire n'a pas craint d'emprunter à Crébillon l'exclamation touchante qui termine ce récit. Voyez la *Henriade*, chant VIII, v. 260.

ACTE I, SCÈNE II.

Je demeurai sans force à cet objet funeste;
Et mon malheureux fils eut le temps de voler
Dans les bras du cruel qui devoit l'immoler¹.

SOPHRONYME.

Ai-je bien entendu? quelle horrible promesse!
Ah! père infortuné!

IDOMÉNÉE.

Rebelle à ma tendresse,
Je fus près d'obéir: mais Idamante enfin
Mit mon ame au-dessus des dieux et du destin;
Je n'envisageai plus le vœu ni la tempête;
Je baignai de mes pleurs une si chère tête.
Le ciel voulut en vain me rendre furieux;
La nature à son tour fit taire tous les dieux².

¹ Ce récit renferme de beaux vers; mais, selon la remarque de Voltaire, l'enflure y domine, et le spectateur est plus étonné de la situation d'Idoménée qu'intéressé par ses dangers.

² « Idoménée, fils de Deucalion et petit-fils de Minos, étoit allé, comme les autres rois de la Grèce, au siége de Troie. Après la ruine de cette ville, il fit voile pour revenir en Crète; mais la tempête fut si violente que le pilote de son vaisseau, et tous les autres qui étoient expérimentés dans la navigation, crurent que leur naufrage étoit inévitable. Chacun avoit la mort devant les yeux; chacun voyoit les abymes ouverts pour l'engloutir; chacun déploroit son malheur, n'espérant pas même le triste repos des ombres qui traversent le Styx après avoir reçu la sépulture. Idoménée, levant les yeux et les mains vers le ciel, invoquoit Neptune: O puissant dieu, s'écrioit-il, toi qui tiens l'empire des ondes, daigne écouter un malheureux! Si tu me fais revoir l'île de Crète malgré la fureur des vents, je t'immolerai la première tête qui se présentera à mes yeux.

« Cependant son fils, impatient de revoir son père, se hâtoit d'aller au-devant de lui pour l'embrasser: malheureux, qui ne sa-

Sophronyme, qui veut peut braver leur puissance;
Mais ne peut pas qui veut éviter leur vengeance.
A peine de la Crète eus-je touché les bords,
Que je la vis remplir de mourants et de morts.
En vain j'adresse au ciel une plainte importune;
J'ai trouvé tous les dieux du parti de Neptune.

SOPHRONYME.

Qu'espérez-vous des dieux en leur manquant de foi?

IDOMÉNÉE.

Que du moins leur courroux n'accablera que moi;
Que le ciel, fatigué d'une injuste vengeance,
Plus équitable enfin, punira qui l'offense;
Que je ne verrai point la colère des dieux
S'immoler par mes mains un sang si précieux.

SOPHRONYME.

Seigneur, à ce dessein vous mettez un obstacle:
Pourquoi par Égésippe interroger l'oracle?
Vos peuples, informés du sort de votre fils,
Voudront de leur salut que son sang soit le prix.

voit pas que c'étoit courir à sa perte! Le père, échappé à la tempête, arrivoit dans le port desiré; il remercioit Neptune d'avoir écouté ses vœux: mais bientôt il sentit combien ses vœux lui étoient funestes. Un pressentiment de son malheur lui donnoit un cuisant repentir de son vœu indiscret; il craignoit d'arriver parmi les siens, et il appréhendoit de revoir ce qu'il avoit de plus cher au monde. Mais la cruelle Némésis, déesse impitoyable qui veille pour punir les hommes, et sur-tout les rois orgueilleux, poussoit d'une main fatale et invisible Idoménée. Il arrive: à peine ose-t-il lever les yeux. Il voit son fils; il recule saisi d'horreur. Ses yeux cherchent, mais en vain, quelque autre tête moins chère, qui puisse lui servir de victime. » (*Télémaque*, liv. V.)

ACTE I, SCÈNE II.

IDOMÉNÉE.

Que le ciel, que la Crète à l'envi le demandent,
N'attends point que mes mains à leur gré le répandent.
J'interroge les dieux! ce n'est pas sans frayeur :
L'oracle est trop écrit dans le fond de mon cœur.
J'interroge les dieux! que veux-tu que je fasse?
Pouvois-je à mes sujets refuser cette grace?
Un peuple infortuné m'en presse par ses cris :
J'ai résisté long-temps; à la fin j'y souscris.
Tu vois trop à quel prix il faut le satisfaire.
Ne puis-je être son roi qu'en cessant d'être père[1]?
Mais pourquoi m'alarmer? Les dieux pourroient parler...
Non, les dieux sur ce point n'ont rien à révéler.
Que le ciel parle ou non sur ce cruel mystère,
Ne puis-je pas forcer Égésippe à se taire?

SOPHRONYME.

Il se tairoit en vain : par le ciel irrité,
Son silence, seigneur, sera-t-il imité?
A se taire long-temps pourrez-vous le contraindre?
Que je prévois de maux! que vous êtes à plaindre!

IDOMÉNÉE.

Tu me plains : mais, malgré ta sincère amitié,
Tu n'auras pas toujours cette même pitié,

---

[1] Il y a quelque ressemblance entre cette exposition et celle d'*Iphigénie*; mais la confidence qu'Agamemnon fait à Arcas au moment où il l'envoie au-devant de sa fille, qu'il veut écarter du coup qui la menace en Aulide, est bien plus naturelle et plus motivée. Rien ne nécessite celle d'Idoménée, qui est au contraire intéressé à taire que le ciel lui demande le sang de son fils.

Quand tu sauras les maux dont le destin m'accable[1],
Et que l'amour a part à mon sort déplorable[2]...
Je vois à ce nom seul ta vertu s'alarmer,
Et la mienne a long-temps craint de t'en informer.
Tu sais que Mérion, à mon retour d'Asie,
De son sang criminel paya sa perfidie :
Lorsque je refusois une victime aux dieux,
J'osai bien m'immoler ce prince ambitieux.
Qu'il m'en coûte ! Sa fille en ces lieux amenée,
Érixène a comblé les maux d'Idoménée.
Croirois-tu que mon cœur, nourri dans les hasards,
N'a pu de deux beaux yeux[3] soutenir les regards ;
Et que j'adore enfin, trop facile et trop tendre,
Les restes de ce sang que je viens de répandre ?

SOPHRONYME.

Quoi ! seigneur, vous aimez ! et parmi tant de maux...

---

[1] Quand tu sauras mon crime et le sort qui m'accable...
Phèdre, acte I, sc. III.

[2] Sur ce seul vers on peut juger de cet amour. On a peine à supporter qu'un roi de l'âge d'Idoménée, quand la colère des dieux dévaste ses états, quand la peste dévore ses sujets, quand il s'agit pour les sauver de sacrifier son propre fils, nous occupe pendant cinq actes de ses inutiles amours pour une princesse dont il a tué le père, et dont son fils est aimé ; que dans la même exposition, où il nous trace les malheurs de son père et les siens, il dise tranquillement à Sophronyme :

Tu n'auras pas toujours cette même pitié.

(Là II.)

[3] Expression indigne de la tragédie, et qui ne seroit plus soufferte aujourd'hui que dans une chanson ou un madrigal.

IDOMÉNÉE.
Cet amour dans mon cœur s'est formé dès Samos[1].
Mérion, incertain du succès de ses armes,
Y crut mettre sa fille à l'abri des alarmes.
Je la vis, je l'aimai ; conduite par Arcas,
Je la fis dans ces lieux amener sur mes pas.
Il sembloit qu'une fille à mes regards si chère
Devoit me dérober la tête de son père ;
Mais Vénus, attentive à se venger de moi,
Fit bientôt dans mon cœur céder l'amant au roi.
J'immolai Mérion, et ma naissante flamme
En vain en sa faveur combattit dans mon ame ;
Vénus, qui me gardoit de sinistres amours,
De ce prince odieux me fit trancher les jours.
Que dis-je ? dans le sang du père d'Érixène
J'espérois étouffer mon amour et ma haine :
Je m'abusois ; mon cœur, par un triste retour,
Défait de son courroux, n'en eut que plus d'amour.
Si depuis mes malheurs je ne l'ai pas vu naître,
En dois-je moins rougir d'avoir pu le connoître ?

SOPHROSYME.
Menacé chaque jour du sort le plus affreux,
Nourrissez-vous, seigneur, un amour dangereux ?

IDOMÉNÉE.
Je ne le nourris point, puisque je le déteste :

---

[1] Ce qu'il y a de plus étrange, c'est que, pour se défaire de cet amour, il n'a rien imaginé de mieux que de tuer le père de celle qu'il aimoit. (La H.)

C'étoit des dieux vengeurs le coup le plus funeste.
Que n'a point fait mon cœur pour affoiblir le trait!

SCÈNE III.

IDOMÉNÉE, IDAMANTE, SOPHRONYME, POLYCLÈTE.

IDOMÉNÉE, bas, à Sophronyme.

Je vois mon fils : laissons cet entretien secret.
Je t'ai tout découvert, mon amour et mon crime :
Cache bien mon amour, encor mieux ma victime [1].

(à Idamante.)

Que cherchez-vous, mon fils, dans cette affreuse nuit?

IDAMANTE.

Long-temps épouvanté par un horrible bruit,
Tremblant pour des malheurs qui redoublent sans cesse,
Sans repos, toujours plein du trouble qui vous presse,
Alarmé pour des jours si chers, si précieux,
Je vous cherche... Pourquoi détournez-vous les yeux?
Seigneur, qu'ai-je donc fait? Vous craignez ma présence!
Quel traitement, après une si longue absence [2]!

---

[1] Ce vers découvre le défaut de la pièce. Idoménée a raison de recommander qu'on cache au spectateur les fautes dans lesquelles il est tombé.

[2] « Cependant le fils se jette à son cou, et est tout étonné que son père réponde si mal à sa tendresse; il le voit fondant en larmes. O mon père! dit-il, d'où vient cette tristesse? Après une si longue absence, êtes-vous fâché de vous revoir dans votre royaume et de faire la joie de votre fils? Qu'ai-je fait? vous détournez les yeux, de peur de me voir! » (*Télémaque*, liv. V.)

ACTE I, SCÈNE III.

IDOMÉNÉE.

Non, il n'est pas pour moi de spectacle plus doux,
Mon fils ; je ne sais rien de plus aimé que vous [1].
Mais je ne puis vous voir que mon cœur ne frémisse ;
Je crains le ciel vengeur, et qu'il ne me ravisse
Un bien...

IDAMANTE.

Ah ! puisse-t-il, aux dépens de mes jours,
A des maux si cruels donner un prompt secours !
La mort du moins, seigneur, finiroit mes alarmes.
Vous ne paroissez plus sans m'arracher des larmes ;
Triste, désespéré, vous cherchez à mourir [2] :
Et vous m'aimez, seigneur ! Est-ce là me chérir ?
Le ciel en vain de vous écarte sa colère,
Vous vous faites des maux qu'il ne veut pas vous faire.
Il vous rend à mes pleurs quand je vous crois perdu ;
M'ôterez-vous, seigneur, le bien qu'il m'a rendu ?

IDOMÉNÉE.

Ah, mon fils ! nos malheurs ont lassé ma constance,
Et de fléchir les dieux je perds toute espérance,
Trop heureux si le ciel, secondant mes souhaits,
Me rejoignoit bientôt à mes tristes sujets !

IDAMANTE.

Pour eux, plus que le ciel, vous seriez inflexible,
Si vous leur prépariez un malheur si terrible.
Tous les dieux ne sont point contre vous ni contre eux,

[1] Tournure aussi froide que recherchée. D'ailleurs Érixène n'est-elle pas plus aimée qu'Idamante ?

[2] Comment Idamante peut-il savoir qu'Idoménée cherche à mourir ? Idoménée n'a confié ce secret qu'à Sophronyme.

62 IDOMÉNÉE.

Puisqu'il nous reste encore un roi si généreux :
Conservez-le, seigneur, et terminez nos craintes.
Peut-être que le ciel, plus sensible à nos plaintes,
Va s'expliquer bientôt, et, fléchi désormais....

IDOMÉNÉE.

Ah, mon fils! puisse-t-il ne s'expliquer jamais!
Adieu.

SCÈNE IV.

IDAMANTE, POLYCLÈTE.

IDAMANTE.

De cet accueil qu'attendre, Polyclète[1] ?
Que ce silence affreux me trouble et m'inquiète!
Que m'annonce mon père? Il me voit à regret :
Auroit-il pénétré mon funeste secret?
Sait-il par quel amour mon ame est entraînée?
Hélas! bien d'autres soins pressent Idoménée :
Ce roi comblé de gloire, et qui n'aima jamais,
Ne s'informera[2] point si j'aime ou si je hais.

[1] La situation des personnages est la même que dans *Iphigénie*, acte II, scène II; et, après la sortie d'Agamemnon, sa fille dit comme Idamante :

. . De cet accueil que dois-je soupçonner?

Mais combien Racine est plus vrai et plus touchant!

[2] Le futur n'est ici que pour la mesure du vers : c'est le présent qu'il falloit. Du reste ce passage paroît imité d'*Andromaque*, où Hermione, parlant de Pyrrhus, s'exprime ainsi :

Mais plutôt le perfide a bien d'autres pensées :
Triomphant dans le temple, il ne s'informe pas
Si l'on souhaite ailleurs sa vie ou son trépas.

Acte V, sc. 2.

Il ignore qu'un sang qui fit toute sa haine
Fasse tout mon amour, que j'adore Érixène.
Que ne m'est-il permis d'ignorer à mon tour
Que la haine sera le prix de mon amour!
Je défis Mérion; plus juste ou plus sévère,
Le roi sacrifia ce prince téméraire :
Prémices d'un retour fatal à tous les deux,
Prémices [1] d'un amour encor plus malheureux!
C'est en vain que mon cœur brûle pour Érixène;
En vain....

SCÈNE V.

IDAMANTE, ÉRIXÈNE, POLYCLÈTE, ISMÈNE.

IDAMANTE.
Dans cette nuit, ciel! quel dessein l'amène?
(à Érixène.)
Madame, quel bonheur! Eussé-je cru devoir
A la fureur des dieux le plaisir [2] de vous voir?

ÉRIXÈNE.
J'espérois, mais en vain, jouir de leur colère;
J'ai cru que cette nuit alloit venger mon père,
Et que le juste ciel, de sa mort irrité,

---

[1] Racine a dit :
    Toujours la tyrannie a d'heureuses prémices.
                  Britannicus, acte I, sc. I.
Et il étoit impossible de faire un plus heureux emploi du mot *prémices*, dont la répétition est sans force dans la bouche d'Idamante.

[2] Cette antithèse de la fureur et du plaisir n'offre ni le langage du sentiment ni l'expression naturelle de l'amour.

N'en verroit point le crime avec impunité.
D'un courroux légitime inutile espérance!
Avec trop de lenteur le ciel sert ma vengeance :
En vain pour vous punir il remplit tout d'horreurs,
Puisqu'il peut de mes maux épargner les auteurs.

    IDAMANTE.

J'ignore auprès des dieux ce qui nous rend coupables,
J'ignore quel forfait les rend inexorables;
Mais je sais que le sang qui fait couler vos pleurs
N'a point sur nous, madame, attiré ces malheurs.
Avant qu'un sang si cher eût arrosé la terre,
Le ciel avoit déja fait gronder son tonnerre.
Ainsi, pour vous venger, n'attendez rien des dieux,
Si ce n'est de l'Amour, qui peut tout par vos yeux.
Que le courroux du ciel de cent villes fameuses
Fasse de longs déserts, des retraites affreuses;
Que les ombres du Styx habitent ce séjour;
Tout vous vengera moins qu'un téméraire amour.
Seul il a pu remplir vos vœux et votre attente :
Je défis votre père, il vous livre Idamante;
Lorsque vous imploriez les traits d'un dieu vengeur,
Tous les traits de l'Amour vous vengeoient dans mon cœur.

    ÉRIXÈNE.

Quoi! seigneur, vous m'aimez¹?

    IDAMANTE.

      Jamais l'amour, madame,
Dans le cœur des humains n'alluma plus de flamme.
Sans espoir², dans vos fers toujours plus engagé....

¹ Sophronyme a fait la même question à Idoménée, acte I, sc. II.
² Est-il vraisemblable qu'Idamante, au milieu des malheurs de

ÉRIXÈNE.
O mon père! ton sang va donc être vengé!
IDAMANTE.
Si l'amour près de vous peut expier un crime,
Je rends grace à l'Amour du choix de la victime :
Heureux même à ce prix que vous daigniez souffrir
Des vœux qu'un tendre cœur brûloit de vous offrir!
Je sais trop que vos pleurs condamnent ma tendresse;
Au sang que vous pleurez, hélas! tout m'intéresse.
ÉRIXÈNE.
Que m'importent, cruel, les vains regrets du cœur,
Après que votre main a servi sa fureur?
IDAMANTE.
J'ai suivi mon devoir, madame; et sa défaite
Importoit à mes soins, importoit à la Crète.
La sûreté du prince ordonna ce trépas;
Et, pour comble de maux, j'ignorois vos appas.
Mérion a rendu sa perte légitime :
Sa mort, sans mon amour, ne seroit pas un crime.
ÉRIXÈNE.
C'est-à-dire, seigneur, qu'il mérita son sort?
Sans vouloir démêler les causes de sa mort,
Si de ces tristes lieux le funeste héritage
Du superbe Minos dut être le partage;
Si mon père, sorti du sang de tant de rois,
D'Idoménée enfin a dû subir les lois;
Quel espoir a nourri cet amour qui m'outrage?
Et pourquoi m'en offrir un imprudent hommage?

sa patrie, et après le froid accueil qu'il a reçu de son père, perde de vue de si grands intérêts pour s'occuper d'un amour sans espoir?

Vainqueur de Mérion, fils de son assassin,
La source de mes pleurs s'ouvrit par votre main :
Est-ce pour les tarir que vos feux se déclarent?
Songez-vous que ces pleurs pour jamais nous séparent?
Sous le poids de vos fers, je n'arrive en ces lieux
Que pour y recevoir les plus tristes adieux.
Mérion expiroit; sa tremblante paupière
A peine lui laissoit un reste de lumière;
Son sang couloit encore, et couloit par vos coups :
Barbare! en cet état me parloit-il pour vous?
Qu'il m'est doux de vous voir brûler pour Érixène!
Conservez votre amour, il servira ma haine [1].
Adieu, seigneur: c'est trop vous permettre un discours
Dont ma seule vengeance a dû souffrir le cours [2].

SCÈNE VI.

IDAMANTE, POLYCLÈTE.

POLYCLÈTE.

Ah! seigneur! falloit-il découvrir ce mystère?

[1] Il est beau sans doute de vouloir venger la mort de son père : mais les sentiments que le poëte prête ici à son héroïne ne sont-ils pas exagérés? Voltaire, dans son commentaire sur Corneille, a reproché le même défaut à Émilie ; et cependant Auguste avoit injustement proscrit Toranius, tandis qu'Idoménée n'a fait que tirer une vengeance légitime d'un prince rebelle. Le seul parti qui restoit à Érixène, en de pareilles circonstances, c'étoit de pleurer en silence la mort de son père, et de ne rien négliger pour en effacer la cause.

[2] Érixène brûle de venger son père, et cependant elle est secrètement amoureuse d'Idamante. Cet épisode romanesque est au-dessous de la tragédie, et ne produit aucune beauté.

Avez-vous dû parler?
IDAMANTE.

Ai-je donc pu me taire?
Près de l'objet enfin qui cause mon ardeur,
Pouvois-je retenir tant d'amour dans mon cœur?
Que dis-tu? Toujours plein de cette ardeur extrême,
Le hasard sans témoin m'offre tout ce que j'aime;
Et tu veux de l'amour que j'étouffe la voix,
Libre de m'expliquer pour la première fois!
D'un attrait si puissant, eh! comment se défendre?
Mon amour malheureux vouloit se faire entendre...
Mais quel trouble inconnu remplit mon cœur d'effroi!
Cherchons dans ce palais à rejoindre le roi:
Allons. Bientôt la nuit, moins terrible et moins sombre,
Va découvrir les maux qu'elle cachoit dans l'ombre.
Ces lieux sont éclairés d'un triste et foible jour:
Égésippe déja doit être de retour.
Suis-moi: près de mon père il faut que je me rende.
Sachons, pour s'apaiser, ce que le ciel demande.
Quel présage! et qu'attendre en ces funestes lieux,
Si tout, jusqu'à l'amour, sert le courroux des dieux¹?

¹ Cet acte finit foiblement, et l'intérêt qu'Idoménée avoit d'abord excité par son récit se perd dans les détails d'un amour étrangement placé au milieu de tant d'horreurs.

FIN DU PREMIER ACTE.

ACTE SECOND.

SCÈNE I.

ÉRIXÈNE[1], ISMÈNE.

ISMÈNE.
Madame, en ce palais pourquoi toujours errante?
ÉRIXÈNE.
Lieux cruels, soutenez ma fureur chancelante;
Lieux encor teints du sang qui me donna le jour,
Du tyran de la Crète infortuné séjour,
Éternels monuments d'une douleur amère;
Lieux terribles, témoins de la mort de mon père;
Lieux où l'on m'ose offrir de coupables amours,
Prêtez à ma colère un utile secours:
Retracez-moi sans cesse une triste peinture;
Contre un honteux amour défendez la nature.
O toi qui vois la peine où ce feu me réduit,

---

[1] L'entrée d'Érixène n'est pas plus motivée ici que dans le premier acte, et ne le sera pas davantage dans l'acte suivant. Crébillon a trop souvent négligé cette partie importante de l'art dramatique. D'ailleurs il est peu vraisemblable qu'Érixène vienne, dans le palais de ses persécuteurs, concerter tout haut ses projets de vengeance. La haine est plus circonspecte: elle se cache lorsqu'elle a quelque espoir de succès.

Vénus, suis-je d'un sang que ta haine poursuit[1]?
Ou faut-il qu'en des lieux remplis de ta vengeance
Les cœurs ne puissent plus brûler dans l'innocence?
Laisse au sang de Minos ses affronts, ses horreurs;
Sur ce sang odieux signale tes fureurs :
Laisse au sang de Minos Phédre et le labyrinthe,
Au mien sa pureté sans tache et sans atteinte.

ISMÈNE.

Madame, quel transport! qu'entends-je! et quel discours!
Quoi! vous vous reprochez de coupables amours!

ÉRIXÈNE.

Tout reproche à mon cœur le feu qui me dévore;
Je respire un amour que ma raison abhorre.
De mon père en ces lieux j'ose trahir le sang;
De mon père immolé je viens rouvrir le flanc;
A la main des bourreaux je joins ma main sanglante;
Enfin, ce cœur si fier brûle pour Idamante.

ISMÈNE.

Vainqueur de votre père...

ÉRIXÈNE.

Ismène, ce vainqueur
Sut sans aucun effort se soumettre mon cœur.
Je me défiois peu de la main qui m'enchaîne,
Ayant tant de sujets de vengeance et de haine;
Ni qu'Idamante en dût interrompre le cours,
Avec tant de raisons de le haïr toujours;
Comptant sur ma douleur, ma fierté, ma colère,

[1] Un semblable reproche est raisonnable dans la bouche de Phèdre; il est presque ridicule dans celle d'Érixène. Voyez *Phèdre*, acte I, scène III.

IDOMÉNÉE.

Et, pour tout dire enfin, sur le sang de mon père;
Et mon père en mes bras ne faisoit qu'expirer,
Lorsqu'un autre que lui me faisoit soupirer.
A des yeux encor pleins d'un spectacle effroyable,
Idamante parut, et parut trop aimable.
Aujourd'hui même encor l'amour a prévalu :
J'allois céder, Isméne, où peu s'en est fallu.
Quand le prince m'a fait le récit de sa flamme,
Il entraînoit mon cœur, il séduisoit mon ame :
Déja ce foible cœur, d'accord avec le sien,
Lui pardonnoit un feu qu'autorise le mien.
Des pleurs que j'ai versés prête à lui faire grace,
Mon amour m'allioit aux crimes de sa race :
Près de ce prince enfin mon esprit combattu,
Sans un peu de fierté, me laissoit sans vertu;
Et lorsque ma raison a rappelé ma gloire,
Dans le fond de mon cœur j'ai pleuré ma victoire.

ISMÈNE.

Votre cœur sans regret ne peut donc triompher
D'un feu qu'en sa naissance il falloit étouffer?
Ah! du moins, s'il n'en peut dompter la violence,
Faites à vos transports succéder le silence.

ÉRIXÈNE.

Si je craignois qu'un feu déclaré malgré moi
Dût jamais éclater devant d'autres que toi,
Dans la nuit du tombeau toujours prête à descendre,
J'irois ensevelir ce secret sous ma cendre[1].
Quoiqu'à mes yeux peut-être Idamante ait trop plu,

[1] Voilà un des beaux vers de la pièce : c'est un éclair au milieu de l'obscurité.

Il me sera toujours moins cher que ma vertu ;
D'un amour que je crains il aura tout-à craindre [1],
Avec ma haine seule il seroit moins à plaindre.
Non, mon père, ton sang lâchement répandu
A tes fiers ennemis ne sera point vendu ;
Et le cruel vainqueur qui surprend ma tendresse
Ajoute à ses forfaits celui de ma foiblesse.
Je saurai le punir de son crime et du mien...
Le roi paroît... Fuyons un fâcheux entretien.

SCÈNE II.

IDOMÉNÉE, ÉRIXÈNE, SOPHRONYME, ISMÈNE.

IDOMÉNÉE.

Madame, demeurez... Demeurez, Érixène.
Mérion par sa mort vient d'éteindre ma haine ;
Ainsi ne craignez point ma rencontre en ces lieux :
Vous pouvez y rester sans y blesser mes yeux.
Mérion me fut cher ; mais de cet infidèle
Mes bienfaits redoublés ne firent qu'un rebelle.
Vous le savez ; l'ingrat, pour prix de ces bienfaits,
Osa contre leur roi soulever mes sujets.
Son crime fut de près suivi par son supplice,

---

[1] Mauvais jeu de mots, dont Crébillon a pu trouver le modèle dans ce vers de *Rodogune* :

Elle a lieu de me craindre, et je crains cette crainte...
Acte I, sc. v.

Mais ce n'est pas en cela qu'il falloit imiter Corneille.

Et son sang n'a que trop satisfait ma justice :
Je l'en vis à regret laver son attentat ;
Mais je devois sa tête à nos lois, à l'état :
Et près de vous j'oublie une loi trop sévère [1],
Qui rend de mes pareils la haine héréditaire.

ÉRIXÈNE.

Si, content de sa mort, votre haine s'éteint
Dans le sang d'un héros dont ce palais est teint,
La mienne, que ce sang éternise en mon ame,
A votre seul aspect se redouble et s'enflamme.
J'ai vu mon père, hélas ! de mille coups percé ;
Tout son sang cependant n'est pas encor versé...
Que sa mort fût enfin injuste ou légitime,
Auprès de moi du moins songez qu'elle est un crime :
Mon courroux là-dessus ne connoît point de loi
Qui puisse dans mon cœur justifier un roi.
De maximes d'état colorant ce supplice,
Vous prétendez en vain couvrir votre injustice :
Le ciel, qui contre vous semble avec moi s'unir,
De ce crime odieux va bientôt vous punir ;
Contre vous dès long-temps un orage s'apprête ;
De mes pleurs chaque jour je grossis la tempête.
Puissent les justes dieux, sensibles à mes pleurs,
A mon juste courroux égaler vos malheurs !
Et puissé-je à regret voir que toute ma haine
Voudroit en vain y joindre une nouvelle peine [2] !

[1] S'il y a jamais eu une pareille loi écrite, la qualification de *trop sévère* ne lui convient pas : cette loi étoit barbare.

[2] Érixène veut dire qu'elle souhaite à Idoménée tant de malheurs qu'il ne puisse en éprouver davantage.

ACTE II, SCÈNE II.

IDOMÉNÉE.

Ah! madame, cessez de si funestes vœux;
N'offrez point à nos maux un cœur si rigoureux.
Vous ignorez encor ce que peuvent vos larmes :
Ne prêtez point aux dieux de si terribles armes,
Belle Érixène; enfin, n'exigez plus rien d'eux.
Non, jamais il ne fut un roi plus malheureux :
Du destin ennemi je n'ai plus rien à craindre :
J'éprouve des malheurs dont vous pourriez me plaindre.
Ces beaux yeux, sans pitié qui pourroient voir ma mort,
Ne refuseroient pas des larmes à mon sort.
Sur mon peuple des dieux la fureur implacable[1]
Des maux que je ressens est le moins redoutable :
Sur le sang de Minos un dieu toujours vengeur
A caché les plus grands dans le fond de mon cœur.
Objet infortuné d'une longue vengeance[2],
J'oppose à mes malheurs une longue constance :
Mon cœur sans s'émouvoir les verroit en ce jour,
S'il n'eût brûlé pour vous d'un malheureux amour.

ÉRIXÈNE.

C'étoit donc peu, cruel, qu'avec ignominie
Mon père eût terminé sa déplorable vie;
Ce n'étoit point assez que votre bras sanglant
Eût jeté dans les miens Mérion expirant :
De son sang malheureux votre courroux funeste
Vient jusque dans mon cœur poursuivre encor le reste!
Oui, tyran, cet amour dont brûle votre cœur

[1] Construction bizarre et forcée.
[2]   Objet infortuné des vengeances célestes...
              Phèdre, acte II, sc. v.

IDOMÉNÉE.

N'est contre tout mon sang qu'un reste de fureur [1].

IDOMÉNÉE.

Le reste de ce sang m'est plus cher que la vie :
Souffrez qu'un tendre amour me le réconcilie [2].
Madame, je l'aimai, je vous l'ai déja dit ;
Songez que Mérion lui-même se perdit...
Quoi ! rien ne peut fléchir votre injuste colère !
Trouverai-je par-tout le cœur de votre père ?
Sa révolte à vos yeux eut-elle tant d'attraits ?
Mon amour aura-t-il le sort de mes bienfaits ?
Vous verrai-je, au moment que cet amour vous flatte,
Achever les forfaits d'une famille ingrate ?

ÉRIXÈNE.

Achever des forfaits ! C'est au sang de Minos
A savoir les combler, non au sang d'un héros.

SCÈNE III.

IDOMÉNÉE, SOPHRONYME.

SOPHRONYME.

Que faites-vous, seigneur ? est-il temps que votre ame
S'abandonne aux transports d'une honteuse flamme ?

IDOMÉNÉE.

Pardonne ; tu le vois, la raison à son gré

---

[1] Comment un amour peut-il être un *reste de fureur*? L'amour est quelquefois une passion furieuse, mais ce n'est jamais la fureur qui le produit.

[2] On dit *se concilier l'esprit de quelqu'un, et se réconcilier avec quelqu'un*.

Ne règle pas un cœur par l'amour égaré.
Je me défends en vain : ma flamme impétueuse
Détruit tous les efforts d'une ame vertueuse;
D'un poison enchanteur tous mes sens prévenus
Ne servent que trop bien le courroux de Vénus.
Je sens toute l'horreur d'un amour si funeste;
Mais je chéris ce feu que ma raison déteste :
Bien plus, de ma vertu redoutant le retour,
Je combats plus souvent la raison que l'amour.

SOPHRONYME.

Ah! seigneur! est-ce ainsi que le héros s'exprime?
Est-ce ainsi qu'un grand cœur cède au joug qui l'opprime?
Le courroux de Vénus peut-il autoriser
Des fers que votre gloire a dû cent fois briser?
Parmi tant de malheurs, est-ce au vainqueur de Troie
A compter un amour dont il se fait la proie?
Qu'est devenu ce roi plus grand que ses aïeux,
Que ses vertus sembloient élever jusqu'aux dieux,
Et qui, seul la terreur d'une orgueilleuse ville,
Cent fois aux Grecs tremblants fit oublier Achille[1]?
L'amour, avilissant l'honneur de ses travaux,
Sous la honte des fers m'a caché le héros.
Peu digne du haut rang où le ciel l'a fait naître,
Un roi n'est qu'un esclave où l'amour est le maître.
N'allez point établir sur son foible pouvoir
L'oubli de vos vertus ni de votre devoir.

[1] Les frères Parfait ont justement remarqué ces vers, pleins de noblesse et d'intérêt, dans lesquels Crébillon a eu l'art de faire sortir Sophronyme de la classe des confidents ordinaires. Voyez l'Histoire du Théâtre françois, t. XIV, p. 409.

Que l'amour soit en nous ou penchant ou vengeance,
La foiblesse des cœurs fait toute sa puissance.
Mais, seigneur, s'il est vrai que, maîtres de nos cœurs,
De nos divers penchants les dieux soient les auteurs,
Quand même vous croiriez que ces êtres suprêmes
Pourroient déterminer nos cœurs malgré nous-mêmes,
Essayez sur le vôtre un effort glorieux [1];
C'est là qu'il est permis de combattre les dieux.
Ce n'est point en faussant une auguste promesse
Qu'il faut contre le ciel vous exercer sans cesse.
Se peut-il que l'amour vous impose des lois?
Et le titre d'amant est-il fait pour les rois?
Au milieu des vertus où sa grande ame est née,
Doit-on de ses devoirs instruire Idoménée [2]?

IDOMÉNÉE.

A ma raison du moins laisse le temps d'agir,

---

[1] Burrhus, dans *Britannicus*, acte III, scène I, tient le même langage à Néron; mais là, comme ailleurs, le style de Racine est naturel, élégant et facile.

[2] Fénelon donne plus d'humanité à Sophronyme. Dans *Télémaque*, ce fidèle serviteur, loin de presser l'exécution du vœu sanguinaire d'Idoménée, met tout en œuvre pour l'en détourner. « Votre promesse, lui dit-il, a été imprudente : les dieux ne veulent point être honorés par la cruauté. Gardez-vous bien d'ajouter à la faute de votre promesse celle de l'accomplir contre les lois de la nature. Offrez cent taureaux plus blancs que la neige à Neptune; faites couler leur sang autour de son autel couronné de fleurs; faites fumer un doux encens en l'honneur de ce dieu. » Pourquoi Crébillon, qui a pris tout le reste, a-t-il changé le caractère de ce personnage? en l'adoptant tel qu'il avoit été tracé par Fénelon, n'eût-il pas trouvé dans la résistance de Sophronyme un moyen de resserrer l'amour d'Érixène au profit du sujet principal?

ACTE II, SCÈNE III.

Et combats mon amour sans m'en faire rougir.
Avec trop de rigueur ton entretien me presse :
Plains mes maux, Sophronyme, ou flatte ma foiblesse.
A ce feu que Vénus allume dans mon sein,
Reconnois de mon sang le malheureux destin.
Pouvois-je me soustraire à la main qui m'accable?
Respecte des malheurs dont je suis peu coupable.
Pasiphaé ni Phèdre, en proie à mille horreurs,
N'ont jamais plus rougi dans le fond de leurs cœurs.
Mais que dis-je? est-ce assez qu'en secret j'en rougisse,
Lorsqu'il faut de ce feu que mon cœur s'affranchisse?
Eh! d'un amour formé sous l'aspect le plus noir,
Dans mon cœur sans vertu quel peut être l'espoir?
Ennemi, malgré moi, du penchant qui m'entraîne,
Je n'ai point prétendu couronner Érixène :
Je m'ôte le seul bien qui pouvoit l'éblouir;
De ma couronne enfin un autre va jouir.

SOPHRONYME.

Gardez-vous de tenter un coup si téméraire.

IDOMÉNÉE.

Par tes conseils en vain tu voudrois m'en distraire.
A mon fatal amour, tu connoîtras du moins
Que j'ai donné mon cœur, sans y donner mes soins :
Car enfin, dépouillé de cet auguste titre,
Ton roi de son amour ne sera plus l'arbitre.
Dans ces lieux, où bientôt je ne pourrai plus rien,
Mon fils va devenir et ton maître et le mien.
Essayons si des dieux la colère implacable
Ne pourra s'apaiser par un roi moins coupable;
Ou du moins, sur un vœu que le ciel peut trahir,

Mettons-nous hors d'état de jamais obéir.
Non comme une victime aux autels amenée,
Tu verras couronner le fils d'Idoménée.
Le ciel après, s'il veut, se vengera sur moi :
Mais il n'armera point ma main contre mon roi ;
Et, si c'est immoler cette tête sacrée,
La victime par moi sera bientôt parée [1].
Ce prince ignore encor quel sera mon dessein ;
Sait-il que je l'attends ?

SOPHRONYME.
Dans le temple prochain,
Au ciel, par tant d'horreurs qui poursuit son supplice,
Il prépare, seigneur, un triste sacrifice ;
Et mouillant de ses pleurs d'insensibles autels,
Pour vous, pour vos sujets, il s'offre aux immortels.

IDOMÉNÉE.
Vous n'êtes point touchés d'une vertu si pure !
Pardonnez donc, grands dieux, si mon cœur en murmure.
O mon fils !

SCÈNE IV.
IDOMÉNÉE, SOPHRONYME, ÉGÉSIPPE.

IDOMÉNÉE.
Mais que vois-je ? et quel funeste objet !

---

[1] Ce passage est à peine intelligible. Tout ce qu'on y entrevoit, c'est qu'Idoménée veut céder le trône à son fils : mais quel sera le fruit d'une pareille démarche ? Idoménée pourra-t-il se croire alors délié de son serment ? et la colère des dieux en sera-t-elle plus facile à apaiser ?

ACTE II, SCENE IV.

Égésippe revient, tremblant, triste, défait !
Que dois-je soupçonner ? Ah ! mon cher Sophronyme !
Le ciel impitoyable a nommé sa victime.

ÉGÉSIPPE.

Quelle victime encor ! que de pleurs, de regrets
Nous vont coûter des dieux les barbares décrets !
Pourrai-je sans frémir nommer...

IDOMÉNÉE.

Je t'en dispense ;
Couvre plutôt ce nom d'un éternel silence :
De ton secret fatal je suis peu curieux,
Et sur ce point enfin j'en sais plus que les dieux.

SOPHRONYME.

Écoutez cependant.

IDOMÉNÉE.

Que veux-tu que j'écoute ?
D'un arrêt inhumain tu crois donc que je doute ?...
Mais poursuis[1], Égésippe.

ÉGÉSIPPE.

Au pied du mont sacré
Qui fut pour Jupiter un asile assuré,
J'interroge en tremblant le dieu sur nos misères.
Le prêtre destiné pour les secrets mystères
Se traîne, prosterné, près d'un antre profond ;
Ouvre... Avec mille cris le gouffre lui répond ;
D'affreux gémissements et des voix lamentables[2]

---

[1] Idoménée s'aperçoit que, s'il persistoit à ne vouloir pas entendre Égésippe, il lui feroit soupçonner son secret. Ce retour est naturel.

[2] Accumulation inutile de mots à-peu-près synonymes.

Formoient à longs sanglots des accents pitoyables,
Mais qui venoient à moi comme des sons perdus,
Dont résonnoit le temple en échos mal rendus.
Je prêtois cependant une oreille attentive,
Lorsque enfin une voix, plus forte et plus plaintive,
A paru rassembler tant de cris douloureux,
Et répéter cent fois : « O roi trop malheureux ! »
Déja saisi d'horreur d'une si triste plainte,
Le prêtre m'a bientôt frappé d'une autre crainte,
Quand, relevant sur lui mes timides regards,
Je le vois, l'œil farouche et les cheveux épars,
Se débattre long-temps sous le dieu qui l'accable[1],
Et prononcer enfin cet arrêt formidable :
« Le roi n'ignore pas ce qu'exigent les dieux :
« Maître encor de la Crète et de sa destinée,
« Il porte dans ses mains le salut de ces lieux ;
    « Il faut le sang d'Idoménée[2].

---

[1] Dans l'Énéide, la sibylle se débat aussi *sous le dieu qui l'accable* :

> Bacchatur vates, magnum si pectore possit
> Excussisse deum : tanto magis ille fatigat
> Os rabidum, fera corda domans, fingitque premendo.
> Lib. VI, 78.

Ici Crébillon est plus énergique et plus précis que le poète latin.

La même idée est exprimée ainsi dans Ronsard :

> Et prophète devient sous le dieu qui le presse.
> Elégie I, à Henri III.

[2] Suivant la remarque des frères Parfait, l'oracle peut également s'appliquer au roi et à son fils. Il falloit ajouter que cette équivoque

ACTE II, SCÈNE IV.

IDOMÉNÉE.

Le roi n'ignore pas ce qu'exigent les dieux !
(à Sophronyme.)
Tu vois si les cruels pouvoient s'expliquer mieux.
Graces à leur fureur, toute erreur se dissipe ;
J'entrevois... Il suffit : laisse-nous, Égésippe.
Sur un secret enfin qui regarde ton roi,
Songe, malgré les dieux, à lui garder ta foi.

SCÈNE V.

IDOMÉNÉE, SOPHRONYME.

IDOMÉNÉE.

Tu vois sur nos destins ce que le ciel prononce :
En redoutois-je à tort la funeste réponse?
Il demande mon fils ; je n'en puis plus douter,
Ni de mon trépas même un instant me flatter.
Mânes de mes sujets, qui des bords du Cocyte
Plaignez encor celui qui vous y précipite,
Pardonnez : tout mon sang, prêt à vous secourir,
Auroit coulé, si seul il me falloit mourir ;
Mais le ciel irrité veut que mon fils périsse,
Et mon cœur ne veut pas que ma main obéisse.
Moi, je verrois mon fils sur l'autel étendu [1] !

---

fournit au poète l'idée d'un nouvel incident qui se développe à la fin du quatrième acte.

[1] Clytemnestre dit, dans *Iphigénie* :
   Un prêtre environné d'une foule cruelle...
                              Acte IV, sc. IV.

Tout son sang couleroit par mes mains répandu!
Non, il ne mourra point... je ne puis m'y résoudre[1].
Ciel, n'attends rien de qui n'attend qu'un coup de foudre[2].

SCÈNE VI.

IDOMÉNÉE, IDAMANTE, SOPHRONYME.

IDAMANTE.

Par votre ordre, seigneur...

IDOMÉNÉE.

Dieux! qu'est-ce que je vois?

IDAMANTE.

Quelles horreurs ici répandent tant d'effroi?
Quels regards! D'où vous vient cette sombre tristesse?
Quelle est en ce moment la douleur qui vous presse?
Du temple dans ces lieux aujourd'hui de retour,
Égésippe, dit-on, s'est fait voir à la cour.
Le ciel a-t-il parlé? sait-on ce qu'il exige?
Est-ce un ordre des dieux, seigneur, qui vous afflige?
Savons-nous par quel crime...

IDOMÉNÉE.

Un silence cruel

---

[1] Agamemnon s'écrie aussi:

Non, tu ne mourras point : je n'y puis consentir.
Iphigénie, acte I, sc. 1.

[2] Rotrou s'est bien mieux exprimé lorsqu'il a dit, d'après Sénèque :

Et pour toute faveur j'implore un coup de foudre.
. . . . . Tonantem nostra adorabit manus.
Hercul. fur., act. IV, sc. 1.

ACTE II, SCÈNE VI.

Avec le crime encor cache le criminel.
Ne cherchons point des dieux à troubler le silence;
Assez d'autres malheurs éprouvent ma constance...
Ah! mon fils, si jamais votre cœur généreux
A partagé les maux d'un père malheureux,
Si vous fûtes jamais sensible à ma disgrace,
Au trône en ce moment daignez remplir ma place.

IDAMANTE.

Moi, seigneur?

IDOMÉNÉE.

Oui, mon fils : mon cœur reconnoissant
Ne veut point que ma mort vous en fasse un présent.
Je sais que c'est un rang que votre cœur dédaigne;
Mais qu'importe! Il le faut... régnez...

IDAMANTE.

Moi, que je règne,
Et que j'ose à vos yeux me placer dans un rang
Où je dois vous défendre au prix de tout mon sang!
A cet ordre, seigneur, est-ce à moi de souscrire?
Ciel! est-ce à votre fils à vous ravir l'empire[1]?

IDOMÉNÉE.

Régnez, mon fils, régnez sur la Créte et sur moi;
Je le demande en père, et vous l'ordonne en roi.
Cher prince, à mes desirs que votre cœur se rende:
Pour la dernière fois peut-être je commande.

IDAMANTE.

Si votre nom ici ne doit plus commander,
N'attendez point, seigneur, de m'y voir succéder.

---

[1] La réponse d'Idamante est belle; mais, nous le répétons, la proposition d'Idoménée est invraisemblable, et sur-tout inutile.

Et qui peut vous forcer d'abandonner le trône?

IDOMÉNÉE.

Eh bien! régnez, mon fils... c'est le ciel qui l'ordonne...

IDAMANTE.

Le ciel lui-même, hélas! le garant de ma foi,
Le ciel m'ordonneroit de détrôner mon roi!
De tout ce que j'entends que ma frayeur redouble!
Ah! par pitié, seigneur, éclaircissez mon trouble;
Dissipez les horreurs d'un si triste entretien :
Est-il dans votre cœur des secrets pour le mien?
Parlez, ne craignez point d'augmenter mes alarmes;
C'est trop se taire... Ah! ciel! je vois couler vos larmes!
Vous me cachez en vain ces pleurs que j'ai surpris.
Dieux! que m'annoncez-vous? Ah! seigneur!...

IDOMÉNÉE.

                              Ah! mon fils!
Voyez où me réduit la colère céleste...
Sophronyme, fuyons cet entretien funeste...

IDAMANTE.

Où fuyez-vous, seigneur?

IDOMÉNÉE.

                Je vous fuis à regret,
Mon fils; vous n'en saurez que trop tôt le secret.

SCÈNE VII.

IDAMANTE.

Dieux! quel trouble est le mien! Quel horrible mystère

Fait fuir devant mes yeux Sophronyme et mon père[1]?
Non, suivons-le : son cœur encor mal affermi
Ne me pourra cacher son secret qu'à demi :
Je l'ai vu s'émouvoir, et contre ma poursuite
Il se défendoit mal sans une prompte fuite.
Pénétrons... Mais d'où vient que je me sens glacer?
Quelle horreur à mes sens vient de se retracer!
Quelle invisible main m'arrête et m'épouvante?
Allons... Où veux-je aller? et qu'est-ce que je tente?
De quel secret encor prétends-je être informé?
Eh! ne connois-je pas le sang qui m'a formé?
Peu touché des vertus du grand Idoménée,
Le ciel rendit toujours sa vie infortunée :
Son funeste courroux l'arracha de sa cour,
Et n'a que trop depuis signalé son retour.
Ah! renfermons plutôt mon trouble et mes alarmes,
Que d'oser pénétrer dans d'odieuses larmes.
Suivons-le cependant... Pour calmer mon effroi,
Dieux, faites que ces pleurs ne coulent que pour moi.

[1] Que vois-je? quelle horreur, dans ces lieux répandue,
Fait fuir devant mes yeux ma famille éperdue?
Phèdre, acte III, sc. v.

FIN DU SECOND ACTE.

ACTE TROISIÈME.

SCÈNE I.

ÉRIXÈNE, ISMÈNE.

ISMÈNE.
Enfin l'amour soumet aux charmes d'Érixène
L'objet de sa tendresse et l'objet de sa haine.
Vous triomphez, madame ; et vos fiers ennemis
Bientôt par vos appas se verront désunis.

ÉRIXÈNE.
Quel triomphe ! peux-tu me le vanter encore,
Quand je ne puis dompter le feu qui me dévore ?
Après ce que mon cœur en éprouve en ce jour,
Du soin de me venger dois-je charger l'amour ?
En me livrant le fils, s'il flattoit ma colère,
Je ne l'implorois pas pour me venger du père.
Tant qu'aux lois de l'amour mon cœur sera soumis,
Que dois-je en espérer contre mes ennemis ?

ISMÈNE.
Vous pouvez donc, madame, employant d'autres armes,
Punir sans son secours l'auteur de tant de larmes,
Puisque le juste ciel, de concert avec vous,
Semble sur vos desirs mesurer son courroux.
Tout vous livre à l'envi le fier Idoménée :

IDOMÉNÉE.

Par un arrêt des dieux sa tête est condamnée;
L'oracle la demande, et ce funeste jour
Va le punir des maux que vous fit son retour.
Si vous voulez vous-même, achevant sa disgrace,
Hâter le coup affreux dont le ciel le menace,
Répandez le secret qui vous est dévoilé;
Et qu'Égésippe en vain ne l'ait point révélé.
Du prince votre père ami toujours fidèle,
Vous voyez à quel prix il vous marque son zèle :
Imitez-le, madame, et qu'un sang odieux
Par vos soins aujourd'hui se répande en ces lieux.
De l'intérêt des dieux faites votre vengeance,
Et d'un peuple expirant faites-en la défense;
Montrez-lui son salut dans ce terrible arrêt :
Lui, vous, les dieux enfin, n'avez qu'un intérêt...
D'où vient que je vous vois interdite et tremblante?
Craignez-vous d'exciter les plaintes d'Idamante?

ÉRIXÈNE.

Hélas! si près des maux où je le vais plonger,
Un seul moment pour lui ne puis-je m'affliger?
Que veux-tu? je frémis du spectacle barbare
Que mon juste courroux en ces lieux lui prépare :
Je sens trop, par les pleurs que je verse aujourd'hui,
Quelle est l'horreur du coup qui va tomber sur lui.
Tu sais que pour le roi son amour est extrême.

ISMÈNE.

Il ne vous reste plus que d'aimer le roi même.
Qu'entends-je? De vos pleurs importunant les dieux,
Vos plaintes chaque jour font retentir ces lieux;
Et quand le ciel prononce au gré de votre envie,

Vous n'osez plus poursuivre une odieuse vie !
Songez, puisque les dieux vous ouvrent leurs secrets,
Qu'ils vous chargent par-là du soin de leurs décrets.
Et qu'auriez-vous donc fait, si, trompant votre attente,
L'oracle eût demandé la tête d'Idamante,
Puisque vous balancez...

ÉRIXÈNE.

A quoi bon ces transports ?
Je conçois bien, sans toi, de plus nobles efforts.
Malgré tout mon amour, mon devoir est le même :
Mais peut-on sans trembler opprimer ce qu'on aime ?
Un je ne sais quel soin me saisit malgré moi,
Et mon propre courroux redouble mon effroi.
Ne crains rien cependant ; mais laisse sans contrainte
A des cœurs malheureux le secours de la plainte.
Je n'ai point succombé pour avoir combattu,
Et tes raisons ici ne font point ma vertu.
Égésippe en ces lieux se fait long-temps attendre.

SCÈNE II.

ÉRIXÈNE, ISMÈNE, ÉGÉSIPPE.

ÉGÉSIPPE.

Madame, pardonnez : j'ai dû plus tôt m'y rendre ;
Mais un ordre pressant, que je n'attendois pas,
Malgré moi loin de vous avoit porté mes pas...
C'en est fait, le tyran échappe à notre haine.
Hâtons notre vengeance, ou sa fuite est certaine [1] ;

[1] Égésippe s'imagine qu'Idoménée veut fuir ; et le roi n'a d'autre

Ses vaisseaux sont tout prêts ; et déja sur les flots
Remontent à l'envi soldats et matelots.
Un gros de nos amis près d'ici se rassemble :
Tandis que dans ces lieux tout gémit et tout tremble,
On peut dans ce désordre échapper du palais.
Venez au peuple enfin vous montrer de plus près...
Mais le tyran paroît ; évitez sa présence.
Je vais dès ce moment servir votre vengeance.

SCÈNE III.

IDOMÉNÉE, ÉGÉSIPPE.

IDOMÉNÉE.

Mes vaisseaux sont-ils prêts ?

ÉGÉSIPPE.

Oui, seigneur ; mais les eaux
D'un naufrage assuré menacent vos vaisseaux :
La mer gronde, et ses flots font mugir le rivage ;
L'air s'enflamme, et ses feux n'annoncent que l'orage.
De qui doit s'embarquer je déplore le sort.
Seroit-ce vous, seigneur ?

IDOMÉNÉE.

Qu'on m'aille attendre au port.

but que d'éloigner son fils pour le sauver : nouvel incident qui
cause du mouvement, de la variété, du bruit. Mais ce n'est pas là
ce qui constitue la vraie tragédie : il lui faut un sujet simple, clair,
qui touche et remue en attachant.

SCÈNE IV.

IDOMÉNÉE.

Ainsi donc tout menace une innocente vie!
O mon fils! faudra-t-il qu'elle te soit ravie[1]?
A des dieux sans pitié ne te puis-je arracher?
Quel asile contre eux désormais te chercher?
Que n'ai-je point tenté? Je t'offre ma couronne[2];
Un départ rigoureux par moi-même s'ordonne;
Je crois t'avoir sauvé quand j'y puis consentir:
Et les ondes déjà s'ouvrent pour t'engloutir!
Fuis cependant, mon fils... l'orage qui s'apprête
Est le moindre péril qui menace ta tête.
Quoique je n'aie, hélas! rien de plus cher que toi,
Tu n'as point d'ennemi plus à craindre que moi.
O mon peuple! ô mon fils! promesse redoutable!
Roi, père malheureux! dieux cruels! vœu coupable!
O ciel! de tant de maux toujours moins satisfait,
Tu n'as jamais tonné pour un moindre forfait!
Et vous, fatal objet d'une flamme odieuse,
Érixène, à mon cœur toujours trop précieuse,

[1] Idoménée est ici touchant et pathétique: il l'auroit toujours été sans sa passion pour Érixène, à son cœur toujours trop précieuse.

[2] Pourquoi lui offroit-il sa couronne? pourquoi ne la lui offre-t-il plus? Tout cela n'est guère éclairci. Le départ d'Idamante est un peu plus naturel; mais, encore une fois, cette suite de petits évènements, loin d'accroître l'intérêt, ne fait qu'embarrasser les situations principales et fatiguer l'attention du spectateur.

ACTE III, SCÈNE IV.

Fuyez avec mon fils de ces funestes lieux :
Pour tout ce qui m'est cher j'y dois craindre les dieux.

SCÈNE V.
IDOMÉNÉE, IDAMANTE.

IDAMANTE.
Malgré l'affreux péril du plus cruel naufrage,
On dit que vos vaisseaux vont quitter le rivage :
Quoique de ces apprêts mon cœur soit alarmé,
Je ne viens point, seigneur, pour en être informé ;
Je sais de vos secrets respecter le mystère,
Et l'on ne m'en fait plus l'heureux dépositaire.

IDOMÉNÉE.
Mon cœur, que ce reproche accuse de changer,
Vous tait des maux qu'il craint de vous voir partager.
Il en est cependant dont il faut vous instruire.

(à part.)
Ces vaisseaux... ces apprêts... Ciel ! que lui vais-je dire¹ ?
Ah ! mon fils !... Non, mon cœur n'y sauroit consentir.

IDAMANTE.
Dieux ! que vous m'alarmez !

IDOMÉNÉE.
               Mon fils, il faut partir.

IDAMANTE.
Qui doit partir ?

IDOMÉNÉE.
    Vous.

---

¹ « Ciel ! que lui vais-je dire » et par où commencer ?
                              Phèdre, acte I, sc. III.

IDAMANTE.
Moi! Ciel! qu'entends-je?
IDOMÉNÉE.
Vous-même.
Il falloit accepter l'offre du diadème.
Fuyez, mon fils, fuyez un ciel trop rigoureux,
Un rivage perfide, un père malheureux.
IDAMANTE.
Ciel! qui m'a préparé cette horrible disgrace?
La mort même entre nous ne peut mettre un espace.
N'accablez point mon cœur d'un pareil désespoir.
Je goûte à peine, hélas! le bien de vous revoir...
Pourquoi régner? pourquoi faut-il que je vous quitte?
Quel est donc le projet que votre ame médite?
IDOMÉNÉE.
Voyez par quels périls vos jours sont menacés;
Fuyez, n'insistez plus; je crains, c'en est assez.
Jugez par mon amour de ce que je dois craindre,
Puisqu'à nous séparer ce soin m'a pu contraindre;
Jugez de mes frayeurs... Ah! loin de ces climats
Allez chercher des dieux qui ne se vengent pas.
IDAMANTE.
Eh! que pourroit m'offrir une terre étrangère,
Que des dieux ennemis, si je ne vois mon père?
Vos dieux seront les miens: laissez-moi, près de vous,
De ces dieux irrités partager le courroux.
IDOMÉNÉE.
Ah! fuyez-moi... fuyez le ciel qui m'environne.
Fuyez, mon fils, fuyez... puisque enfin je l'ordonne;

ACTE III, SCÈNE V.

Et, sans vous informer du secret de mes pleurs,
Fuyez[1], ou redoutez le comble des horreurs.
Avec vous à Samos conduisez Érixène[2].

IDAMANTE.

Seigneur...

IDOMÉNÉE.

Ce ne doit plus être un objet de haine :
Des crimes de son père immolé par nos lois
La fille n'a point dû porter l'injuste poids.
Adieu : peut-être un jour le destin moins sévère
Vous permettra, mon fils, de revoir votre père.
Dérobez cependant à des dieux ennemis
Une princesse aimable, un si généreux fils...

IDAMANTE.

Érixène! eh! pourquoi compagne de ma fuite?
Expliquez... Mais je vois que votre ame est instruite.
Érixène, seigneur, m'est un présent bien doux;
Mais tout cède à l'horreur de m'éloigner de vous.
A ce triste départ quel astre pourroit luire?
Voyez le désespoir où vous m'allez réduire.

---

[1] Le mot *fuyez* est répété cinq fois en quatre vers. Cette répétition est une négligence marquée. (LA H.) — Crébillon ne travailloit pas assez son style; il est souvent dur et incorrect; mais il est plein de chaleur et de verve, et l'on y sent une sorte d'âpreté sauvage qui plaît dans la tragédie. Il lui échappe de temps en temps des vers admirables, des tirades de la plus grande force. (GEOFFROY.)

[2] Foible imitation de Racine. Titus confie aussi Bérénice à Antiochus, qui a peine à le concevoir. Dans Racine, cette confiance est aussi naturelle que généreuse; dans Crébillon, on voit trop clairement qu'Idoménée a besoin de trouver un rival dans son fils.

En vain sur cet exil vous croyez me tenter :
Plus vous m'offrez, seigneur, moins je puis vous quitter.
Je vous dois trop, hélas !... Quelle tendresse extrême !
M'offrir en même jour et sceptre et ce que j'aime !
Non...

IDOMÉNÉE.

Ce que vous aimez ?

IDAMANTE.

Ah ! pardonnez, seigneur ;
Je le vois, vous savez les secrets de mon cœur.
Pardonnez : j'en ai fait un coupable mystère ;
Non que pour vous tromper je voulusse m'en taire...
Mais d'un feu qu'en mon sein j'avois cru renfermer,
Eh ! qui, seigneur, encore a pu vous informer ?
Ah ! quoiqu'il soit trop vrai que j'adore Érixène...

IDOMÉNÉE.

Poursuivez, dieux cruels ! ajoutez à ma peine :
Me voilà parvenu, par tant de maux divers,
A pouvoir défier le ciel et les enfers.
Je ne redoute plus votre courroux funeste,
Impitoyables dieux ! ce coup en est le reste[1].
Sur mon peuple à présent signalez vos fureurs ;
Et si ce n'est assez, versez-les dans nos cœurs.
Voyez-nous tous les deux saisis de votre rage,
Égorgés l'un par l'autre, achever votre ouvrage.
Par de nouveaux dangers arrachez-moi des vœux :
Me ferez-vous jamais un sort plus malheureux ?

---

[1] Vaines déclamations. Idoménée ne persuadera à personne que cette rivalité soit au-dessus de tous ses malheurs.

ACTE III, SCÈNE V.

IDAMANTE.

Où s'égare, seigneur, votre ame furieuse ?
Érixène cessoit de vous être odieuse,
Disiez-vous ; et pour elle un reste de pitié
Sembloit vous dépouiller de toute inimitié.
Haïriez-vous toujours cet objet adorable?

IDOMÉNÉE.

Si je le haïssois, seriez-vous si coupable?
Oh ! de tous les malheurs malheur le plus fatal !

IDAMANTE.

Seigneur...

IDOMÉNÉE.

Ah! fils cruel, vous êtes mon rival !

IDAMANTE.

O ciel !

IDOMÉNÉE.

De quelle main part le trait qui me blesse !
Réserviez-vous, mon fils, ce prix à ma tendresse ?
Je ne verrai donc plus dans mes tristes états
Que des dieux ennemis et des hommes ingrats !
Quoi ! toujours du destin la barbare injustice
De tout ce qui m'est cher fera donc mon supplice !
Imprudent que j'étois ! et j'allois couronner
Ce fils qu'à ma fureur je dois abandonner !
Mais c'en est fait, l'amour de mon devoir décide.

IDAMANTE.

Mon père...

IDOMÉNÉE.

O nom trop doux pour un fils si perfide[1] !

---

[1] Idamante ne mérite pas cette odieuse qualification. Il est doux,

IDAMANTE.

N'accablez point, seigneur, un fils infortuné,
A des maux infinis par l'amour condamné.
Puisque enfin votre cœur s'en est laissé surprendre,
Jugez si d'Érixène on pouvoit se défendre.
Hélas! je ne craignois, adorant ses appas,
Que d'aimer un objet qui ne vous plairoit pas;
Et mon cœur, trop épris d'une odieuse chaîne,
Oublioit son devoir dans les yeux d'Érixène.
Mais si l'aimer, seigneur, est un si grand forfait,
L'amour m'en punit bien par les maux qu'il me fait.

IDOMÉNÉE.

Voilà l'unique fruit qu'il en falloit attendre
D'un amour criminel qu'osiez-vous donc prétendre?
Et quel étoit l'espoir de vos coupables feux,
Quand chaque jour le crime augmentoit avec eux?
Qu'Érixène à mes yeux fût odieuse ou chère,
Vos feux également offensoient votre père.
Je veux bien cependant, juge moins rigoureux,
Vous en accorder, prince, un pardon généreux,
Mais pourvu que votre ame, à mes desirs soumise,
Renonce à tout l'amour dont je la vois éprise.

IDAMANTE.

Ah! quand même mon cœur oseroit le vouloir,
Aimer, ou n'aimer pas, est-il en mon pouvoir?
Je combattrois en vain une ardeur téméraire:
L'amour m'en a rendu le crime nécessaire.

respectueux, plein d'amour pour son père et pour une jeune princesse. De pareils sentiments n'ont pu le rendre coupable ni d'ingratitude ni de perfidie.

ACTE III, SCÈNE V.

Malgré moi de ce feu je vis mon cœur atteint ;
Peut-être malgré moi je l'y verrois éteint.
Mais ce cœur, à l'amour que je n'ai pu soustraire,
Dans le rival du moins aime toujours un père.
Par un nom si sacré tout autre suspendu...

IDOMÉNÉE.

Dans le nom de rival tout nom est confondu.
Vous n'êtes plus mon fils ; ou, peu digne de l'être,
Je vois que tout mon sang n'en a formé qu'un traître.

IDAMANTE.

Où fuirai-je ? grands dieux ! De quels noms ennemis
Accablez-vous, seigneur, votre malheureux fils[1] !
Ah ! quels noms odieux me faites-vous entendre !
Quelle horreur pour un fils respectueux et tendre !
Songez-vous que ce fils est encor devant vous,
Ce fils long-temps l'objet de sentiments plus doux ?
Brûlant d'un feu cruel que je ne puis éteindre,
Vous me devez, seigneur, moins haïr que me plaindre ;
Et si ma flamme enfin est un crime si noir,
Vous êtes bien vengé par mon seul désespoir.
Cessez de m'envier une importune flamme :
Odieux à l'objet qui sait charmer mon ame,
Abhorré d'un rival que j'aimerai toujours,
Seigneur, voilà le fruit de mes tristes amours.

---

[1] Hippolyte est dans la même situation, et se plaint dans les mêmes termes de l'inflexibilité de Thésée :

> Quel temps à mon exil, quel lieu prescrivez-vous ?...
> Chargé du crime affreux dont vous me soupçonnez,
> Quels amis me plaindront quand vous me condamnez ?
>
> *Phèdre*, acte IV, sc. II.

Mais, puisque de ce feu qui tous deux nous anime
Sur mon cœur trop épris est tombé tout le crime,
Je saurai m'en punir; et je sens que ce cœur
Vous craint déja bien moins que sa propre fureur.
Désormais tout en proie au transport qui me guide,
Je vous délivrerai de ce fils si perfide.
Si mon coupable cœur vous trahit malgré moi,
Mon bras plus innocent saura venger mon roi.
Ce n'est pas d'aujourd'hui qu'il sert votre vengeance,
Et je vais en punir ce cœur qui vous offense.
(Il tire son épée.)
Soyez donc satisfait¹...

IDOMÉNÉE, l'arrêtant.

Arrêtez, furieux...

IDAMANTE.

Laissez couler le sang d'un rival odieux.

IDOMÉNÉE.

Mon fils!...

IDAMANTE.

D'un nom si cher m'honorez-vous encore?
Laissez-moi me punir d'un feu qui me dévore.

IDOMÉNÉE.

Ma vertu jusque-là ne sauroit se trahir...
Va, fils infortuné... je ne te puis haïr...

IDAMANTE.

Ah! seigneur!...

¹ Idamante veut se tuer, parcequ'il est le rival de son père: il se tue à la fin pour une plus noble cause. Cette situation ne devoit pas être répétée sans nécessité. La première détruit l'effet de la seconde.

IDOMÉNÉE.
Laissez-moi, fuyez ma triste vue;
Ne renouvelons plus un discours qui me tue.

SCÈNE VI.

IDOMÉNÉE.

Inexorables dieux, vous voilà satisfaits!
Pour un nouveau courroux vous reste-t-il des traits?
Finis tes tristes jours, père, amant déplorable...
Vengeons-nous bien plutôt, si mon fils est coupable.
Que sais-je si l'ingrat ne s'est point fait aimer?
Sans doute, puisqu'il aime, il aura su charmer.
Il triomphe en secret de mon amour funeste:
Il est aimé; je suis le seul que l'on déteste.
Tout mon courroux renaît à ce seul souvenir.
Livrons l'ingrat aux dieux. Qui me peut retenir?
Coule sur nos autels tout le sang d'Idamante...
Coule plutôt le tien...

SCÈNE VII.

IDOMÉNÉE, SOPHRONYME.

IDOMÉNÉE.
Quel objet se présente?
Ah! c'est toi... Quel malheur au mien peut être égal,
Sophronyme! Mon fils...

SOPHRONYME.
Seigneur?

IDOMÉNÉE.

　　　　　　Est mon rival!

SOPHRONYME.

Il est temps pour jamais d'oublier l'inhumaine.
Ignorez-vous, seigneur, le crime d'Érixène,
Celui de Mérion ici renouvelé?
L'arrêt des dieux enfin au peuple est révélé :
Par Égésippe instruit...

IDOMÉNÉE.

　　　　　　Ciel! que viens-tu m'apprendre?

SOPHRONYME.

Du port, où par votre ordre il m'a fallu descendre,
Je revenois, seigneur : un grand peuple assemblé
M'attire par ses cris, par un bruit redoublé.
Par le sens de l'oracle Érixène trompée,
Du soin de se venger toujours plus occupée,
De l'intérêt des dieux prétextant son courroux,
Tâchoit de soulever vos sujets contre vous;
De tout par Égésippe encor plus mal instruite,
A vos sujets tremblants révéloit votre fuite;
Leur disoit que le ciel, pour unique secours,
Attachoit leur salut à la fin de vos jours...
Pour eux, par leurs regrets, du grand Idoménée
Contents de déplorer la triste destinée,
Ils sembloient seuls frappés par l'arrêt du destin :
Égésippe a voulu les exciter en vain.
Pour moi, qui frémissois de tant de perfidie,
Je le poursuis, l'atteins, et le laisse sans vie,
Désabuse le peuple; et, content désormais,
J'ai ramené, seigneur, la princesse au palais.

IDOMÉNÉE.

Sujets infortunés, qu'en mon cœur je déplore,
Au milieu de vos maux me plaignez-vous encore?
Ce qui m'aime à sa perte est par moi seul livré,
Et tout ce qui m'est cher contre moi conjuré!
Cruel à notre tour, qu'Idamante périsse;
De celui d'Érixène augmentons son supplice;
Faisons-leur du trépas un barbare lien;
Dans leur sang confondu mêlons encor le mien...
Vains transports qu'a formés ma fureur passagère!
Hélas! qui fut jamais plus amant et plus père?...
Mes peuples cependant, par moi seul accablés...

SOPHRONYME.

Ah! seigneur! leurs tourments sont encor redoublés.
Depuis que le destin a fait des misérables,
On n'éprouva jamais des maux plus redoutables;
Je frémis des horreurs où ce peuple est réduit.
Un gouffre sous Ida s'est ouvert cette nuit:
Ce roc, qui jusqu'aux cieux sembloit porter sa cime,
Au lieu qu'il occupoit n'a laissé qu'un abyme;
Et de ce roc entier à nos yeux disparu,
Loin d'en être comblé, ce gouffre s'est accru:
Nous touchons tout vivants à la rive infernale[1].
De ce gouffre profond un noir venin s'exhale;
Et vos sujets, frappés par des feux dévorants,
Tombent de toutes parts, déjà morts ou mourants.
Aux seuls infortunés le trépas se refuse...

[1] Ces détails, pleins de vigueur, sont bien propres à réveiller l'attention du spectateur. Crébillon avoit une touche plus forte que tendre, et plus de verve que de sentiment.

IDOMÉNÉE.

Et c'est de tant d'horreurs les dieux seuls qu'on accuse !
Mais quoi ! toujours les dieux ! Et qui d'eux ou de moi,
Négligeant sa promesse, a donc manqué de foi ?
Malheureux ! tes serments, qu'a suivis le parjure,
Ont soulevé les dieux et toute la nature.
Pour sauver un ingrat, tes soins pernicieux
Trop long-temps sur ton peuple ont exercé les dieux :
A tes sujets enfin cesse d'être contraire.
Eh ! que leur sert un roi, s'il ne leur sert de père ?
Leur salut désormais est ta suprême loi,
Et le sang de son peuple est le vrai sang d'un roi [1]...
Depuis quand tes sujets t'éprouvent-ils si tendre ?
Depuis quand ce devoir ?... L'amour vient te l'apprendre !

[1] Fénelon, dans son *Télémaque*, avoit exprimé les mêmes pensées, et Crébillon avoit pu les voir dans le cinquième livre, qui renferme l'épisode d'*Idoménée*. « Un roi, dit Mentor, doit être au-dehors le défenseur de la patrie, en commandant les armées ; et au-dedans le juge des peuples, pour les rendre bons, sages et heureux. Ce n'est point pour lui-même que les dieux l'ont fait roi ; il ne l'est que pour être l'homme des peuples : c'est aux peuples qu'il doit tout son temps, tous ses soins, toute son affection ; et il n'est digne de la royauté qu'autant qu'il s'oublie lui-même pour se sacrifier au bien public. » Massillon a dit plus énergiquement encore : « Les grands seroient inutiles sur la terre, s'il ne s'y trouvoit des pauvres et des malheureux ; ils ne doivent leur élévation qu'aux besoins publics ; et, loin que les peuples soient faits pour eux, ils ne sont eux-mêmes tout ce qu'ils sont que pour les peuples. » Il nous seroit facile de multiplier de pareilles citations, et de montrer que ces idées ont toujours été le patrimoine des hommes de génie et la sauve-garde des peuples. Érigées en lois par les Grecs et les Romains, elles se retrouvent dans les formes nouvelles et bienfaitrices de nos gouvernements modernes.

ACTE III, SCÈNE VII.

Voilà de ces grands soins le retour trop fatal :
Tu n'es roi que depuis qu'un fils est ton rival [1] ;
Contre lui l'amour seul arme tes mains impies ;
Voilà le dieu, barbare ! à qui tu sacrifies [2].
Étouffons tout l'amour dont mon cœur est épris ;
N'y laissons plus régner que la gloire et mon fils.
Sur les mêmes vaisseaux préparés pour sa fuite,
Qu'Érixène à Samos aujourd'hui soit conduite.
Allons... et que mon cœur, délivré de ses feux,
Commence par l'amour à triompher des dieux.

[1] Vers foibles et prosaïques.
[2] Cruel ! c'est à ces dieux que vous sacrifiez.
Iphigénie, acte IV, sc. IV.

FIN DU TROISIÈME ACTE.

ACTE QUATRIÈME.

SCÈNE I.
ÉRIXÈNE, ISMÈNE.

ÉRIXÈNE.

En vain tu veux calmer le transport qui m'agite :
Foibles raisonnements dont ma douleur s'irrite !
Laisse-moi, porte ailleurs tes funestes avis ;
Il m'en a trop coûté pour les avoir suivis [1].
Vois ce qu'à tes conseils aujourd'hui trop soumise
Je viens de recueillir d'une vaine entreprise ;
Vois ce que ta fureur et la mienne ont produit :
Mon départ et ma honte en seront tout le fruit.
Je ne reverrai plus ce prince que j'adore ;
Et, pour comble d'horreur, mon amour croît encore !
En armant contre lui mon devoir inhumain,
Cruelle ! tu m'as mis un poignard dans le sein.
Cher prince, pardonnez...

ISMÈNE.

                Je le vois qui s'avance.
De vos transports, du moins, cachez la violence.

ÉRIXÈNE.

Eh ! comment les cacher ? Je sais que je le dois ;

---

[1] Phèdre, au commencement du troisième acte et à la fin du quatrième, adresse les mêmes reproches à Œnone.

Mais le puis-je, et le voir pour la dernière fois ?
Fuyons-le cependant ; sa présence m'étonne.

SCÈNE II.

IDAMANTE, ÉRIXÈNE, ISMÈNE.

IDAMANTE.
Où fuyez-vous, madame ?
ÉRIXÈNE.
Où mon devoir l'ordonne.
IDAMANTE.
Du moins à la pitié laissez-vous émouvoir.
Vous ne l'avez que trop signalé, ce devoir :
Avec tant de courroux, hélas ! qu'a-t-il à craindre ?
Vous ne m'entendrez plus soupirer ni me plaindre.
Vous partez, je vous aime, et vous me haïssez ;
Mes malheurs dans ces mots semblent être tracés.
Cependant ce départ, mon amour, votre haine,
Ne font pas aujourd'hui ma plus cruelle peine.
C'étoit peu que votre ame, insensible à mes vœux,
Eût de tout son courroux payé mes tendres feux :
Ce malheureux amour que votre cœur abhorre,
Malgré tous vos mépris, que je chéris encore ;
Cet amour qui, malgré votre injuste rigueur,
N'a jamais plus régné dans le fond de mon cœur ;
Cet amour qui faisoit le bonheur de ma vie,
Il faut à mon devoir que je le sacrifie.
Non que mon triste cœur, par ce cruel effort,
Renonce à vous aimer ; mais je cours à la mort :

Heureux si mon trépas, devenu légitime,
Des pleurs que j'ai causés peut effacer le crime!
Mais si c'en étoit un d'adorer vos beaux yeux,
Je ne suis pas le seul criminel en ces lieux.
Ce qu'en vain Mérion attendoit de ses armes,
Vous seule en un moment l'avez pu par vos charmes :
Tout vous livre à l'envi cet empire fatal.
Régnez, vous le pouvez... mon père est mon rival.

ÉRIXÈNE.

Je connois les transports et de l'un et de l'autre,
Et je sais jusqu'où va son audace et la vôtre :
Son téméraire amour n'a que trop éclaté.

IDAMANTE.

Sans vous en offenser vous l'avez écouté!
Je ne m'étonne plus du malheur qui m'accable,
Ni que vos yeux cruels me trouvent si coupable.
Votre cœur, à son tour épris pour un héros,
N'a pas toujours haï tout le sang de Minos.
Pour mon père en secret vous brûliez, inhumaine!
Et moi seul en ces lieux j'exerçois votre haine.
Quoi! vous m'abandonnez à mes soupçons jaloux!
Suis-je le malheureux [1]? madame, l'aimez-vous?

ÉRIXÈNE.

Moi, je pourrois l'aimer! et dans le fond de l'ame
J'aurois sacrifié mon devoir à sa flamme!
Dieux! qu'est-ce que j'entends? Seigneur, osez-vous bien
Reprocher à mon cœur l'égarement du sien?
Après ce qu'a produit sa cruauté funeste,

---

[1] Cette interrogation seroit tout au plus supportable dans la comédie.

Qui? moi, j'approuverois des feux que je déteste,
Un amour par le sang, par mes pleurs condamné,
Et devenu forfait dès l'instant qu'il est né!
Ouvrez vos yeux, cruel! et voyez quel spectacle
A mis à son amour un invincible obstacle.
Son crime dans ces lieux est par-tout retracé;
Le sang qui les a teints n'en est point effacé¹.
Là, mon père sanglant vint s'offrir à ma vue,
Et tomber dans les bras de sa fille éperdue:
Vos yeux, comme les miens, l'ont vu sacrifier;
Faut-il d'autres témoins pour me justifier?
Tout ce que j'ai tenté pour m'immoler sa tête,
L'oracle révélé, mon départ qui s'apprête,
Ma fierté, ma vertu, cent outrages récents,
Voilà pour mon devoir des titres suffisants.
Ne croyez pas, seigneur, que mon cœur les oublie...
Mais que dis-je?... et d'où vient que je me justifie?...
Gardez tous vos soupçons: bien loin de les bannir,
Je dois aider moi-même à les entretenir.

IDAMANTE.

Eh bien! pour m'en punir, désormais moins sévère,
Regardez sans courroux la flamme de mon père:

¹ La même pensée se trouve dans Euripide; mais combien elle a plus de force et d'énergie chez le poëte grec! On chercheroit vainement peut-être à la bien exprimer dans notre langue. C'est Électre qui dit aussi de son père:

Αἷμα δ' ἐκ πατρὸς κατὰ στέγας
Μύζει σέσηπεν.   Act. II, sc. 1.

« Le sang d'Agamemnon pourrit, sans vengeance, le long des murs de son palais. »

Il vous aime, madame, il est digne de vous.
Si j'ai fait éclater des sentiments jaloux,
Pardonnez aux transports de mon ame éperdue :
Je ne connoissois point le poison qui me tue.
Mais, quel que soit l'amour dont je brûle aujourd'hui,
Ma vertu contre vous deviendra mon appui :
Je verrai sans regret parer du diadème
Un front que mon amour n'en peut orner lui-même.
Remontez dès ce jour au rang de vos aïeux :
Votre vertu, madame, apaisera les dieux.
Que ne pourra sur eux une reine si belle?
Pour moi, jusqu'à la mort toujours tendre et fidéle,
J'irai sans murmurer, loin de lui, loin de vous,
Sacrifier au roi mon bonheur le plus doux...
Mais on vient... C'est lui-même... Il vous cherche, madame.
Dieux! quel trouble cruel s'élève dans mon ame!...
Vous ne partirez point, puisqu'il veut vous revoir :
Vous régnerez... O ciel! quel est mon désespoir*!

SCÈNE III.

IDOMÉNÉE, ÉRIXÈNE, SOPHRONYME, ISMÈNE.

ÉRIXÈNE.

Vous triomphez, seigneur; ma vengeance échouée,

* Idamante craint de ne pouvoir faire le bonheur d'Érixène ; il l'engage à répondre à l'amour de son père, à accepter la couronne ; et dès qu'il voit Idoménée, il se trouble, il tremble qu'elle ne suive le conseil qu'il vient de lui donner : c'est bien là le langage de la passion, la marche du cœur humain.

Par le sort ennemi se voit désavouée :
Ainsi ne forcez plus des yeux baignés de pleurs
A revoir de mes maux les barbares auteurs.
D'un sang qu'il faut venger par-tout environnée,
Et pour toute vengeance aux pleurs abandonnée,
Pour apaiser la voix de ce sang qui gémit,
Je n'entends que soupirs dont ma vertu frémit.
Hâtez par mon départ la fin de ma misère ;
Laissez-moi loin de vous aller pleurer mon père ;
Permettez...

IDOMÉNÉE.

Vous pouvez, libre dans mes états,
Au gré de vos souhaits déterminer vos pas.
Mes ordres sont donnés ; et la mer apaisée
Offre de toutes parts une retraite aisée ;
Mes vaisseaux sont tout prêts... Si la fin de mes jours
De vos pleurs cependant peut arrêter le cours,
Madame, demeurez... Ma tête condamnée
Du funeste bandeau va tomber couronnée :
Je vais, pour contenter vous et les immortels...

ÉRIXÈNE.

Je vais donc de ce pas vous attendre aux autels.

SCÈNE IV.

IDOMÉNÉE, SOPHRONYME.

SOPHRONYME.

Quel orgueil ! Mais quel est ce dessein qui m'étonne !
Par vos ordres exprès quand son départ s'ordonne,

Pourquoi l'arrêtez-vous sur l'espoir d'un trépas?...
IDOMÉNÉE.
Pourquoi le lui cacher, et ne l'en flatter pas,
Puisque je vais mourir?
SOPHRONYME.
Vous, mourir! dieux! qu'entends-je?
IDOMÉNÉE.
Pour t'étonner si fort, qu'a ce dessein d'étrange?
Plût au sort que mes mains eussent moins différé
A rendre au ciel un sang dont il est altéré!
Pour conserver celui que sa rigueur demande,
C'est le mien aujourd'hui qu'il faut que je répande.
SOPHRONYME.
Que dites-vous, seigneur? quel affreux désespoir!
IDOMÉNÉE.
D'un nom plus glorieux honore mon devoir :
Quand j'aurai vu mon fils, je cours y satisfaire.
Je n'attends plus de vous qu'une paix sanguinaire,
Dieux justes! Cependant d'un peuple infortuné
Détournez le courroux qui m'étoit destiné;
Cessez à mes sujets de déclarer la guerre,
Et jusqu'à mon trépas suspendez le tonnerre :
Tout mon sang va couler.
SOPHRONYME.
D'un si cruel transport
Qu'espérez-vous?
IDOMÉNÉE.
Du moins, la douceur de la mort.
Je n'obéirai point; le ciel impitoyable
M'offre en vain en ces lieux un spectacle effroyable.

ACTE IV, SCÈNE IV.

Les mortels peuvent-ils vous offenser assez
Pour s'attirer les maux dont vous les punissez,
Dieux puissants! Qu'ai-je vu? quel funeste ravage!
J'ai cru me retrouver dans le même carnage
Où mon bras se plongeoit sur les bords phrygiens,
Pour venger Ménélas des malheureux Troyens.
Les maux des miens, hélas! sont-ils moins mon ouvrage?
Une seconde Troie a signalé ma rage.
J'ai revu mes sujets, si tendres pour leur roi,
Pâles et languissants se traîner après moi.
Tu les as vus tout près de perdre la lumière,
S'empresser pour revoir l'auteur de leur misère.
Non, j'ai le cœur encor tout percé de leurs cris :
J'ai cru dans chacun d'eux voir[1] expirer mon fils.
De leur salut enfin cruel dépositaire,
Essayons si ma mort leur sera salutaire.
Meurs du moins, roi sans foi, pour ne plus résister
A ces dieux que ta main ne veut pas contenter.

SOPHRONYME.

Dans un si grand projet votre vertu s'égare :
A des crimes nouveaux votre ame se prépare.
Vous mourez moins, seigneur, pour contenter les dieux,
Que pour vous dérober au devoir de vos vœux.
Voulez-vous, ajoutant le mépris à l'offense,
Porter jusqu'aux autels la désobéissance?
Vous vous offrez en vain pour fléchir sa rigueur ;
Le ciel veut moins de nous l'offrande que le cœur.
Qu'espérez-vous, seigneur? que prétendez-vous faire?

[1] *J'ai revu, tu les as vus, pour revoir, j'ai cru voir.* Toutes ces répétitions, en quelques vers, gâteroient les plus belles scènes.

Aux dieux, à vous, à nous, de plus en plus contraire,
Voulez-vous, n'écoutant qu'un transport furieux,
Faire couler sans fruit un sang si précieux?
Eh! qui de nous, hélas! témoin du sacrifice,
Voudra de votre mort rendre sa main complice?
Qui, prêt à se baigner dans le sang de son roi,
Voudroit charger sa main de cet horrible emploi?
Qui de nous contre lui n'armeroit pas la sienne[1]?

IDOMÉNÉE.

Je le sais, et n'attends ce coup que de la mienne.

SOPHRONYME.

Eh bien! avant ce coup, de cette même main
Plongez-moi donc, seigneur, un poignard dans le sein.
Dût retomber sur moi le transport qui vous guide,
Je ne souffrirai point cet affreux parricide.
Nulle crainte en ce jour ne sauroit m'émouvoir,
Lorsqu'il faut vous sauver de votre désespoir[2].
Je ne vous connois plus; le grand Idoménée
Laisse à tous ses transports son ame abandonnée.
Ce héros, rebuté d'avoir tant combattu,
A donc mis de lui-même un terme à sa vertu!
Jetez sur vos sujets un regard moins sévère:

---

[1] Il n'est pas aisé d'entendre ce vers. En voici le sens: « Qui de nous n'armeroit pas sa main contre celui qui voudroit vous tuer? »

[2] Cette situation a quelque analogie avec celle de Burrhus, qui exprime à-peu-près les mêmes idées:

> Non, ou vous me croirez, ou bien de ce malheur
> Ma mort m'épargnera la vue et la douleur...
> Me voilà prêt, seigneur: avant que de partir,
> Faites percer ce cœur qui n'y peut consentir.
>
> Britannicus, acte IV, sc. III.

Ils vous ont appelé du sacré nom de père;
De cet auguste nom dédaignant tous les nœuds,
Avez-vous condamné vos sujets malheureux?
Abandonnerez-vous ce peuple déplorable,
Que votre mort va rendre encor plus misérable?
Que lui destinez-vous par ce cruel trépas,
Qu'un coup de désespoir qui ne le sauve pas?

IDOMÉNÉE.

Tu juges mal des dieux; leur courroux équitable
S'apaisera bientôt par la mort du coupable:
Je vais enfin, pour prix de ce qu'ils ont sauvé,
Rendre à ces mêmes dieux ce qu'ils ont conservé.
Mon cœur, purifié par le feu des victimes,
Mettra fin à vos maux, mettant fin à mes crimes.
Je sens même déja dans ce cœur s'allumer
L'ardeur du feu sacré qui le doit consumer.
Chaque pas, chaque instant qui retarde mon zéle,
Plonge de mes sujets[1] dans la nuit éternelle.
Ne m'oppose donc plus d'inutiles discours;
Facilite plutôt le trépas où je cours.
Veux-tu, par les efforts que ton amitié tente,
Conduire le couteau dans le sein d'Idamante!
Si je pouvois, hélas! l'immoler en ce jour,
Je croirois l'immoler moins aux dieux qu'à l'amour.
Qu'il régne; que sa tête, aujourd'hui couronnée,
Redonne à Sophronyme un autre Idoménée:
Que mon fils, à son tour, assuré sur ta foi,
Retrouve dans tes soins tout ce qu'il perd en moi:

[1] *Pour plonge quelques uns de mes sujets.* Cette ellipse est soufferte, mais dans le langage familier seulement.

Que par toi tous ses pas tournés vers la sagesse
D'un torrent de flatteurs écartent sa jeunesse :
Accoutume son cœur à suivre l'équité ;
Conserve-lui sur-tout cette sincérité
Rare dans tes pareils, aux rois si nécessaire :
Sois enfin à ce fils ce que tu fus au père.
Surmonte ta douleur en ce dernier moment,
Et reçois mes adieux dans cet embrassement[1].

SOPHRONYME, à genoux.

Non, vous ne mourrez point ; votre cœur inflexible
Nourrit en vain l'espoir d'un projet si terrible.
Immolez-moi, seigneur, ou craignez...

IDOMÉNÉE.

Lève-toi :
Quoique prêt à mourir, je suis toujours ton roi.
Je veux être obéi ; cesse de me contraindre.
Parmi tant de malheurs, est-ce moi qu'il faut plaindre ?
Vois quels sont les tourments qui déchirent mon cœur ;
Et, par pitié du moins, laisse-moi ma fureur.
Je vois mon fils. Sur-tout que ta bouche fidèle
De mes tristes projets lui cache la nouvelle :
Je n'en mourrois pas moins ; et tes soins dangereux
Rendroient, sans me sauver, mon destin plus affreux.

---

[1] Ce discours noble et touchant rappelle celui qu'Andromaque adresse à Céphise lorsque, décidée à mourir, elle lui recommande Astyanax. Voyez *Andromaque*, acte IV, sc. 1.

SCÈNE V.

IDOMÉNÉE, IDAMANTE, SOPHRONYME.

IDOMÉNÉE.

Idamante, approchez : votre roi vous fait grace.
Venez, mon fils, venez, qu'un père vous embrasse.
Ne craignez plus mes feux : par un juste retour,
Je vous rends tout ce cœur que partageoit l'amour.
Oui, de ce même cœur qui s'en laissa surprendre,
Ce qu'il vous en ravit, je vous le rends plus tendre¹.
Oublions mes transports; mon fils, embrassez-moi.

IDAMANTE.

Par quel heureux destin retrouvé-je mon roi?
Quel dieu, dans votre sein étouffant la colère,
Me rouvre encor les bras d'un si généreux père?
Que cet embrassement pour un fils a d'appas!
Je le desirois trop pour ne l'obtenir pas.
Idamante, accablé des rigueurs d'Érixène,
N'en a point fait, seigneur, sa plus cruelle peine :
Hélas! quel bruit affreux a passé jusqu'à moi!
Vous m'en voyez tremblant et d'horreur et d'effroi.

IDOMÉNÉE.

Prince, de votre cœur que l'effroi se dissipe :
Ce n'est qu'un bruit semé par le traître Égésippe.
Quoi qu'il en soit, je vais, pour m'en éclaircir mieux,
Au pied de leurs autels interroger les dieux.

¹ Tout ceci est froid et recherché. Le déplorable amour d'Idoménée nuit à l'effet de cette scène attendrissante.

8.

Heureux si, pour savoir leur volonté suprême,
Je les eusse plus tôt consultés par moi-même!
IDAMANTE.
Permettez-moi, seigneur, d'accompagner vos pas.
IDOMÉNÉE.
Non, mon fils ; où je vais vous ne me suivrez pas.
D'un mystère où des miens l'unique espoir se fonde,
Je veux seul aujourd'hui percer la nuit profonde.
Vous apprendrez bientôt quel sang a dû couler :
Jusque-là votre cœur ne doit point se troubler.
Rejetez loin de vous une frayeur trop vaine :
J'apaiserai les dieux... Fléchissez Érixène...
Adieu...
IDAMANTE.
Permettez-moi...
IDOMÉNÉE.
Mon fils... je vous l'ai dit...
Je vais seul aux autels, et ce mot vous suffit.

SCÈNE VI.

IDAMANTE, SOPHRONYME.

IDAMANTE.
Enfin à mes desirs on ne met plus d'obstacle.
Mais que vois-je? grands dieux! quel funeste spectacle!
Qui fait couler ces pleurs qui me glacent d'effroi?
Sophronyme, parlez...
SOPHRONYME.
Qu'exigez-vous de moi?

ACTE IV, SCÈNE V.

O déplorable sang! famille infortunée!
Fils trop digne des pleurs du grand Idoménée!

IDAMANTE.

A mon cœur éperdu quel soupçon vient s'offrir?
Parlez, où va le roi?

SOPHRONYME.

Seigneur, il va mourir.

IDAMANTE.

Ah! ciel!

SOPHRONYME.

A sa fureur mettez un prompt obstacle:
Et ce n'est pas son sang que demande l'oracle.

IDAMANTE.

Quoi! ce n'est pas son sang! Qu'entends-je? quelle horreur!
C'est donc le mien [1]!

SOPHRONYME.

Hélas! j'en ai trop dit, seigneur.

---

[1] Mot plein d'énergie, et qui termine dignement un acte où l'on trouve de grandes beautés. Il a fallu beaucoup d'art pour cacher si long-temps à Idamante le véritable sens de l'oracle.

FIN DU QUATRIÈME ACTE.

ACTE CINQUIÈME[1].

SCÈNE I.

IDAMANTE, POLYCLÈTE.

IDAMANTE.

Qu'ai-je entendu ? grands dieux ! quel horrible mystère
M'avoit long-temps voilé l'amitié de mon père !
A la fin sans nuage il éclate à mes yeux
Ce sacrilége vœu, ce mystère odieux.
Vous, peuples, qui craignez d'immoler la victime
Dont le sang doit fléchir le ciel qui vous opprime,
Peuples, cessez de plaindre un choix si glorieux :
Il est beau de mourir pour apaiser les dieux.

(à Polyclète.)

Sèche ces pleurs honteux où ta douleur te livre :
Que servent tes regrets? que te sert de me suivre?
Dissipe tes soupçons, ne crains rien, laisse-moi ;
Je te l'ordonne enfin, va retrouver le roi.
Hélas ! quoique sa main, par mes soins désarmée,
Ne laisse aucune crainte à mon ame alarmée ;
Quoique par-tout sa garde accompagne ses pas ;

---

[1] On dit qu'après la première représentation d'*Idoménée*, Crébillon, pour contenter le public, refit le cinquième acte de sa pièce, et que ce nouvel acte fut composé, appris et joué en cinq jours.

IDOMÉNÉE.

Cependant, s'il se peut, ne l'abandonne pas.
Je voudrois avec toi le rejoindre moi-même ;
Mais je crains les transports de sa douleur extrême :
Je me sens pénétré de ses tendres regrets,
Et ne puis, sans mourir, voir ces tristes objets.

SCÈNE II.

IDAMANTE.

Enfin, loin des témoins dont l'aspect m'importune,
Je puis en liberté plaindre mon infortune ;
Et mon cœur, déchiré des plus cruels tourments,
Peut donc jouir en paix de ses derniers moments !
Ciel ! quel est mon malheur ! quelle rigueur extrême !
Quel sort pour ennemis m'offre tout ce que j'aime !
Je trouve en même jour conjurés contre moi
Les implacables dieux, ma princesse, et mon roi.
Pardonnez, dieux puissants, si je vous fais attendre ;
Je le retiendrai peu ce sang qu'on va répandre :
Mon cœur de son destin n'est que trop éclairci.
Est-ce pour mes forfaits que vous tonnez ici,
Dieux cruels !... Que dis-tu, misérable victime ?
Né d'un sang criminel, te manque-t-il un crime ?
Qu'avoient fait plus que toi ces peuples malheureux
Que le ciel a couverts des maux les plus affreux ?
Va, termine aux autels une innocente vie,
Sans accuser les dieux de te l'avoir ravie ;
Et songe, en te flattant de leur choix rigoureux,
Que le sang le plus pur est le plus digne d'eux.

Pourrois-tu regretter, objet de tant de haine,
Quelques jours échappés aux rigueurs d'Érixène?
A qui peut éprouver un sort comme le mien
La mort est-elle un mal, la vie est-elle un bien?
Hélas! si je me plains, et si mon cœur murmure,
Mes plaintes ne sont point l'effet de la nature:
Je crains bien moins le coup qui m'ôtera le jour,
Que le coup qui me doit priver de mon amour.
Allons, c'est trop tarder... D'où vient que je frissonne[1]?
Est-ce qu'en ce moment ma vertu m'abandonne?
Hélas! il en est temps, courons où je le doi;
Je n'attends que la mort, et l'on n'attend que moi.
Assez sur ses projets mon ame combattue
A cédé... Quel objet vient s'offrir à ma vue?
Ah! fuyons... mon devoir parleroit vainement,
Si je pouvois encore[2]...

SCÈNE III.

ÉRIXÈNE, IDAMANTE, ISMÈNE.

ÉRIXÈNE.
Arrêtez un moment.

---

[1] De quel côté sortir? D'où vient que je frissonne?
Andromaque, acte V, sc. v.
Ce dernier hémistiche se retrouve encore dans *Rhadamiste*, acte V, scène v. On a pu déjà remarquer que Crébillon étoit plein de la lecture de Racine.

[2] Ce monologue d'Idamante détruit tout l'intérêt qu'il avoit ranimé à la fin du quatrième acte. La scène suivante a le même inconvénient.

ACTE V, SCÈNE III.

Vous me voyez, seigneur, inquiète, éperdue :
De mortelles frayeurs je me sens l'ame émue.
De mon devoir toujours prête à subir la loi,
Je courois aux autels peut-être malgré moi ;
J'allois voir immoler, dans ma juste colère,
Le sang d'Idoménée aux mânes de mon père :
Qu'ai-je fait ! et de quoi se flattoit mon courroux !
On dit que les effets n'en tombent que sur vous.
De grace, éclaircissez mon trouble et mes alarmes :
D'un peuple qui gémit et les cris et les larmes,
Des pleurs qu'en ce moment je ne puis retenir,
Tout dans ce trouble affreux sert à m'entretenir.

IDAMANTE.

Il est vrai que le ciel, juste, quoique sévère,
Semble enfin respecter la tête de mon père.
Sous le couteau mortel la mienne va tomber,
Et sous l'arrêt fatal je dois seul succomber,
Madame ; trop heureux, si la mort que j'implore
Apaise le courroux de tout ce que j'adore !
Si je puis désarmer le ciel et vos beaux yeux [1],
Je vais, par un seul coup, contenter tous mes dieux.

ÉRIXÈNE.

Seigneur, il est donc vrai qu'une promesse affreuse
Vous livre aux dieux vengeurs ? Qu'ai-je fait, malheureuse !
J'ai révélé l'oracle, et ma funeste erreur
A d'un arrêt barbare appuyé la fureur.
Mais pouvois-je des dieux pénétrer le mystère,
Et croire vos vertus l'objet de leur colère ;

---

[1] Ces fadeurs ne sauroient être plus déplacées qu'elles le sont ici.

Me défier enfin qu'avec eux de concert
J'eusse pu me prêter à la main qui vous perd?
Non, seigneur, non, jamais votre fière ennemie
N'auroit voulu poursuivre une si belle vie.
Moi, la poursuivre! Hélas! les dieux me sont témoins
Que mon cœur malheureux ne hait jamais moins.
IDAMANTE.
Quel bonheur est le mien! Près de perdre la vie,
Qu'il m'est doux de trouver Érixène attendrie!
ÉRIXÈNE.
Oui, malgré mon devoir, je ressens vos malheurs,
Et ne puis les causer sans y donner des pleurs :
Je ne puis, sans frémir, voir le coup qui s'apprête.
Je ne le verrai point tomber sur votre tête :
Je vais quitter des lieux si terribles pour moi.
Mais je n'y crains pour vous ni les dieux, ni le roi :
Non, je ne puis penser qu'avec tant d'innocence
On ne puisse du ciel suspendre la vengeance.
IDAMANTE.
Ah! plutôt, s'il se peut, demeurez en ces lieux,
Où je vais apaiser la colère des dieux.
Madame, s'il est vrai qu'Érixène sensible
Ait laissé désarmer son courroux inflexible,
Au nom d'un tendre amour, conservez pour le roi
Cette même pitié que vous marquez pour moi.
Le coup cruel qui va trancher ma destinée
Tombera moins sur moi que sur Idoménée :
Il n'a que trop souffert d'un devoir rigoureux ;
N'accablez plus, madame, un roi si malheureux...
Laissez-vous attendrir à ma juste prière ;

ACTE V, SCÈNE III.

J'ose enfin implorer vos bontés pour mon père.

ÉRIXÈNE.

Ciel! qu'est-ce que j'entends, et que me dites-vous?
Je sens, à ce nom seul, rallumer mon courroux.
Lui, votre père! O ciel! après son vœu funeste,
Gardez de proposer des nœuds que je déteste[1].
Que jusque-là mon cœur portât l'égarement!
Qui? lui!... le meurtrier d'un père, d'un amant!
Ma haine contre lui sera toujours la même :
Je l'abhorre... ou plutôt je sens que je vous aime...
Où s'égare mon cœur?... De ce que je me dois
Quel oubli! Mes remords ont étouffé ma voix...
Quand je crois rejeter des nœuds illégitimes,
Mon cœur, au même instant, respire d'autres crimes.
Qu'ai-je dit? quel secret osé-je révéler?
Me reste-t-il encor la force de parler?
Ah, seigneur, puisque enfin je n'ai pu m'en défendre,
A d'éternels adieux vous devez vous attendre.

IDAMASTE.

Que dites-vous? ô ciel! Ainsi donc votre cœur
Garde, même en aimant, sa première rigueur!
Calmez de ce transport l'injuste violence.
Votre amour est-il donc un reste de vengeance?
Faut-il en voir, hélas! tous mes maux redoubler?
Ne le déclarez-vous que pour m'en accabler?
Ah! cruelle, du moins au moment qu'il éclate,
Cessez de m'envier le bonheur qui me flatte.

---

[1] Lui, votre père! Après son horrible dessein,
Je ne le connais plus que pour votre assassin.
Iphigénie, acte III, sc. VI.

ÉRIXÈNE.

Si ce foible bonheur vous flatte, il vous séduit :
Seigneur, de cet aveu ma mort sera le fruit.
Si je cède au transport où mon amour me livre,
A ma gloire du moins je ne sais pas survivre.
Mon malheureux amour passe tous mes forfaits;
Je ne survivrai pas à l'aveu que j'en fais.
Faut-il jusqu'à ce point que ma gloire s'oublie!
Ah! seigneur! cet aveu me coûtera la vie.
Que le destin épargne ou termine vos jours,
Oui, cet aveu des miens doit terminer le cours;
Et, quel que soit le sort que vous devez attendre,
Je ne vous verrai plus, je n'en veux rien apprendre.
Adieu, seigneur, adieu : qu'à jamais votre cœur
Garde le souvenir d'une si tendre ardeur.
Pour moi, dès ce moment je vais fuir de la Crète;
Heureuse si ma mort prévenoit ma retraite[1]!

IDAMANTE.

Eh quoi! vous me fuyez! Ah! du moins dans ces lieux
Laissez-moi la douceur d'expirer à vos yeux :
Ne les détournez point dans ce moment funeste;
Laissez-moi voir encor le seul bien qui me reste.

---

[1] L'héroïne de la pièce ne sait rien de mieux que de s'en aller; et Idoménée, qui parle toujours de mourir à la place de son fils, le voit se percer de son épée, et répète encore qu'il mourra, mais se garde bien d'en rien faire. (LA H.) — Ce départ n'est point naturel. Érixène devoit attendre que le sort d'Idamante fût décidé : elle devoit prier, presser, conjurer le père en faveur du fils, dont elle a causé le malheur. Son amour n'a fait jusqu'ici qu'embarrasser la marche de la pièce; et, quand il pourroit y être intéressant, elle part sans qu'on sache ce qu'elle va devenir.

ACTE V, SCÈNE III.

Demeurez... ou ma mort...

ÉRIXÈNE.

Ah! de grace, seigneur,
Par ce cruel discours n'accablez pas mon cœur.
Mon devoir, malgré moi, vous défend de me suivre;
Mais l'amour, malgré lui, vous ordonne de vivre.

SCÈNE IV.

IDAMANTE.

Vous l'ordonnez en vain, je remplirai mon sort;
Et votre seul départ suffisoit pour ma mort.
Rien ne s'oppose plus au devoir qui m'entraîne :
Jusque-là, dieux puissants, suspendez votre haine.
Mais qu'est-ce que j'entends?... Je tremble, je frémis.

SCÈNE V.

IDOMÉNÉE, IDAMANTE, SOPHRONYME, POLYCLÈTE, GARDES.

IDOMÉNÉE.

Vous m'arrêtez en vain, je veux revoir mon fils.
Portez ailleurs les soins d'une amitié cruelle;
Respectez les transports de ma douleur mortelle.
Enfin je le revois... Je ne vous quitte pas :
Les dieux auront en vain juré votre trépas;
Ils ordonnent en vain cet affreux sacrifice;
Ma main de leur fureur ne sera point complice.

IDAMANTE.
Ah! seigneur, c'en est trop, n'irritez plus les dieux;
N'attirez plus enfin la foudre dans ces lieux;
Venez sans murmurer sacrifier ma vie.
Vous ignorez les maux dont elle est poursuivie.
Ah! si je vous suis cher, d'une tendre amitié
Je n'implore, seigneur, qu'un reste de pitié.
Terminez les malheurs d'un fils qui vous en presse;
Accomplissez enfin une auguste promesse :
De vos retardements voyez quel est le fruit.
D'ailleurs de votre vœu tout le peuple est instruit.
Chaque instant de ma vie est au ciel un outrage;
Acquittez-en ce vœu, puisqu'elle en fut le gage.

IDOMÉNÉE.
Inexorables dieux, par combien de détours
Avez-vous de mes soins su traverser le cours!
Que de votre courroux la fatale puissance
A bien su se jouer de ma vaine prudence!
Barbares! quand je meurs qu'exigez-vous de moi?
N'étoit-ce pas assez pour victime qu'un roi?
Par un sang que versoit un repentir sincère
Je courois aux autels prêt de vous satisfaire :
Hélas! quand j'ai cru voir la fin de mes malheurs,
Vous avez craint de voir la fin de vos fureurs;
Il eût fallu vous rendre au sang de la victime.
Gardez donc vos fureurs, et je reprends mon crime :
Je désavoue enfin d'inutiles remords.

IDAMANTE.
Désavouez plutôt ces horribles transports;

ACTE V, SCÈNE V.

Voyez-en jusqu'ici l'audace infructueuse,
Et revenez aux soins d'une ame vertueuse.
De ces dieux dont en vain vous bravez le courroux,
Examinez, seigneur, sur qui tombent les coups.
Faut-il, pour attendrir votre ame impitoyable,
Ramener sous vos yeux ce spectacle effroyable?
Tout périt; ce n'est plus qu'aux seuls gémissements
Qu'on peut ici des morts distinguer les vivants.
Dans la nuit du tombeau vos sujets vont descendre;
Un seul soupir encor semble les en défendre,
Seigneur; et ces sujets prêts de s'immoler tous,
Offrent aux dieux vengeurs ce seul soupir pour vous!
D'un peuple pour son roi si tendre, si fidéle,
Du sang de votre fils récompensez le zèle.
Ces peuples, que le ciel soumit à votre loi,
Ne sont-ils pas, seigneur, vos enfants avant moi?
Terminez par ma mort l'excès de leur misère:
Dans ces tristes moments soyez plus roi que père:
Songez que le devoir de votre auguste rang
Ne permet pas toujours les tendresses du sang:
Versez enfin le mien, puisqu'il faut le répandre:
Par d'éternels forfaits voulez-vous le défendre?

IDOMÉNÉE.

Dût le ciel irrité nous rouvrir les enfers,
Dût la foudre à mes yeux embraser l'univers,
Dût tout ce qui respire, étouffé dans la flamme,
Servir de monument aux transports de mon ame,
Pussé-je enfin, de tout destructeur furieux,
Voir ma rage égaler l'injustice des dieux,

Je n'immolerai point une tête innocente.

IDAMANTE.

Ah! c'est donc trop long-temps épargner Idamante.
Après ce que je sais, après ce que je voi,
Qui fut jamais, seigneur, plus criminel que moi?
Chaque moment qui suit votre vœu redoutable
Rejette mille horreurs sur ma tête coupable :
Complice du refus que l'on en fait aux dieux,
Tout mon sang désormais me devient odieux.
Disputez-vous au ciel le droit de le reprendre?
M'enviez-vous, seigneur, l'honneur de vous le rendre?
Ah! d'un vœu qui vous rend aux vœux de votre fils,
Trop heureux que ce sang puisse faire le prix!
Sans ce vœu, triste objet de ma douleur profonde,
Je ne vous revoyois que le jouet de l'onde.
Le ciel, plus doux, enfin vous rend à mes souhaits :
Puis-je assez lui payer le plus grand des bienfaits?
Venez-en aux autels consacrer les prémices :
Signalons de grands cœurs par de grands sacrifices[1] ;
Et montrez-vous aux dieux plus grand que leur courroux,
Par un présent, seigneur, digne d'eux et de vous.

IDOMÉNÉE.

Pour ne t'immoler pas quand je me sacrifie,
Oses-tu me prier d'attenter à ta vie?
Fils ingrat, fils cruel, à périr obstiné,

---

[1] « Cependant son fils lui disoit : Me voici, mon père. Votre fils est prêt à mourir pour apaiser le dieu ; n'attires pas sur vous sa colère. Je meurs content, puisque ma mort vous aura garanti de la vôtre. Frappez, mon père ; ne craignez point de trouver en moi un fils indigne de vous, qui craigne de mourir. (*Télémaque*, liv. V.)

ACTE V, SCÈNE V.

Viens toi-même immoler ton père infortuné.
N'attends pas que, touché d'une indigne prière,
J'arme contre tes jours une main meurtrière ;
Je saurai malgré toi t'en sauver désormais ;
Et de ces tristes lieux je vais fuir pour jamais.

IDAMANTE.

Que dites-vous, seigneur ? et quel dessein barbare...

IDOMÉNÉE.

N'accusez que vous seul du coup qui nous sépare.
Mes peuples, par vous-même instruits de votre sort,
Ne laissent à mon choix que la fuite ou la mort.

IDAMANTE.

Si l'intérêt d'un fils peut vous toucher encore,
Accordez à mes pleurs la grace que j'implore.

IDOMÉNÉE.

Vous tentez sur mon cœur des efforts superflus.
Adieu, mon fils... mes yeux ne vous reverront plus.

IDAMANTE, à genoux.

Ah ! seigneur, permettez qu'à vos desirs contraire
J'ose encore opposer les efforts...

IDOMÉNÉE.

Téméraire !
Arrêtez, ou craignez que mon juste courroux...

IDAMANTE.

Puisque par ma douleur je ne puis rien sur vous,
Soyez donc le témoin du transport qui m'anime.

(Il se tue [1].)

[1] Crébillon s'éloigne ici de la tradition, qui fait d'Idoménée l'assassin de son fils. Ce dénouement est plus naturel et plus conforme à nos mœurs.

Dieux, recevez mon sang; voilà votre victime...

IDOMÉNÉE.

Inhumain!... Juste ciel! Ah! père malheureux!
Qu'ai-je vu?

IDAMANTE.

C'est le sang d'un prince généreux :
Le ciel, pour s'apaiser, n'en demandoit point d'autre.

IDOMÉNÉE.

Qu'avez-vous fait, mon fils?

IDAMANTE.

Mon devoir et le vôtre.
Telle en étoit, seigneur, l'irrévocable loi;
Il falloit le remplir, ou par vous, ou par moi.
Les dieux vouloient mon sang; ma main obéissante
N'a pas dû plus long-temps épargner Idamante.
De son sang répandu voyez quel est le fruit;
Le ciel est apaisé, l'astre du jour vous luit :
Trop heureux de pouvoir, dans mon malheur extrême,
Goûter avant ma mort les fruits de ma mort même!

IDOMÉNÉE.

Hélas! du coup affreux qui termine ton sort
N'attends point d'autre fruit que celui de ma mort.
Dieux cruels! falloit-il qu'une injuste vengeance,
Pour me punir d'un crime, opprimât l'innocence[1]?

---

[1] Cette tragédie eut treize représentations. On jouait alors les pièces nouvelles plus long-temps qu'aujourd'hui, parceque alors le public n'était point partagé entre plusieurs spectacles, tels que la Comédie-Italienne et la Foire; il falloit environ vingt représentations pour constater le succès passager d'une nouveauté. Aujourd'hui on regarde une douzaine de représentations comme un

succès assez rare; soit que l'on commence à être rassasié de tragédies dans lesquelles on a vu si souvent des déclarations d'amour, des jalousies et des meurtres; soit parceque nous n'avons plus de ces acteurs dont la voix, noble comme celle de Baron, terrible comme celle de Beaubourg, touchante comme celle de Dufresne, subjugue l'attention du public; soit qu'enfin la multitude des spectacles fasse tort au théâtre le plus estimé de l'Europe. (VOLT.) — Le sujet d'Idoménée est tragique : c'est la situation cruelle d'un père qu'un vœu imprudent oblige d'immoler son fils; la difficulté étoit de créer une intrigue, et de varier les effets de cette situation, qui doit durer pendant cinq actes. Ici l'intrigue est mauvaise; mais elle ne l'est pas plus que presque toutes celles qu'on faisoit alors. Ce sont de froids amours de romans, de ces rivalités qui ne produisent rien que des conversations langoureuses; et l'on ne sauroit trop redire que c'étoit le fond de la plupart des pièces du temps, la ressource banale de tous les auteurs de cette époque. (LA H.)

FIN.

ATRÉE ET THYESTE,

TRAGÉDIE,

REPRÉSENTÉE POUR LA PREMIÈRE FOIS
LE 14 MARS 1707.

PRÉFACE.

Quoique je ne connoisse que trop combien il est inutile de répondre au public, cette tendresse si naturelle aux hommes pour leurs ouvrages l'a emporté sur mes réflexions. Toute la prudence humaine est un frein léger pour un auteur qui se croit lésé. Ce n'est pas que je ne sache qu'il n'y a plus de salut à faire dans quelque préface que ce soit. Le public semble être devenu d'airain pour nous : inaccessible désormais à tous ces petits traités de paix que nous faisions autrefois avec lui dans nos préfaces, il nous fait de sa critique une espèce de religion incontestable, et veut nous forcer de reconnoître en lui une infaillibilité dont nous ne conviendrons que quand il nous louera. Cela n'empêche pas qu'avec les meilleures raisons du monde nous n'ayons souvent tort. Plus nous voulons nous justifier, plus on nous croit entêtés. Si nous sommes humbles, on nous trouve rampants; si nous sommes modestes, hypocrites; si nous répondons avec fermeté, nous manquons de respect. Un auteur est précisément comme un esclave qui dépend d'un maître capricieux qui le maltraite souvent sans sujet, et qui veut pourtant le maltraiter sans réplique. Que le lecteur ne me sache point mauvais gré, si je me trouve aujourd'hui entre ses mains : ce n'est assurément point par ma faute. Je proteste, avec toute la bonne foi qu'on peut exiger de moi en pareille occasion, que j'avois renoncé pour jamais à la tentation de me faire mettre sous la presse. Il y a près de trois ans que je refusois constamment mon *Atrée*; et je ne l'aurois effectivement jamais donné, si on ne me l'eût fait voir imprimé en Hollande avec tant de fautes, que les entrailles de père s'émurent : je ne pus sans pitié le voir ainsi mutilé. Les fautes d'un imprimeur avec celles d'un auteur, c'en est trop de moitié. C'est ce qui me détermina en même temps à donner *Électre*, pour qui je craignois un sort semblable; et avec une préface, qui pis est. Pour *Idoménée*, ce fut une témérité de jeune homme qui ne connoît point le risque de l'impression. Mais ce n'est pas cela dont il s'agit; c'est d'*Atrée*. Il n'y a presque personne qui ne se soit soulevé contre ce sujet. Je n'ai rien à répondre, si ce n'est que je n'en suis pas l'inventeur[1].

[1] Les anciens avoient traité ce sujet terrible ; il convenoit mieux au théâtre grec qu'au théâtre françois. La famille de Tantale étoit bien plus intéressante pour eux que pour nous. Sophocle, dit-on,

PRÉFACE.

Je vois bien que j'ai eu tort de concevoir trop fortement la tragédie comme une action funeste qui devoit être présentée aux yeux des spectateurs sous des images intéressantes; qui doit les conduire à la pitié par la terreur, mais avec des mouvements et des traits qui ne blessent ni leur délicatesse ni les bienséances. Il ne reste plus qu'à savoir si je les ai observées, ces bienséances si nécessaires. J'ai cru pouvoir m'en flatter. Je n'ai rien oublié pour adoucir mon sujet, et pour l'accommoder à nos mœurs. Pour ne point offrir Atrée sous une figure désagréable, je fais enlever Érope aux autels mêmes, et je mets ce prince (s'il m'est permis d'en faire ici la comparaison) justement dans le cas de la *Coupe enchantée* de La Fontaine :

L'étoit-il ? ne l'étoit-il point ?

J'ai altéré par-tout la fable, pour rendre sa vengeance moins affreuse ; et il s'en faut bien que mon Atrée

---

avoit fait une tragédie d'*Atrée*, et Accius l'avoit heureusement transportée sur la scène latine : si l'on en juge par un fragment qui nous reste de l'ouvrage d'Accius, la catastrophe étoit en récit. Varius avoit sans doute pris la même précaution dans son *Thyeste*, qui eut une grande réputation, et fit oublier la pièce de son prédécesseur. Nous avons le *Thyeste* de Sénèque, qui n'a pas fait difficulté de présenter au peuple la coupe d'Atrée; et Crébillon l'a suivi, mais en tâchant de l'adoucir. (GEOFFROY.)

soit aussi cruel que celui de Sénèque. Il m'a suffi de faire craindre pour Thyeste toutes les horreurs de la coupe que son frère lui prépare; et il n'y porte pas seulement les lèvres. J'avouerai cependant que cette scène me parut terrible à moi-même : elle me fit frémir, mais ne m'en sembla pas moins digne de la tragédie. Je ne vois pas qu'on doive plutôt l'en exclure que celle où Cléopâtre, dans *Rodogune*, après avoir fait égorger un de ses fils, veut empoisonner l'autre aux yeux des spectateurs[1]. De quelque indignation qu'on se soit armé contre la cruauté d'Atrée, je ne crois pas qu'on puisse mettre sur la scène tragique un tableau plus parfait que celui de la situation où se trouve le malheureux Thyeste, livré sans secours à la fureur du plus barbare de tous les hommes. Quoiqu'on se fût laissé attendrir aux larmes et aux regrets de ce prince infortuné, on ne s'en éleva pas moins contre moi. On eut la bonté de me laisser tout l'honneur de l'invention : on me chargea de toutes

---

[1] Depuis Atrée, on a vu Mahomet, pour assaisonner sa vengeance, faire assassiner un père par son fils. L'assassinat ne se commet pas, il est vrai, sur la scène; mais on entend les cris du vieillard, et il paroît presque aussitôt qu'il a reçu le coup. Du Belloi, plus hardi, nous montre un mari jaloux qui présente à sa femme le cœur de son amant nageant dans le sang; et, de toutes les pièces de Du Belloi, c'est celle qu'on joue le plus souvent. (GEOFFROY.)

les iniquités d'Atrée ; et l'on me regarde encore dans quelques endroits comme un homme noir, avec qui il ne fait pas sûr de vivre[1] : comme si tout ce que l'esprit imagine devoit avoir sa source dans le cœur. Belle leçon pour les auteurs, qui ne peut trop leur apprendre avec quelle circonspection il faut comparoître devant le public! Une jolie femme, obligée de se trouver parmi des prudes, ne doit pas s'observer avec plus de soin. Enfin je n'aurois jamais cru que, dans un pays où il y a tant de maris maltraités, Atrée eût eu si peu de partisans. Pour ce qui regarde la double réconciliation qu'on me reproche, je déclare par avance que je ne me rendrai jamais sur cet article. Atrée élève Plisthène pour faire périr un jour Thyeste par les mains de son propre fils ; surprend un serment à ce jeune prince, qui désobéit cependant à la vue de Thyeste. Atrée n'a donc plus de ressource

---

[1] Il s'est trouvé des gens qui ont cru sérieusement que l'auteur de la tragédie d'*Atrée* était un méchant homme, parcequ'il avait rempli la coupe d'Atrée du sang du fils de Thyeste. (Volt., première lettre sur *OEdipe*.) — Cette aveugle prévention se dissipa peu à peu : la tragédie d'*Atrée et Thyeste*, dont les représentations n'avoient été discontinuées que par la vacance ordinaire de la quinzaine de Pâques, fut reprise le 18 novembre 1712. L'auteur rentra alors dans tous ses droits ; le public lui rendit la justice qui lui étoit due : on loua beaucoup l'art du poëte, et la plupart des censures tombèrent sur le choix du sujet. (*Les frères* Parfait.)

que dans la dissimulation : il feint une pitié qu'il ne peut sentir. Il se sert ensuite des moyens les plus violents pour obliger Plisthène à exécuter son serment ; ce qu'il refuse de faire. Atrée, qui veut se venger de Thyeste d'une manière digne de lui, ne peut donc avoir recours qu'à une seconde réconciliation. J'ose dire que tout ce qu'un fourbe peut employer d'adresse est mis en œuvre par ce prince cruel. Il est impossible que Thyeste lui-même, fût-il aussi fourbe que son frère, ne donne dans le piége qui lui est tendu. On n'a qu'à lire la pièce sans prévention, l'on verra que je n'ai point tort[1] ; et si cela est, plus Atrée est fourbe, et mieux j'ai rempli son caractère, puisque la trahison et la dissimulation sont presque toujours inséparables de la cruauté.

Cette préface ne concerne que la première édition de mes Œuvres, et j'ai cru devoir la laisser telle qu'elle est entre les mains de tout le monde; mais comme le public, à l'égard d'*Atrée*, ne s'est point piqué, dans ses jugements, de cette prétendue infaillibilité que j'ai osé lui reprocher, il est bien juste, puisqu'il a changé de sentiment, que je change de

---

[1] J'avoue que je suis entièrement de l'avis de Crébillon, non que ce ressort me paroisse devoir être d'un grand effet ; mais, dans son plan, il ne pourroit en employer un meilleur. (La H.)

style, et que je fasse succéder la reconnoissance aux plaintes : bien entendu que je ne les lui épargnerai pas, s'il s'avise jamais de ne prendre plus à quelques unes de mes piéces le même plaisir qu'il y a pris autrefois [1].

[1] Ce dernier alinéa n'existe pas dans l'édition originale d'*Atrée et Thyeste*, publiée en 1709.

ACTEURS.

ATRÉE, roi d'Argos.
THYESTE, roi de Mycènes, frère d'Atrée.
PLISTHÈNE, fils d'Ærope et de Thyeste, cru fils d'Atrée.
THÉODAMIE, fille de Thyeste.
EURISTHÈNE, confident d'Atrée.
ALCIMÉDON, officier de la flotte.
THESSANDRE, confident de Plisthène.
LÉONIDE, confidente de Théodamie.
SUITE D'ATRÉE.
GARDES.

La scène est à Chalcys, capitale de l'île d'Eubée, dans le palais d'Atrée.

ATRÉE ET THYESTE[1],
TRAGÉDIE.

ACTE PREMIER.

SCÈNE I.
ATRÉE, EURISTHÈNE, ALCIMÉDON,
GARDES.

ATRÉE.

Avec l'éclat du jour, je vois enfin renaître
L'espoir et la douceur de me venger d'un traître[2] !

[1] J'ai toujours regardé la famille d'Atrée, depuis Pélops jusqu'à Iphigénie, comme l'atelier où l'on a dû forger les poignards de Melpomène. Il lui faut des passions furieuses, de grands crimes, des remords violents... Je n'ai jamais conçu comment ces Romains, qui devaient être si bien instruits par la poétique d'Horace, ont pu parvenir à faire de la tragédie d'*Atrée* et de *Thyeste* une déclamation si plate et si fastidieuse. J'aime mieux l'horreur dont Crébillon a rempli sa pièce. (VOLT.)

[2] Cela pourroit tout au plus se dire si la nuit avoit suspendu une vengeance qui doit avoir lieu au point du jour; mais il n'en est pas question. L'espoir qu'Atrée a de se venger ne tient nullement à cet *éclat du jour*: il ne s'agit que de presser le départ d'une flotte. (LA H.)

Les vents, qu'un dieu contraire enchaînoit loin de nous,
Semblent avec les flots exciter mon courroux[1] ;
Le calme, si long-temps fatal à ma vengeance,
Avec mes ennemis n'est plus d'intelligence :
Le soldat ne craint plus qu'un indigne repos
Avilisse l'honneur de ses derniers travaux.
Allez, Alcimédon : que la flotte d'Atrée
Se prépare à voguer loin de l'île d'Eubée :
Puisque les dieux jaloux ne l'y retiennent plus,
Portez à tous ses chefs mes ordres absolus.

(à ses gardes.)

Que tout soit prêt. Et vous, que l'on cherche Plisthène ;
Je l'attends en ces lieux. Toi, demeure, Euristhène.

SCÈNE II.

ATRÉE, EURISTHÈNE.

ATRÉE.

Enfin ce jour heureux, ce jour tant souhaité,
Ranime dans mon cœur l'espoir et la fierté ;
Athènes, trop long-temps l'asile de Thyeste,
Éprouvera bientôt le sort le plus funeste ;
Mon fils, prêt à servir un si juste transport,
Va porter dans ses murs et la flamme et la mort.

---

[1] Sont-ce les vents qui, de concert avec les flots, excitent son courroux, ou qui excitent son courroux en même temps qu'ils excitent les flots ? Dans l'un et l'autre cas, quel rapport entre son courroux et les flots ? Ces rapprochements forcés ne sont point le langage de la nature. (La H.)

ACTE I, SCÈNE II.

EURISTHÈNE.

Ainsi, loin d'épargner l'infortuné Thyeste,
Vous détruisez encor l'asile qui lui reste!
Ah! seigneur, si le sang qui vous unit tous deux
N'est plus qu'un titre vain pour ce roi malheureux,
Songez que rien ne peut mieux remplir votre envie
Que le barbare soin de prolonger sa vie.
Accablé des malheurs qu'il éprouve aujourd'hui,
Le laisser vivre encor, c'est se venger de lui.

ATRÉE.

Que je l'épargne, moi! lassé de le poursuivre,
Pour me venger de lui que je le laisse vivre!
Ah! quels que soient les maux que Thyeste ait soufferts,
Il n'aura contre moi d'asile qu'aux enfers:
Mon implacable cœur l'y poursuivroit encore,
S'il pouvoit s'y venger d'un traître que j'abhorre.
Après l'indigne affront que m'a fait son amour,
Je serai sans bonheur tant qu'il verra le jour.
Un ennemi qui peut pardonner une offense,
Ou manque de courage, ou manque de puissance.
Rien ne peut arrêter mes transports furieux:
Je voudrois me venger, fût-ce même des dieux.
Du plus puissant de tous j'ai reçu la naissance;
Je le sens au plaisir que me fait la vengeance[1].

---

[1] Le rôle d'Atrée a quelques endroits d'une singulière vigueur de pensée et d'expression. En voici un fort connu, dont Voltaire s'est moqué. Je dois me défier beaucoup de mon avis quand il est contraire au sien; mais j'avoue que ces vers d'Atrée ne m'ont jamais paru que dignes d'éloges, et je les ai toujours vu applaudir. Il me semble qu'il n'y a rien dans ces vers qui ne soit conforme à l'idée

146   ATRÉE ET THYESTE.

Enfin mon cœur se plaît dans cette inimitié;
Et s'il a des vertus, ce n'est pas la pitié.
Ne m'oppose donc plus un sang que je déteste;
Ma raison m'abandonne au seul nom de Thyeste[1]:
Instruit par ses fureurs à ne rien ménager,
Dans les flots de son sang je voudrois le plonger.
Qu'il n'accuse que lui du malheur qui l'accable;
Le sang qui nous unit me rend-il seul coupable?
D'un criminel amour le perfide enivré,
A-t-il eu quelque égard pour un nœud si sacré?
Mon cœur, qui sans pitié lui déclare la guerre,
Ne cherche à le punir qu'au défaut du tonnerre.

EURISTHÈNE.

Depuis vingt ans entiers ce courroux affoibli
Sembloit pourtant laisser Thyeste dans l'oubli.

ATRÉE.

Dis plutôt qu'à punir mon ame ingénieuse
Méditoit dès ce temps une vengeance affreuse:
Je n'épargnois l'ingrat que pour mieux l'accabler:
C'est un projet enfin à te faire trembler.
Instruit des noirs transports où mon ame est livrée,

que nous nous formons des dieux de la fable, tels qu'Homère nous
les a peints. Ils sont tous implacables et avides de vengeance, depuis Jupiter jusqu'à Vénus. Atrée, qui en descendoit, s'explique
donc convenablement, et ce premier vers:

   Je voudrois me venger, fût-ce même des dieux...

respire une ivresse de vengeance, une sorte d'orgueil féroce qui
annonce bien le caractère d'Atrée. (La H.)

[1] Vix tempero animo, vix dolor frænos capit.
   SENEC., Thyest., act. III, sc. II.

ACTE I, SCÈNE II.

Lis mieux dans le secret et dans le cœur d'Atrée :
Je ne veux découvrir l'un et l'autre qu'à toi ;
Et je te les cachois, sans soupçonner ta foi.
Écoute. Il te souvient de ce triste hyménée
Qui d'Ærope à mon sort unit la destinée :
Cet hymen me mettoit au comble de mes vœux ;
Mais à peine aux autels j'en eus formé les nœuds,
Qu'à ces mêmes autels, et par la main d'un frère,
Je me vis enlever une épouse si chère.
Tes yeux furent témoins des transports de mon cœur :
A peine mon amour égaloit ma fureur ;
Jamais amant trahi ne l'a plus signalée[1].
Mycènes, tu le sais, sans pitié désolée,
Par le fer et le feu vit déchirer son sein ;
Mon amour outragé me rendit inhumain.
Enfin par ma valeur Ærope recouvrée,
Après un an revint entre les mains d'Atrée.
Quoique déjà l'hymen, ou plutôt le dépit,
Eussent depuis ce temps mis une autre en mon lit,
Malgré tous les appas d'une épouse nouvelle,
Ærope à mes regards n'en parut que plus belle.
Mais en vain mon amour brilloit[2] de nouveaux feux,
Elle avoit à Thyeste engagé tous ses vœux ;

---

[1] Atrée veut dire, et la construction demandoit : *Jamais amant trahi n'a plus signalé la sienne.* (La H.)

[2] La Harpe s'exprime ainsi sur ce vers : « On brûle des feux de l'amour ; mais qui jamais a dit : Mon amour brûle d'un feu ? » Il est inutile de faire remarquer que cette critique est sans fondement. Peut-être La Harpe y a-t-il été conduit par une incorrection typographique, et a-t-il lu *brûloit*, au lieu de *brilloit*.

Et liée à l'ingrat d'une secrète chaîne,
Ærope, le dirai-je? en eut pour fruit Plisthène.
 EURISTHÈNE.
Dieux! qu'est-ce que j'entends! Quoi! Plisthène, seigneur,
Reconnu dans Argos pour votre successeur,
Pour votre fils, enfin!
 ATRÉE.
 C'est lui-même, Euristhène:
C'est ce même guerrier, c'est ce même Plisthène
Que ma cour aujourd'hui croit encor, sous ce nom,
Frère de Ménélas, frère d'Agamemnon.
Tu sais, pour me venger de sa perfide mère,
A quel excès fatal me porta ma colère:
Heureux, si le poison qui servit ma fureur
De mon indigne amour eût étouffé l'ardeur!
Celui de l'infidèle éclatoit pour Thyeste
Au milieu des horreurs du sort le plus funeste.
Je ne puis sans frémir y penser aujourd'hui:
Ærope, en expirant, brûloit encor pour lui;
Voilà ce qu'en un mot surprit ma vigilance
A ceux qui de l'ingrate avoient la confidence.

 (Il lui montre en ce moment une lettre d'Ærope.)

LETTRE D'ÆROPE.

« D'Atrée en ce moment j'éprouve le courroux,
« Cher Thyeste, et je meurs sans regretter la vie:
« Puisque je ne l'aimois que pour vivre avec vous,
« Je ne murmure point qu'elle me soit ravie.
« Plisthène fut le fruit de nos tristes amours:
« S'il passe jusqu'à vous, prenez soin de ses jours;

« Qu'il fasse quelquefois ressouvenir son père
« Du malheureux amour qu'avoit pour lui sa mère. »

Juge de quels succès ses soins furent suivis :
Je retins à-la-fois son billet et son fils.
Je voulus étouffer ce monstre en sa naissance,
Mais mon cœur plus prudent l'adopta par vengeance ;
Et, méditant dès lors le plus affreux projet,
Je le fis au palais apporter en secret.
Un fils venoit de naître à la nouvelle reine :
Pour remplir mes projets, je le nommai Plisthène,
Et mis le fils d'Ærope au berceau de ce fils,
Dont depuis m'ont privé les destins ennemis.
C'est sous un nom si cher qu'Argos l'a vu paroître ;
Je fis périr tous ceux qui pouvoient le connoître ;
Et, laissant ce secret entre les dieux et moi,
Je ne l'ai jusqu'ici confié qu'à ta foi.
Après ce que tu sais, sans que je te l'apprenne,
Tu vois à quel dessein j'ai conservé Plisthène,
Et, puisque la pitié n'a point sauvé ses jours,
A quel usage enfin j'en destine le cours.

EURISTHÈSE.

Quoi ! seigneur, sans frémir du transport qui vous guide,
Vous pourriez réserver Plisthène au parricide ?

ATRÉE.

Oui, je veux que ce fruit d'un amour odieux
Signale quelque jour ma fureur en ces lieux ;
Sous le nom de mon fils, utile à ma colère,
Qu'il porte le poignard dans le sein de son père ;
Que Thyeste en mourant, de son malheur instruit,

De ses lâches amours reconnoisse le fruit.
Oui, je veux que, baigné dans le sang de ce traître,
Plisthène verse un jour le sang qui l'a fait naître,
Et que le sien après, par mes mains répandu[1],
Dans sa source à l'instant se trouve confondu.
Contre Thyeste enfin tout paroît légitime,
Je n'arme contre lui que le fruit de son crime :
Son forfait mit au jour un prince malheureux;
Il faut, par un forfait, les en priver tous deux.
Thyeste est sans soupçons, et son ame abusée
Ne me croit occupé que de l'île d'Eubée :
Je ne suis en effet descendu dans ces lieux
Que pour mieux dérober mon secret à ses yeux.
Athènes, disposée à servir ma vengeance,
Avec moi dès long-temps agit d'intelligence;
Et son roi, craignant tout de ma juste fureur,
De son nom seulement cherche à couvrir l'honneur.
Du jour que mes vaisseaux menaceront Athènes,
De ce jour tu verras Thyeste dans mes chaînes :
Ma flotte me répond de ce qu'on m'a promis;
Je répondrai bientôt et du père et du fils.

EURISTHÈNE.

Eh bien! sur votre frère épuisez votre haine;
Mais du moins épargnez les vertus de Plisthène.

[1] La haine d'Atrée, nourrissant pendant vingt années son noir projet, et le soin recherché d'élever le fils de son frère pour l'égorger ensuite, sont hors du naturel et du vraisemblable : car le temps change, et use les plus fortes passions. (M. LEMERCIER, *Cours analytique de littérature*.)

ATRÉE.

Plisthène, né d'un sang au crime accoutumé,
Ne démentira point le sang qui l'a formé ;
Et comme il a déja tous les traits de sa mère,
Il auroit quelque jour les vices de son père.
Quel peut être le fruit d'un couple incestueux ?
Moi-même j'avois cru Thyeste vertueux :
Il m'a trompé ; son fils me tromperoit de même.
D'ailleurs il lui faudroit laisser mon diadème ;
Le titre de mon fils l'assure de ce rang :
En faudra-t-il pour lui priver mon propre sang ?
Que dis-je ? pour venger l'affront le plus funeste,
En dépouiller mes fils pour le fils de Thyeste ?
C'est ma seule fureur qui prolonge ses jours ;
Il est temps désormais qu'elle en tranche le cours :
Je veux, par les forfaits où ma haine me livre,
Ne payer des moments que je l'ai laissé vivre.
Que l'on approuve ou non un dessein si fatal,
Il m'est doux de verser tout le sang d'un rival [1].

---

[1] Combien de jeunes auteurs se persuadent que les atrocités sont en effet le plus grand effort de l'esprit humain, et que l'horreur est ce qu'il y a de plus tragique ! C'est au contraire ce qu'il y a de plus facile à trouver : nous avons des romans presque inconnus et fort au-dessous du médiocre, où l'on a rassemblé assez d'horreurs pour faire vingt mauvaises tragédies. C'est aujourd'hui sur-tout, c'est quand l'impuissance d'un côté, et la satiété de l'autre, nous précipitent dans tous les excès et dans tous les abus, qu'il faut démontrer que la théorie du bon goût est d'accord avec l'expérience de tous les siècles ; que la grande difficulté, le grand mérite est de trouver le degré d'émotion où le cœur aime à s'arrêter, et de n'ex-

Mais Plisthène paroît. Songe que ma vengeance
Renferme des secrets consacrés au silence¹.

SCÈNE III.

ATRÉE, PLISTHÈNE, EURISTHÈNE, THESSANDRE, GARDES.

ATRÉE.

Prince, cet heureux jour, mais si lent à mon gré,
Presse enfin un départ trop long-temps différé ;
Tout semble en ce moment proscrire un infidèle.
La mer mugit au loin, et le vent vous appelle :
Le soldat, dont ce bruit a réveillé l'ardeur,
Au seul nom de son chef se croit déja vainqueur ;
Il n'en attend pas moins de sa valeur suprême,

---

citer la pitié ou la terreur que jusqu'au point où elle est un plaisir. Si dans tous les arts d'imagination il ne s'agissoit que de passer le but, rien ne seroit si commun que les bons artistes ; mais il s'agit de l'atteindre, et c'est ce qui est rare. (La H.)

¹ Atrée confie à Euristhène ses abominables projets, sans autre motif que d'en instruire le spectateur : car, dans les règles de l'art, une pareille confidence n'est vraisemblable que lorsqu'elle est nécessaire ; et Atrée non seulement n'a besoin de se confier à personne, mais il s'ouvre très imprudemment, puisqu'il suffiroit d'un mouvement de pitié très naturel pour engager Euristhène à découvrir tout au jeune prince, qui passe pour le fils d'Atrée. Cette faute, au reste, est du nombre de celles qui sont de peu de conséquence à la représentation, où le spectateur, content d'être mis au fait de tout, n'examine pas trop comment l'auteur a motivé son exposition. (La H.)

² *Il n'en attend pas moins de sa valeur:* ce sont deux régimes

ACTE I, SCÈNE III.

Que ce qu'en vit Élis, Rhodes, cette île même :
Et moi, que ce héros ne sert point à demi,
J'en attends encor plus que n'en craint l'ennemi.
Je connois de ce chef la valeur et le zéle,
Je sais que je n'ai point de sujet plus fidéle :
Aujourd'hui cependant souffrez sans murmurer
Que votre père encor cherche à s'en assurer.
L'affront est grand, l'ardeur de s'en venger extrême :
Jurez-moi donc, mon fils, par les dieux, par moi-même,
Si le destin pour nous se déclare jamais,
Que vous me vengerez au gré de mes souhaits.
Oui, je puis m'en flatter, je connois trop Plisthène ;
Plus ardent que moi-même, il servira ma haine ;
A peine mon courroux égale son grand cœur :
Il vengera son père.

PLISTHÈNE.

En doutez-vous, seigneur ?
Eh ! depuis quand ma foi vous est-elle suspecte ?
Avez-vous des desseins que mon cœur ne respecte ?
Ah ! si vous en doutiez, de mon sang le plus pur...

ATRÉE.

Mon fils, sans en douter je veux en être sûr.
Jurez-moi qu'à mes lois votre main asservie
Vengera mes affronts au gré de mon envie.

PLISTHÈNE.

Seigneur, je n'ai point cru que pour servir mon roi

---

au lieu d'un. Le premier est vicieux ; il falloit : *Il n'attend pas moins de sa valeur.*

Le premier hémistiche du vers suivant est d'une grande dureté. (L. B.)

Il fallût exciter ni ma main ni ma foi.
Faut-il par des serments que mon cœur vous rassure[1]?
Le soupçonner, seigneur, c'est lui faire une injure :
Vous me verrez toujours contre vos ennemis
Remplir tous les devoirs de sujet et de fils.
Oui, j'atteste des dieux la majesté sacrée,
Que je serai soumis aux volontés d'Atrée ;
Que par moi seul enfin son courroux assouvi
Fera voir à quel point je lui suis asservi.

####### ATRÉE.

Ainsi, prét[2] de punir l'ennemi qui m'offense,
Je puis tout espérer de votre obéissance ;
Et le lâche, à mes yeux par vos mains égorgé,
Ne triomphera plus de m'avoir outragé.
Allez : que votre bras, à l'Attique funeste,
S'apprête à m'immoler le perfide Thyeste.

####### PLISTHÈNE.

Moi, seigneur ?

####### ATRÉE.

Oui, mon fils. D'où naît ce changement ?
Quel repentir succède à votre empressement ?
Quelle étoit donc l'ardeur que vous faisiez paroître ?
Tremblez-vous lorsqu'il faut me délivrer d'un traître ?

####### PLISTHÈNE.

Non. Mais daignez m'armer pour un emploi plus beau :

---

[1] Par quel affreux serment faut-il vous rassurer?
  Phèdre, acte IV, sc. II.

[2] On diroit aujourd'hui *prêt à punir*. Autrefois on joignoit indifféremment *à* ou *de* à l'adjectif *prêt*. Cette faute, qui n'en étoit pas une alors, reparoit fréquemment dans Crébillon.

Je serai son vainqueur, et non pas son bourreau.
Songez-vous bien quel nœud vous unit l'un et l'autre?
En répandant son sang, je répandrois le vôtre.
Ah! seigneur! est-ce ainsi que l'on surprend ma foi?

ATRÉE.

Les dieux m'en sont garants; c'en est assez pour moi.

PLISTHÈNE.

Juste ciel!

ATRÉE.

J'entrevois dans votre ame interdite
De secrets sentiments dont la mienne s'irrite.
Étouffez des regrets désormais superflus;
Partez, obéissez, et ne répliquez plus.
Des bords athéniens j'attends quelque nouvelle.
Vous cependant volez où l'honneur vous appelle :
Que ma flotte avec vous se dispose à partir;
Et quand tout sera prêt, venez m'en avertir :
Je veux de ce départ être témoin moi-même.

SCÈNE IV.

PLISTHÈNE, THESSANDRE.

PLISTHÈNE.

Qu'ai-je fait, malheureux! quelle imprudence extrême!
Je ne sais quel effroi s'empare de mon cœur;
Mais tout mon sang se glace, et je frémis d'horreur.
Dieux, que dans mes serments malgré moi j'intéresse,
Perdez le souvenir d'une indigne promesse;
Ou recevez ici le serment que je fais,

En dussé-je périr, de n'obéir jamais.
Mais pourquoi m'alarmer d'un serment si funeste?
Que peut craindre un grand cœur quand sa vertu lui reste?
Athènes me répond d'un trépas glorieux;
Et j'y cours m'affranchir d'un serment odieux.
Survivre aux maux cruels dont le destin m'accable,
Ce seroit plus que lui m'en rendre un jour coupable.
Haï, persécuté, chargé d'un crime affreux,
Dévoré sans espoir d'un amour malheureux,
Malgré tant de mépris que je chéris encore,
La mort est désormais le seul dieu que j'implore;
Trop heureux de pouvoir arracher en un jour
Ma gloire à mes serments, mon cœur à son amour!

THESSANDRE.

Que dites-vous, seigneur? Quoi! pour une inconnue...

PLISTHÈNE.

Peux-tu me condamner, Thessandre? tu l'as vue.
Non, jamais plus de grace et plus de majesté
N'ont distingué les traits de la divinité.
Sa beauté, tout enfin, jusqu'à son malheur même,
N'offre en elle qu'un front digne du diadème;
De superbes débris, cette noble fierté,
Tout en elle du sang marque la dignité.
Je te dirai bien plus : cette même inconnue
Voit mon ame à regret dans ses fers retenue;
Et qui peut dédaigner mon amour et mon rang
Ne peut être formé que d'un illustre sang.
Quoi qu'il en soit, mon cœur, charmé de ce qu'il aime,
N'examine plus rien dans son amour extrême.
Quel cœur n'eût-elle pas attendri, justes dieux!

ACTE I, SCÈNE IV.

Dans l'état où le sort vint l'offrir à mes yeux?
Déplorable jouet des vents et de l'orage,
Qui même en l'y poussant l'envioient au rivage[1],
Roulant parmi les flots, les morts et les débris,
Des horreurs du trépas les traits déjà flétris,
Mourante entre les bras de son malheureux père,
Tout prêt lui-même à suivre une fille si chère...
J'entends du bruit. On vient. Peut-être c'est le roi;
Mais non, c'est l'étrangère. Ah! qu'est-ce que je vois,
Thessandre? un soin pressant semble occuper son ame.

SCÈNE V.

THÉODAMIE, PLISTHÈNE, THESSANDRE, LÉONIDE.

PLISTHÈNE.

Où portez-vous vos pas? me cherchez-vous, madame?
Du trouble où je vous vois ne puis-je être éclairci?

THÉODAMIE.

C'est vous-même, seigneur, que je cherchois ici.
D'Athènes dès long-temps embrassant la conquête,
On dit qu'à s'éloigner votre flotte s'apprête;
Que, chaque instant d'Atrée excitant le courroux,
Pour sortir de Chalcys elle n'attend que vous.
Si ce n'est pas vous faire une injuste prière,
Je viens vous demander un vaisseau pour mon père.

---

[1] Je ne crois pas que le bel-esprit italien ait produit un concetto aussi bizarre que *les vents et l'orage qui envient une femme au rivage*. (La H.)

Le sien, vous le savez, périt presqu'à vos yeux;
Et nous n'avons d'appui que de vous en ces lieux.
Vous sauvâtes des flots et le père et la fille :
Achevez de sauver une triste famille.

PLISTHÈNE.

Voyez ce que je puis, voyez ce que je dois.
D'Atrée en ces climats tout respecte les lois;
Il n'est que trop jaloux de son pouvoir suprême.
Je ne puis rien ici, si ce n'est par lui-même.
Il reverra bientôt ses vaisseaux avec soin,
Et du départ lui-même il doit être témoin.
Voyez-le. Il vous souvient comme il vous a reçue,
Le jour que ce palais vous offrit à sa vue;
Il plaignit vos malheurs, vous offrit son appui :
Son cœur ne sera pas moins sensible aujourd'hui;
Vous n'en éprouverez qu' ne bonté facile.
Mais qui peut vous forcer à quitter cet asile?
Quel déplaisir secret vous chasse de ces lieux?
Mon amour vous rend-il ce séjour odieux?
Ces bords sont-ils pour vous une terre étrangère?
N'y reverra-t-on plus ni vous ni votre père?
Quel est son nom, le vôtre, où portez-vous vos pas?
Ne connoîtrai-je enfin de vous que vos appas[1]?

THÉODAMIE.

Seigneur, trop de bonté pour nous vous intéresse.

---

[1] Je ne sais comment, dans une pareille tragédie, on a pu supporter le doucereux Plisthène. Sénèque n'a point mis d'amour dans la sienne ; et, puisque l'auteur moderne a pu se résoudre à l'imiter dans tout le reste, il auroit bien dû l'imiter encore en cela. Assurément il faut avoir un cœur bien flexible pour souffrir des entretiens galants à côté des scènes d'Atrée. (J.-J. ROUSSEAU.)

ACTE I, SCÈNE V.

Mon nom est peu connu; ma patrie est la Grèce;
Et j'ignore en quels lieux, sortant de ces climats,
Mon père infortuné doit adresser ses pas.

PLISTHÈNE.

Je ne vous presse point d'éclaircir ce mystère :
Je souscris au secret que vous voulez m'en faire.
Abandonnez ces lieux, ôtez-moi pour jamais
Le dangereux espoir de revoir vos attraits :
Fuyez un malheureux; punissez-le, madame,
D'oser brûler pour vous de la plus vive flamme;
Et moi, prêt d'adorer jusqu'à votre rigueur,
J'attendrai que la mort vous chasse de mon cœur;
C'est dans mon sort cruel mon unique espérance.
Mon amour cependant n'a rien qui vous offense,
Le ciel m'en est témoin; et jamais vos beaux yeux
N'ont peut-être allumé de moins coupables feux.
Ce cœur, à qui le vôtre est toujours si sévère,
N'offrit jamais aux dieux d'hommage plus sincère.
Inutiles respects! reproches superflus!
Tout va nous séparer; je ne vous verrai plus.
Adieu, madame, adieu : prompt à vous satisfaire,
Je reviendrai pour vous m'employer près d'un père :
Quel qu'en soit le succès, je vous réponds du moins,
Malgré votre rigueur, de mes plus tendres soins.

SCÈNE VI.

THÉODAMIE, LÉONIDE.

THÉODAMIE.

Où sommes-nous, hélas! ma chère Léonide!

Quel astre injurieux en ces climats nous guide?
O vous qui nous jetez sur ces bords odieux,
Cachez-nous au tyran qui règne dans ces lieux,
Dieux puissants! sauvez-nous d'une main ennemie.
Quel séjour pour Thyeste et pour Théodamie!
Du sort qui nous poursuit vois quelle est la rigueur.
Atrée, après vingt ans rallumant sa fureur,
Sous d'autres intérêts déguisant ce mystère,
Arme pour désoler l'asile de son frère.
L'infortuné Thyeste, instruit de ce danger,
A son tour en secret arme pour se venger,
Flatté du vain espoir de rentrer dans Mycènes,
Tandis que l'ennemi vogueroit vers Athènes,
Ou pendant que Chalcys, par de puissants efforts,
Retiendroit le tyran sur ces funestes bords.
Inutiles projets! inutile espérance!
L'Euripe a tout détruit; plus d'espoir de vengeance:
Et c'est ce mê... amant, ce prince généreux,
Sans qui nous périssions sur ce rivage affreux,
Ce prince à qui je dois le salut de mon père,
Qui, la foudre à la main, va combler sa misère!
Athènes va tomber, si, pour comble de maux,
Thyeste dans ces murs n'accable ce héros.
Trop heureux cependant, si de l'île d'Eubée
Il pouvoit s'éloigner sans le secours d'Atrée!
Sauvez-l'en, s'il se peut, grands dieux! Votre courroux
Poursuit-il des mortels si semblables à vous?
Ciel! puisqu'il faut punir, venge-toi sur son frère:
Atrée est un objet digne de ta colère.
Je tremble à chaque pas que je fais en ces lieux.

ACTE I, SCÈNE VI.

Hélas! Thyeste en vain s'y cache à tous les yeux;
Quoique absent dès long-temps, on peut le reconnoître;
Heureux que sa langueur l'empêche d'y paroître!
LÉONIDE.
Espérez du destin un traitement plus doux;
Que craindre du tyran, quand son fils est pour vous?
Attendez tout d'un cœur et généreux et tendre:
La main qui nous sauva peut encor vous défendre.
Tout n'est pas contre vous dans ce fatal séjour,
Puisque déja vos yeux y donnent de l'amour.
THÉODAMIE.
Ne comptes-tu pour rien un amour si funeste?
Le fils d'Atrée aimer la fille de Thyeste!
Hélas! si cet amour est un crime pour lui,
Comment nommer le feu dont je brûle aujourd'hui?
Car enfin ne crois pas que j'y sois moins livrée:
La fille de Thyeste aime le fils d'Atrée.
Contre tant de vertus mon cœur mal affermi
Craint plus en lui l'amant qu'il ne craint l'ennemi.
Mais mon père m'attend; allons lui faire entendre,
Pour un départ si prompt, le parti qu'il faut prendre:
Heureuse cependant, si ce funeste jour
Ne voit d'autres malheurs que ceux de notre amour!

FIN DU PREMIER ACTE.

ACTE SECOND.

SCÈNE I.

THYESTE, THÉODAMIE, LÉONIDE.

THYESTE.

Ce n'est plus pour tenter une grace incertaine ;
Mais, avant son départ, je voudrois voir Plisthène.
Léonide, sachez s'il n'est point de retour.
Ma fille, il faut songer à fuir de ce séjour :
Tout menace à-la-fois l'asile de Thyeste ;
Défendons, s'il se peut, le seul bien qui nous reste.
D'un père infortuné que prétendent vos pleurs?
Voulez-vous dans ces lieux voir combler mes malheurs?
Pourquoi, sur mes desirs cherchant à me contraindre,
Ne point voir le tyran? Qu'en avez-vous à craindre?
Sans lui, sans son secours, quel sera mon espoir?
Vous voyez que Plisthène est ici sans pouvoir,
Qu'il va bientôt voguer vers le port de Pirée ;
Voulez-vous qu'à ma fuite il en ferme l'entrée?
La voile se déploie, et flotte au gré des vents ;
Laissez-moi profiter de ces heureux instants.
Voyez, puisqu'il le faut, l'inexorable Atrée :
Si sa flotte une fois abandonne l'Eubée,
Par quel autre moyen me sera-t-il permis

De sortir désormais de ces lieux ennemis?
THÉODAMIE.
Ne précipitez rien : quel intérêt vous presse?
Pourquoi, seigneur, pourquoi vous exposer sans cesse?
A peine enfin sauvé de la fureur des eaux,
Ne vous rejetez point dans des périls nouveaux.
A partir de Chalcys le tyran se prépare;
Les vents vont de cette île éloigner ce barbare :
D'un secours dangereux sans tenter le hasard,
Cachez-vous avec soin jusques à son départ.
THYESTE.
Ma fille, quel conseil! Eh quoi! vous pouvez croire
Que je veuille à mes jours sacrifier ma gloire!
Non, non, je ne puis voir désoler sans secours
Des états si long-temps l'asile de mes jours.
Moi, qui ne prétendois m'emparer de Mycènes
Que pour forcer Atrée à s'éloigner d'Athènes,
Je l'abandonnerois lorsqu'elle va périr!
Non, je cours dans ses murs la défendre ou mourir.
Vous m'opposez en vain l'impitoyable Atrée :
Peut-il me soupçonner d'être en cette contrée?
Sans appui, sans secours, sans suite dans ces lieux,
Sans éclat qui sur moi puisse attirer les yeux,
Dans l'état où m'a mis la colère céleste,
Hélas! et qui pourroit reconnoître Thyeste?
Voyez donc le tyran : quel que soit son courroux,
C'est assez que mon cœur n'en craigne rien pour vous,
Ma fille. Vous savez que sa main meurtrière
Ne poursuit point sur vous le crime d'une mère :
C'est moi seul, c'est Ærope enlevée à ses vœux,

Et vous ne sortez point de ce sang malheureux.
Allez : votre frayeur, qui dans ces lieux m'arrête,
Est le plus grand péril qui menace ma tête.
Demandez un vaisseau ; quel qu'en soit le danger,
Mon cœur au désespoir n'a rien à ménager.

THÉODAMIE.

Ah! périsse plutôt l'asile qui nous reste,
Que de tenter, seigneur, un secours si funeste!

THYESTE.

En dussé-je périr, songez que je le veux.
Sauvez-moi par pitié de ces bords dangereux :
Du soleil à regret j'y revois la lumière ;
Malgré moi le sommeil y ferme ma paupière :
De mes ennuis secrets rien n'arrête le cours :
Tout à de tristes nuits joint de plus tristes jours.
Une voix, dont en vain je cherche à me défendre,
Jusqu'au fond de mon cœur semble se faire entendre :
J'en suis épouvanté. Les songes de la nuit
Ne se dissipent point par le jour qui les suit :
Malgré ma fermeté, d'infortunés présages
Asservissent mon ame à ces vaines images.
Cette nuit même encor, j'ai senti dans mon cœur
Tout ce que peut un songe inspirer de terreur.
Près de ces noirs détours que la rive infernale
Forme à replis divers dans cette île fatale,
J'ai cru long-temps errer parmi des cris affreux
Que des mânes plaintifs poussoient jusques aux cieux.
Parmi ces tristes voix, sur ce rivage sombre,
J'ai cru d'Ærope en pleurs entendre gémir l'ombre[1] ;

[1] L'harmonie imitative est sensible dans ces quatre vers. (La H.)

ACTE II, SCÈNE I.

Bien plus, j'ai cru la voir s'avancer jusqu'à moi,
Mais dans un appareil qui me glaçoit d'effroi.
« Quoi ! tu peux t'arrêter dans ce séjour funeste !
« Suis-moi, m'a-t-elle dit, infortuné Thyeste. »
Le spectre, à la lueur d'un triste et noir flambeau,
A ces mots m'a traîné jusque sur son tombeau.
J'ai frémi d'y trouver le redoutable Atrée,
Le geste menaçant, et la vue égarée,
Plus terrible pour moi, dans ces cruels moments,
Que le tombeau, le spectre, et ses gémissements.
J'ai cru voir le barbare entouré de Furies :
Un glaive encor fumant armoit ses mains impies ;
Et sans être attendri de ses cris douloureux,
Il sembloit dans son sang plonger un malheureux.
Ærope à cet aspect, plaintive et désolée,
De ses lambeaux sanglants à mes yeux s'est voilée[1].
Alors j'ai fait pour fuir des efforts impuissants ;
L'horreur a suspendu l'usage de mes sens :
A mille affreux objets l'ame entière livrée,
Ma frayeur m'a jeté sans force aux pieds d'Atrée.
Le cruel d'une main sembloit m'ouvrir le flanc,
Et de l'autre à longs traits m'abreuver de mon sang.
Le flambeau s'est éteint, l'ombre a percé la terre,
Et le songe a fini par un coup de tonnerre[2].

[1] Ces deux vers offrent une image du plus grand effet ; et le dernier termine très heureusement tout ce tableau, qui est d'une touche mâle et vigoureuse. (LA H.)

[2] Le songe de Thyeste étincelle de beautés sublimes : c'est un des morceaux les plus frappants que l'on connoisse au théâtre. Le style de Crébillon est quelquefois négligé ; mais par-tout il annonce un talent vrai, sans aucun mélange d'affectation. (GEOFFROY.)

THÉODAMIE.
D'un songe si cruel quelle que soit l'horreur,
Ce fantôme peut-il troubler votre grand cœur?
C'est une illusion...

THYESTE.
               J'en croirois moins un songe,
Sans les ennuis secrets où ma douleur me plonge :
J'en crains plus du tyran qui règne dans ces lieux,
Que d'un songe si triste, et peut-être des dieux.
Je ne connois que trop la fureur qui l'entraîne.

THÉODAMIE.
Vous connoissez aussi les vertus de Plisthène...

THYESTE.
Quoiqu'il soit né d'un sang que je ne puis aimer,
Sa générosité me force à l'estimer.
Ma fille, à ses vertus je sais rendre justice :
Des fureurs du tyran son fils n'est point complice.
Je sens bien quelquefois que je dois le haïr;
Mais mon cœur sur ce point a peine à m'obéir.
Hélas! et plus je vois ce généreux Plisthène,
Plus j'y trouve des traits qui désarment ma haine.
Mon cœur, qui cependant craint de lui trop devoir,
Ni ne veut ni ne doit compter sur son pouvoir.
Quoique sur sa vertu vous soyez rassurée,
Je suis toujours Thyeste, et lui le fils d'Atrée.
Je crois voir le tyran : je vous laisse avec lui.
Ma fille, devenez vous-même notre appui;
Tentez tout sur le cœur de mon barbare frère:
Songez qu'il faut sauver et vous et votre père.

SCÈNE II.

ATRÉE, THÉODAMIE, EURISTHÈNE, ALCIMÉDON, LÉONIDE, GARDES.

ALCIMÉDON.

Vous tenteriez, seigneur, un inutile effort;
Je le sais d'un vaisseau qui vient d'entrer au port.
On ne sait s'il[1] a pris la route de Mycènes,
Mais depuis près d'un mois il n'est plus dans Athènes.
Vous en pourrez vous-même être mieux éclairci :
Le chef de ce vaisseau sera bientôt ici.

ATRÉE.

Qu'il vienne, Alcimédon: allez; qu'on me l'amène;
Je l'attends. Avec lui faites venir Plisthène;
Il doit être déja de retour en ces lieux.

(à Théodamie.)

Madame, quel dessein vous présente à mes yeux?

THÉODAMIE.

Prête à tenter, seigneur, la route du Bosphore,
Souffrez qu'une étrangère aujourd'hui vous implore.
J'éprouve dès long-temps qu'un roi si généreux
Ne voit point sans pitié le sort des malheureux.
Sur ces bords échappée au plus cruel naufrage,
Les flots de mes débris ont couvert ce rivage.
Sans appui, sans secours dans ces lieux écartés,
J'attends tout désormais de vos seules bontés.

---

[1] Équivoque. C'est de Thyeste qu'il s'agit ici.

Vous parûtes sensible au destin qui m'accable ;
Puis-je espérer, seigneur, qu'un roi si redoutable
Daigne, de mes malheurs plus touché que les dieux,
M'accorder un vaisseau pour sortir de ces lieux [1] ?

ATRÉE.

Puisque la mer vous laisse une libre retraite,
Ordonnez, et bientôt vous serez satisfaite ;
Disposez de ma flotte avec autorité.
Un vaisseau suffit-il pour votre sûreté ?
Prête à sortir des lieux qui sont sous ma puissance,
Où vous conduira-t-il ?

THÉODAMIE.

Seigneur, c'est à Byzance
Où je prétends bientôt, au pied de nos autels,
Du prix de vos bienfaits charger les immortels.

ATRÉE.

Mais Byzance, madame, est-ce votre patrie ?

THÉODAMIE.

Non ; j'ai reçu le jour non loin de la Phrygie.

ATRÉE.

Par quel étrange sort, si loin de ces climats,
Vous retrouvez-vous donc dans mes nouveaux états ?
Ce vaisseau que les vents jetèrent dans l'Eubée
Sortoit-il de Byzance, ou du port de Pirée ?
En vous sauvant des flots, mon fils, je m'en souviens,
Ne trouva sur ces bords que des Athéniens.

---

[1] Ce retour fréquent du même mot est d'une monotonie que la rime rend encore plus importune ; et ce qu'il y a de pis, c'est qu'il est presque par-tout inutile, et quelquefois à contre-sens. (La H.)

ACTE II, SCÈNE II.

THÉODAMIE.

Peut-être, comme nous, le jouet de l'orage,
Ils furent, comme nous, poussés sur ce rivage;
Mais ceux qu'en ce palais a sauvés votre fils
Ne sont point nés, seigneur, parmi vos ennemis.

ATRÉE.

Mais, madame, parmi cette troupe étrangère
Plisthène sur ces bords rencontra votre père :
Dédaigne-t-il un roi qui devient son appui?
D'où vient que devant moi vous paroissez sans lui?

THÉODAMIE.

Mon père infortuné, sans amis, sans patrie,
Traîne à regret, seigneur, une importune vie,
Et n'est point en état de paroître à vos yeux.

ATRÉE.

Gardes, faites venir l'étranger en ces lieux¹.

THÉODAMIE.

On doit des malheureux respecter la misère².

ATRÉE.

Je veux de ses malheurs consoler votre père ;
Je ne veux rien de plus... Mais quel est votre effroi?
Votre père, madame, est-il connu de moi?
A-t-il quelques raisons de redouter ma vue?
Quelle est donc la frayeur dont je vous vois émue?

---

[1] Ces mots font trembler. Après tout ce qu'on a entendu d'Atrée, la vraie terreur règne sur la scène en ce moment, et j'ai toujours vu ce vers produire une impression très marquée. (La H.)

[2] Heureuse imitation de cette pensée si souvent citée : *Res est sacra miser*, qu'on trouve dans une épitaphe composée par Sénèque. Voyez l'*Anthologie* de Burman, liv. III, ép. 153.

ATRÉE ET THYESTE.

THÉODAMIE.

Seigneur, d'aucun effroi mon cœur n'est agité :
Mon père peut ici paroître en sûreté.
Hélas ! à se cacher qui pourroit le contraindre ?
Étranger dans ces lieux, eh ! qu'auroit-il à craindre ?
A ses jours languissants le péril attaché
Le retenoit, seigneur, sans le tenir caché.

(à part.)

Le voilà : je succombe, et me soutiens à peine.
Dieux ! cachez-le au tyran, ou ramenez Plisthène.

SCÈNE III.

ATRÉE, THYESTE, THÉODAMIE, EURISTHÈNE, LÉONIDE, GARDES.

ATRÉE.

Étranger malheureux que le sort en courroux,
Lassé de te poursuivre, a jeté parmi nous,
Quel est ton nom, ton rang ? quels humains t'ont vu naître ?

THYESTE.

Les Thraces.

ATRÉE.

Et ton nom ?

THYESTE.

Pourriez-vous le connoître ?

Philoctète.

ATRÉE.

Ton rang ?

THYESTE.

Noble, sans dignité,

ACTE II, SCÈNE III.

Et toujours le jouet du destin irrité.

ATRÉE.

Où s'adressoient tes pas? et de quelle contrée
Revenoit ce vaisseau brisé près de l'Eubée?

THYESTE.

De Sestos ; et j'allois à Delphes implorer
Le dieu dont les rayons daignent nous éclairer[1].

ATRÉE.

Et tu vas de ces lieux?...

THYESTE.

Seigneur, c'est dans l'Asie,
Où je vais terminer ma déplorable vie,
Espérant aujourd'hui que de votre bonté
J'obtiendrai le secours que les flots m'ont ôté.
Daignez...

ATRÉE.

Quel son de voix a frappé mon oreille!
Quel transport tout-à-coup dans mon cœur se réveille!
D'où naissent à-la-fois des troubles si puissants?
Quelle soudaine horreur s'empare de mes sens!
Toi qui poursuis le crime avec un soin extrême,
Ciel, rends vrais mes soupçons, et que ce soit lui-même!
Je ne me trompe point, j'ai reconnu sa voix;
Voilà ses traits encore. Ah! c'est lui que je vois.
Tout ce déguisement n'est qu'une adresse vaine;

---

[1] La terreur se soutient, et l'entrevue des deux frères est belle et bien dialoguée, sur-tout dans la première moitié. L'instant de la reconnoissance et l'expression graduée de tous les sentiments qui se réveillent dans l'ame de l'implacable Atrée, à l'aspect de Thyeste, est de la plus grande vigueur. (La H.)

Je le reconnoîtrois seulement à ma haine [1].
Il fait pour se cacher des efforts superflus :
C'est Thyeste lui-même, et je n'en doute plus [2].

THYESTE.

Moi Thyeste, seigneur !

ATRÉE.

Oui, toi-même, perfide :
Je ne le sens que trop au transport qui me guide ;
Et je hais trop l'objet qui paroît à mes yeux,
Pour que tu ne sois point ce Thyeste odieux.
Tu fais bien de nier un nom si méprisable :
En est-il sous le ciel un qui soit plus coupable ?

THYESTE.

Eh bien ! reconnois-moi : je suis ce que tu veux,
Ce Thyeste ennemi, ce frère malheureux.
Quand même tes soupçons et ta haine funeste
N'eussent point découvert l'infortuné Thyeste,
Peut-être que la mienne, esclave malgré moi,
Aux dépens de tes jours m'eût découvert à toi.

---

[1] Ce vers est effrayant de vérité et d'énergie. Toute la scène fait frémir ; mais ici l'effet s'arrête avec l'action. De ce moment, on ne voit plus rien de théâtral ; on n'éprouve plus que cette tristesse mêlée de dégoût, qui naît d'un spectacle d'horreurs gratuites, de vengeances froidement raffinées, tranquillement réfléchies, exécutées sans obstacle. (L. H.)

[2] La fameuse inimitié des Pélopides a-t-elle jamais été plus dramatiquement caractérisée ? Ce sont là des beautés dignes d'Eschyle, et qui eussent forcé La Harpe à être juste, si une opiniâtre prévention ne lui eût fermé les yeux sur les beautés de Crébillon, et s'il se fût borné sagement à ne critiquer que sa versification dure et châtiée. (M. LEMERCIER, Cours analyt. de littérat.)

ACTE II, SCÉNE III.

ATRÉE.

Ah! traître! c'en est trop : le courroux qui m'anime
T'apprendra si je sais comme on punit un crime.
Je rends graces au ciel qui te livre en mes mains :
Sans doute que les dieux approuvent mes desseins,
Puisque avec ma fureur leurs soins d'intelligence
T'amènent dans des lieux tout pleins de ma vengeance.
Perfide, tu mourras : oui, c'est fait de ton sort ;
Ton nom seul en ces lieux est l'arrêt de ta mort[1].
Rien ne t'en peut sauver, la foudre est toute prête ;
J'ai suspendu long-temps sa chute sur ta tête :
Le temps, qui t'a sauvé d'un vainqueur irrité,
A grossi tes forfaits par leur impunité.

THYESTE.

Que tardes-tu, cruel, à remplir ta vengeance?
Attends-tu de Thyeste une nouvelle offense?
Si j'ai pu quelque temps te déguiser mon nom,
Le soin de me venger en fut seul la raison[2] :
Ne crois pas que la peur des fers ou du supplice
Ait à mon cœur tremblant dicté cet artifice.
Ærope par ta main a vu trancher ses jours ;
La même main des miens doit terminer le cours :
Je n'en puis regretter la triste destinée.
Précipite, inhumain, leur course infortunée,

---

[1] Voltaire a dit, long-temps après Crébillon :
    Ton nom seul est l'arrêt de la mort des tyrans.
            Mort de César, acte II, sc. IV.

[2] On ne dit point *la raison de faire quelque chose*. On diroit bien : Le soin de me venger fut mon seul motif, ma seule pensée. (La H.)

Et sois sûr que contre eux l'attentat le plus noir
N'égale point pour moi l'horreur de te revoir.
ATRÉE.
Vil rebut des mortels, il te sied bien encore
De braver dans les fers un frère qui t'abhorre!
Holà! gardes, à moi!
THÉODAMIE, à Atrée.
Que faites-vous, seigneur?
Dieux! sur qui va tomber votre injuste rigueur!
Ne suivrez-vous jamais qu'une aveugle colère?
Ah! dans un malheureux reconnoissez un frère:
Que sur ses noirs projets votre cœur combattu
Écoute la nature, ou plutôt la vertu.
Immolez donc, seigneur, et le père et la fille;
Baignez-vous dans le sang d'une triste famille.
Thyeste, par vous seul accablé de malheurs,
Peut-il être un objet digne de vos fureurs?
ATRÉE.
Vous prétendez en vain que mon cœur s'attendrisse.
Qu'on lui donne la mort. Gardes, qu'on m'obéisse;
De son sang odieux qu'on épuise son flanc...
(bas, à part.)
Mais non: une autre main doit verser tout son sang.
Oubliois-je [1]?... Arrêtez. Qu'on me cherche Plisthène.

---

[1] Comment Atrée a-t-il pu oublier un projet qui l'occupe depuis vingt ans, et dont il vient tout récemment de s'entretenir avec Euristhène? On peut supposer tout au plus que, dans le premier accès de fureur que lui inspire la vue de Thyeste, il ait dit pour premier mot qu'on l'immole, et qu'il soit sur-le-champ revenu à lui; mais un pareil oubli ne peut pas durer pendant quarante vers.

SCÈNE IV.

ATRÉE, THYESTE, PLISTHÈNE, THÉODAMIE,
EURISTHÈNE, THESSANDRE, LÉONIDE,
GARDES.

PLISTHÈNE, à Atrée.

Ciel! qu'est-ce que j'entends? quelle fureur soudaine
De votre voix, seigneur, a rempli tous ces lieux?
Qui peut causer ici ces transports furieux?

THÉODAMIE, à Plisthène.

Ces transports où l'emporte une injuste colère
Ne menacent, seigneur, que mon malheureux père.
Sauvez-le, s'il se peut, des plus funestes coups.

PLISTHÈNE.

Votre père, madame! O ciel! que dites-vous?
(à part.)
A l'immoler, seigneur, quel motif vous engage?
De quoi l'accuse-t-on? quel crime, quel outrage
De l'hospitalité vous fait trahir les droits?
Auroit-il à son tour violé ceux des rois?
Étranger dans ces lieux, que vous a-t-il fait craindre
A le priver du jour qui puisse vous contraindre?

ATRÉE.

Étranger dans ces lieux! que tu le connois mal!

Il falloit donc que toutes les menaces qu'il fait ne fussent d'abord
que feintes, et n'eussent pour objet que de mieux abuser son frère
sur la feinte réconciliation qui finit cette scène, et que le spectateur
s'aperçût qu'Atrée trompe également et quand il s'emporte, et
quand il s'apaise. (LA H.)

De tous mes ennemis tu vois le plus fatal.
C'est de tous les humains le seul que je déteste,
Un perfide, un ingrat; en un mot, c'est Thyeste.

PLISTHÈNE.

Qu'ai-je entendu, grands dieux! lui Thyeste, seigneur?
Eh bien! en doit-il moins fléchir votre rigueur?
Calmez, seigneur, calmez cette fureur extrême.

ATRÉE.

Que vois-je! quoi! mon fils armé contre moi-même!
Quoi! celui qui devroit m'en venger aujourd'hui
Ose, à mes yeux encor, s'intéresser pour lui!
Lâche, c'est donc ainsi qu'à ton devoir fidèle
Tu disposes ton bras à servir ma querelle?

PLISTHÈNE.

Plutôt mourir cent fois; je n'ai point à choisir:
Dans mon sang, s'il le faut, baignez-vous à loisir.
Seigneur, par ces genoux que votre fils embrasse,
Accordez à mes vœux cette dernière grace.
Après l'avoir sauvé des ondes en courroux,
M'en coûtera-t-il plus de le sauver de vous?
A mes justes desirs que vos transports se rendent.
Voyez quel est le sang que mes pleurs vous demandent:
C'est le vôtre, seigneur, non un sang étranger.
C'est en lui pardonnant qu'il faut vous en venger.

ATRÉE.

Le perfide! si près d'éprouver ma vengeance,
Daigne-t-il seulement implorer ma clémence?

THYESTE.

Que pourroit me servir d'implorer ton secours,

Si ton cœur qui me hait veut me haïr toujours?
Eh! que n'ai-je point fait pour fléchir ta colère?
Qui de nous deux, cruel! poursuit ici son frère?
Depuis vingt ans entiers que n'ai-je point tenté
Pour calmer les transports de ton cœur irrité?
Surmonte, comme moi, la vengeance et la haine;
Règle tes soins jaloux sur les soins de Plisthène;
Et tu verras bientôt, si j'en donne ma foi,
Que tu n'as point d'ami plus fidèle que moi.

ATRÉE.
Quels seront tes garants, lorsque le nom de frère
N'a pu garder ton cœur d'un amour téméraire?
Quand je t'ai vu souiller par tes coupables feux
Les autels où l'hymen alloit combler mes vœux,
Que peux-tu m'opposer qui parle en ta défense?
Les droits de la nature, ou bien de l'innocence?

THYESTE.
Ne me reproche plus mon crime ni mes feux;
Tu m'as vendu bien cher cet amour malheureux.
Pour t'attendrir enfin, auteur de ma misère,
Considère un moment ton déplorable frère.
Que peux-tu souhaiter qui te parle pour moi?
Regarde en quel état je parois devant toi.

PLISTHÈNE.
Ah! rendez-vous, seigneur; je vois que la nature
Dans votre cœur sensible excite un doux murmure:
Ne le combattez point par des soins odieux;
Elle n'inspire rien qui ne vienne des dieux.
C'est votre frère enfin; que rien ne vous arrête:

De sa fidélité je réponds sur ma tête.

ATRÉE.

Plisthène, c'en est fait, je me rends à ta voix ;
Je me sens attendri pour la première fois.
Je veux bien oublier une sanglante injure.
Thyeste, sur ma foi que ton cœur se rassure :
De mon inimitié ne crains point les retours [1] ;
Ce jour même en verra finir le triste cours.
J'en jure par les dieux, j'en jure par Plisthène ;
C'est le sceau d'une paix qui doit finir ma haine.
Ses soins et ma pitié te répondront de moi,
Et mon fils à son tour me répondra de toi :
Je n'en demande point de garant plus sincère.
Prince, c'est donc sur vous que s'en repose un père.
Allez, et que ma cour, témoin de mon courroux,
Soit témoin aujourd'hui d'un entretien plus doux.

SCÈNE V.

ATRÉE, EURISTHÈNE, GARDES.

ATRÉE.

Toi, fais-les avec soin observer, Euristhène.
Disperse les soldats les plus chers à Plisthène ;
Écarte les amis de cet audacieux,
Et viens sans t'arrêter me rejoindre en ces lieux.

[1] De mes inimitiés le cours est achevé.
Andromaque, acte I, sc. II.

FIN DU SECOND ACTE.

ACTE TROISIÈME.

SCÈNE I.

ATRÉE, EURISTHÈNE.

ATRÉE.

Enfin, graces aux dieux, je tiens en ma puissance
Le perfide ennemi que poursuit ma vengeance[1] :
On l'observe en ces lieux, il ne peut échapper ;
La main qui l'a sauvé ne sert qu'à le tromper.
Vengeons-nous ; il est temps que ma colère éclate :
Profitons avec soin du moment qui la flatte ;
Et que l'ingrat Thyeste éprouve dans ce jour
Tout ce que peut un cœur trahi dans son amour.

EURISTHÈNE.

Et qui vous répondra que Plisthène obéisse?
Que de cette vengeance il veuille être complice?
Ne vous souvient-il plus que, prêt à la trahir,
Il n'a point balancé pour vous désobéir?

ATRÉE.

Il est vrai qu'au refus qu'il a fait de s'y rendre
Je me suis vu contraint de n'oser l'entreprendre,

---

[1] . . . . Venit in nostras manus
 Tandem Thyestes; venit, et totus quidem !
 Thyest., act. III, sc. IV.

D'en différer enfin le moment malgré moi.
Mais qui l'a pu porter à me manquer de foi?
N'avoit-il pas juré de servir ma colère?
Tant de soins redoublés pour la fille et le père
Ne sont-ils les effets que d'un cœur généreux?
Non, non: la source en est dans un cœur amoureux.
Tant d'ardeur à sauver cette race ennemie
Me dit trop que Plisthène aime Théodamie.
Je n'en puis plus douter: il la voit chaque jour;
Il a pris dans ses yeux ce détestable amour.
Et je m'étonne encor d'une ardeur si funeste!
Que pouvoit-il sortir d'Ærope et de Thyeste,
Qu'un sang qui dût un jour assouvir mon courroux?
Le crime est fait pour lui, la vengeance pour nous.
Livrons-le aux noirs forfaits où son penchant le guide;
Joignons à tant d'horreurs l'horreur d'un parricide.
Puis-je mieux me venger de ce sang odieux
Que d'armer* contre lui son forfait et les dieux?
Heureux qu'en ce moment le crime de Plisthène
Me laisse sans regret au courroux qui m'entraîne!
Qu'il vienne seul ici.

SCENE II.

ATRÉE.

Le soldat écarté
Permet à ma fureur d'agir en liberté.

* Cette construction n'est pas françoise. Il falloit qu'en armant. Le poëte a préféré l'harmonie à la correction.

De son amour pour lui ma vengeance alarmée
Déja loin de Chalcys a dispersé l'armée :
Tout ce que ce palais rassemble autour de moi
Sont autant de sujets dévoués à leur roi.
Mais pourquoi contre un traître exercer ma puissance?
Son amour me répond de son obéissance.
Par un coup si cruel je m'en vais l'éprouver,
Et de si près encor je m'en vais l'observer,
Que malgré tous ses soins ma vengeance assurée
Lavera par ses mains les injures d'Atrée.
Je le vois ; et, pour peu qu'il ose la trahir,
Je sais bien le secret de le faire obéir.

SCÈNE III.

ATRÉE, PLISTHÈNE.

ATRÉE.

Lassé des soins divers dont mon cœur est la proie,
Prince, il faut à vos yeux que mon cœur se déploie.
Tout semble offrir ici l'image de la paix ;
Cependant ma fureur s'accroît plus que jamais.
L'amour, qui si souvent loin de nous nous entraîne,
N'est point dans ses retours aussi prompt que la haine.
J'avois cru par vos soins mon courroux étouffé ;
Mais je sens qu'ils n'en ont qu'à demi triomphé.
Ma fureur désormais ne peut plus se contraindre :
Ce n'est que dans le sang qu'elle pourra s'éteindre ;
Et j'attends que le bras chargé de la servir,
Loin d'arrêter son cours, soit prêt à l'assouvir.

Plisthène, c'est à vous que ce discours s'adresse.
J'avois cru, sur la foi d'une sainte promesse,
Voir tomber le plus fier de tous mes ennemis :
Mais Plisthène tient mal ce qu'il m'avoit promis;
Et, bravant sans respect et les dieux et son père,
Son cœur pour eux et lui n'a qu'une foi légère.
PLISTHÈNE.
Où sont vos ennemis? J'avois cru que la paix
Ne vous en laissoit point à craindre en ce palais.
Je n'y vois que des cœurs pour vous remplis de zèle,
Et qu'un fils pour son roi, respectueux, fidèle,
Qui n'a point mérité ces cruels traitements.
Où sont vos ennemis? et quels sont mes serments?
ATRÉE.
Où sont mes ennemis? Ciel! que viens-je d'entendre?
Thyeste est dans ces lieux, et l'on peut s'y méprendre!
Vous deviez l'immoler à mon ressentiment :
Voilà mon ennemi, voilà votre serment.
PLISTHÈNE.
Quelle que soit la foi que je vous ai jurée,
J'aurois cru que la vôtre eût été plus sacrée;
Qu'un frère dans vos bras, à la face des dieux,
M'eût assez acquitté d'un serment odieux.
D'un pareil souvenir ma vertu me dispense :
Je ne me souviens plus que de votre clémence.
Mon devoir a ses droits; mais ma gloire a les siens;
Et vos derniers serments m'ont dégagé des miens.
ATRÉE.
Sans vouloir dégager un serment par un autre,
Veux-tu que tous les deux nous remplissions le nôtre?

Et tu verras bientôt, si j'explique le mien,
Que ce dernier serment ajoute encore au tien.
J'ai juré par les dieux, j'ai juré par Plisthène,
Que ce jour qui nous luit mettroit fin à ma haine.
Fais couler tout le sang que j'exige de toi ;
Ta main de mes serments aura rempli la foi.
Regarde qui de nous fait au ciel une injure,
Qui de nous deux enfin est ici le parjure.

PLISTHÈNE.

Ah ! seigneur, puis-je voir votre cœur aujourd'hui
Descendre à des détours si peu dignes de lui ?
Non, par de feints serments je ne crois point qu'Atrée
Ait pu braver des dieux la majesté sacrée,
Se jouer de la foi des crédules humains,
Violer en un jour tous les droits les plus saints¹.
Enchanté d'une paix si long-temps attendue,
Je vous louois déja de nous l'avoir rendue ;
Et je m'applaudissois, dans des moments si doux,
D'avoir pu d'un héros désarmer le courroux :
J'admirois un grand cœur au milieu de l'offense,
Qui, maître de punir, méprisoit la vengeance.
Thyeste est criminel ; voulez-vous l'être aussi ?
Sont-ce là vos serments ? pardonnez-vous ainsi ?

ATRÉE.

Qui ? moi lui pardonner ! Les fières Euménides
Du sang des malheureux sont cent fois moins avides,
Et leur farouche aspect inspire moins d'horreur
Que Thyeste aujourd'hui n'en inspire à mon cœur.

---

¹ *Je viole en un jour les droits des souverains.*
 Andromaque, acte V, sc. IV.

Quels que soient mes serments, trop de fureur m'anime.
Perfide, il te sied bien d'oser m'en faire un crime!
Laisse là ces serments; si j'ai pu les trahir,
C'est au ciel d'en juger, à toi de m'obéir.
Dans un fils qui faisoit ma plus chère espérance,
Je ne vois qu'un ingrat qui trahit ma vengeance.
Plisthène est un héros, son père est outragé;
Il a de la valeur, je ne suis pas vengé!
Ah! ne me force point, dans ma fureur extrême,
Que sais-je? hélas! peut-être à t'immoler toi-même:
Car enfin, puisqu'il faut du sang à ma fureur,
Malheur à qui trahit les transports de mon cœur!

PLISTHÈNE.

Versez le sang d'un fils, s'il peut vous satisfaire;
Mais n'en¹ attendez rien à sa vertu contraire.
S'il faut voir votre affront par un crime effacé,
Je ne me souviens plus qu'on vous ait offensé.
Oui, seigneur; et ma main, loin d'être meurtrière,
Défendra contre vous les jours de votre frère.
Seconder vos fureurs, ce seroit vous trahir;
Votre gloire m'engage à vous désobéir.

ATRÉE.

Enfin j'ouvre les yeux; ta lâcheté, perfide,
Ne me fait que trop voir l'intérêt qui te guide;
Tu trahis pour Thyeste et les dieux et ta foi:
Ce n'est pas d'aujourd'hui qu'il est connu de toi.
Ose encor me jurer que pour Théodamie
Ton cœur ne brûle point d'une flamme ennemie?

¹ Il faut *n'attendez rien de contraire*... Autrement la phrase n'est pas correcte.

ACTE III, SCÈNE III.

PLISTHÈNE.

Ah! si c'est là trahir mon devoir et ma foi,
Non, jamais on ne fut plus coupable que moi.
Oui, seigneur, il est vrai, la princesse m'est chère :
Jugez si c'est à moi d'assassiner son père.
Vous connoissez le feu qui dévore mon sein ;
Et pour verser son sang vous choisissez ma main !

ATRÉE.

Ce n'est pas la vertu, c'est donc l'amour, parjure,
Qui te force au refus de venger mon injure !
Voyons si cet amour, qui t'a fait me trahir [1],
Servira maintenant à me faire obéir.
Tu n'auras pas en vain aimé Théodamie [2] ;
Venge-moi dès ce jour, ou c'est fait de sa vie.

PLISTHÈNE.

Ah! grands dieux !

ATRÉE.

Tu frémis ! Je t'en laisse le choix,
Et te le laisse, ingrat, pour la dernière fois.

PLISTHÈNE.

Ah! mon choix est tout fait dans ce moment funeste;
C'est mon sang qu'il vous faut, non le sang de Thyeste.

ATRÉE.

Quand l'amour, de mon fils, semble avoir fait le sien [3],

---

[1] *Qui t'a fait me trahir* n'est pas françois. (La H.)

[2] Crébillon a voulu dire : *Tu n'auras pas impunément aimé Théodamie.* (La H.)

[3] Pour entendre ce vers, il faut deviner qu'il doit être construit ainsi :

Quand l'amour semble de mon fils avoir fait le sien.

Il étoit indispensable de séparer ces mots *l'amour de mon fils*, qui

Il ne m'importe plus de son sang ou du tien.
Obéis cependant, achève ma vengeance.
L'instant fatal approche, et Thyeste s'avance :
S'il n'est mort lorsque enfin je reverrai ces lieux,
J'immole sans pitié ton amante à tes yeux.
Rappelle tes esprits : avec lui je te laisse.
Au secours de ta main appelle ta princesse ;
Le soin de la sauver doit exciter ton bras.

PLISTHÈNE.

Quoi ! vous l'immoleriez ! Je ne vous quitte pas.
Je crois voir dans Thyeste un dieu qui m'épouvante.
Ah ! seigneur !

ATRÉE.
    Viens donc voir expirer ton amante :
Du moindre mouvement sa mort sera le fruit.

PLISTHÈNE, seul.

Dieux ! plongez-moi plutôt dans l'éternelle nuit.
Non, cruel, n'attends pas que ma main meurtrière
Fasse couler le sang de ton malheureux frère.
Assouvis, si tu veux, ta fureur sur le mien ;
Mais, dussé-je en périr, je défendrai le sien.

SCÈNE IV.

THYESTE, PLISTHÈNE.

THYESTE.

Prince qu'un tendre soin dans mon sort intéresse,

ont l'air d'être régis l'un par l'autre, et ne présentent aucun sens.
(La II.)

Héros dont les vertus charment toute la Grèce,
Qu'il m'est doux de pouvoir embrasser aujourd'hui
De mes jours malheureux l'unique et sûr appui !
              PLISTHÈNE.
Quel appui, juste ciel ! Quel cœur impitoyable
Ne seroit point touché du sort qui vous accable ?
Ah ! plût aux dieux pouvoir, aux dépens de mes jours,
D'une si chère vie éterniser le cours !
Que je verrois couler tout mon sang avec joie,
S'il terminoit les maux où vous êtes en proie !
Ce n'est point la pitié qui m'attendrit, seigneur ;
Je sens des mouvements inconnus à mon cœur.
              THYESTE.
Seigneur, soit amitié, soit raison qui m'inspire,
Tout m'est cher d'un héros que l'univers admire.
Que ne puis-je exprimer ce que je sens pour vous !
Non, l'amitié n'a pas de sentiments si doux.
              PLISTHÈNE.
Ah ! si je vous suis cher, que mon respect extrême
M'acquitte bien, seigneur, de ce bonheur suprême !
On n'aima jamais plus, le ciel m'en est témoin :
A peine la nature iroit-elle aussi loin ;
Et ma tendre amitié, par vos maux consacrée,
A semblé redoubler par les rigueurs d'Atrée.
Vous m'aimez ; le ciel sait si je puis vous haïr,
Ce qu'il m'en coûteroit s'il falloit obéir.
              THYESTE.
Seigneur, que dites-vous ? qui fait couler vos larmes ?
Que tout ce que je vois fait renaître d'alarmes !
Vous soupirez ; la mort est peinte dans vos yeux ;

Vos regards attendris se tournent vers les cieux :
Quel malheur si terrible a pu troubler Plisthène?
Jusqu'au fond de mon cœur je ressens votre peine.
Voulez-vous dérober ce secret à ma foi?
Quand je suis tout à vous, n'êtes-vous point à moi?
Cher prince, ignorez-vous à quel point je vous aime?
Ma fille ne m'est pas plus chère que vous-même.

PLISTHÈNE.

Faut-il la voir périr dans ces funestes lieux?

THYESTE.

Quel étrange discours! Cher prince, au nom des dieux,
Au nom d'une amitié si sincère et si tendre,
Daignez m'en éclaircir.

PLISTHÈNE.

    Ah! dois-je vous l'apprendre?
Mais, dût tomber sur moi le plus affreux courroux,
Je ne puis plus trahir ce que je sens pour vous.
Fuyez, seigneur, fuyez.

THYESTE.

    Quel est donc ce mystère,
Cher prince? et qu'ai-je encore à craindre de mon frère[1]?

PLISTHÈNE, *apercevant Atrée.*

Ah! ciel!

---

[1] Thyeste inspire cet intérêt naturel pour l'humanité souffrante; sa situation malheureuse fait oublier le crime qu'un amour aveugle lui fit commettre autrefois. On le plaint, on craint pour lui la barbarie de son frère. Ce caractère a éminemment cette simplicité, cette vérité qui charme les connaisseurs. (GEOFFROY.)

SCÈNE V.

ATRÉE, THYESTE, PLISTHÈNE.

ATRÉE.
C'est donc ainsi que, fidèle à son roi...
Mais je sais de quel prix récompenser la foi...
PLISTHÈNE.
Ah ! seigneur, si jamais...
ATRÉE.
Que voulez-vous me dire ?
Sortez : en d'autres lieux vous pourrez m'en instruire.
Votre frivole excuse exige un autre temps ;
Et mon cœur est rempli de soins plus importants.

SCÈNE VI.

ATRÉE, THYESTE.

THYESTE.
De ce transport, seigneur, que faut-il que je pense ?
Qui peut vous emporter à tant de violence ?
Qu'a fait ce fils ? qui peut vous armer contre lui ?
Ou plutôt, contre moi qui vous arme aujourd'hui ?
Ne m'offrez-vous la paix...
ATRÉE.
Quel est donc ce langage ?
A me l'oser tenir quel soupçon vous engage ?
Quelle indigne frayeur a troublé vos esprits ?

Quel intérêt enfin prenez-vous à mon fils ?
Ne puis-je menacer un ingrat qui m'offense,
Sans aigrir de vos soins l'injuste défiance ?
Allez : de mes desseins vous serez éclairci,
Et d'autres intérêts me conduisent ici.

SCÈNE VII.

ATRÉE.

Quoi ! même dans des lieux soumis à ma puissance,
J'aurai tenté sans fruit une juste vengeance !
Et le lâche qui doit la servir en ce jour
Trahit, pour la tromper, jusques à son amour !
Ah ! je le punirai de l'avoir différée,
Comme fils de Thyeste, ou comme fils d'Atrée.
Mériter ma vengeance est un moindre forfait
Que d'oser un moment en retarder l'effet.
Perfide, malgré toi je t'en serai complice :
Ton roi pour tant d'affronts n'a pas pour un supplice ;
Je ne punirois point vos forfaits différents,
Si je ne m'en vengeois par des forfaits plus grands.
Où Thyeste paroît, tout respire le crime :
Je me sens agité de l'esprit qui l'anime ;
Je suis déja coupable. Étoit-ce me venger
Que de charger son fils du soin de l'égorger ?
Qu'il vive ; ce n'est plus sa mort que je médite.
La mort n'est que la fin des tourments qu'il mérite.
Que le perfide, en proie aux horreurs de son sort,
Implore comme un bien la plus affreuse mort ;

ACTE III, SCÈNE VII.

Que ma triste vengeance, à tous les deux cruelle,
Étonne jusqu'aux dieux, qui n'ont rien fait pour elle.
Vengeons tous nos affronts, mais par un tel forfait
Que Thyeste lui-même eût voulu l'avoir fait.
Lâche et vaine pitié, que ton murmure cesse :
Dans les cœurs outragés tu n'es qu'une foiblesse ;
Abandonne le mien : qu'exiges-tu d'un cœur
Qui ne reconnoît plus de dieux que sa fureur ?
Courons tout préparer ; et, par un coup funeste,
Surpassons, s'il se peut, les crimes de Thyeste.
Le ciel, pour le punir d'avoir pu m'outrager,
A remis à son sang le soin de m'en venger[1].

[1] On a reproché à l'auteur un double nœud : Atrée, frustré de sa première espérance, est réduit à former un nouveau plan ; mais les deux projets ne tendent qu'à la même vengeance, et sauvent la duplicité de moyens par l'unité d'objet. (GEOFFROY.)

FIN DU TROISIÈME ACTE.

ACTE QUATRIÈME.

SCÈNE I.

PLISTHÈNE, THESSANDRE.

THESSANDRE.
Où courez-vous, seigneur? qu'allez-vous entreprendre?
PLISTHÈNE.
D'un cœur au désespoir tout ce qu'on peut attendre.
THESSANDRE.
Quelle est donc la fureur dont je vous vois épris?
Ciel! dans quel trouble affreux jetez-vous mes esprits!
D'où naît ce désespoir que chaque instant irrite?
Pour qui préparez-vous ces vaisseaux, cette fuite?
Quel intérêt enfin arme ici votre bras,
Et ces amis tout prêts à marcher sur vos pas?
Parlez, seigneur: le roi, désormais plus sévère...
PLISTHÈNE.
Qu'avois-je fait aux dieux pour naître d'un tel père?
O devoir! dans mon cœur trop long-temps respecté,
Laisse un moment l'amour agir en liberté[1].

[1] L'auteur veut d'abord que le devoir laisse agir l'amour, et ce devoir ne peut être autre chose que les rigoureuses lois qu'impose la nature; et voilà que ces lois ne sont plus que des droits dont la vertu murmure. Comment la vertu peut-elle murmurer d'un devoir,

Les rigoureuses lois qu'impose la nature
Ne sont plus que des droits dont la vertu murmure.
Secrets persécuteurs des cœurs nés vertueux,
Remords, qu'exigez-vous d'un amant malheureux?
           THESSANDRE.
Que dites-vous, seigneur? quelle douleur vous presse?
           PLISTHÈNE.
Thessandre, il faut périr, ou sauver ma princesse.
           THESSANDRE.
La sauver! et de qui?
           PLISTHÈNE.
                    Du roi, dont la fureur
Va lui plonger peut-être un poignard dans le cœur.
C'est pour la dérober au coup qui la menace
Que je n'écoute plus qu'une coupable audace.
Non, cruel, ce n'est point pour la voir expirer
Que du plus tendre amour je me sens inspirer.
Croirois-tu que du roi la haine sanguinaire
A voulu me forcer d'assassiner son frère;
Que pour mieux m'obliger à lui percer le flanc,
De sa fille, au refus[1], il doit verser le sang?
Ah! je me sens saisir d'une fureur nouvelle.
Courons, pour la sauver, où mon amour m'appelle.
Mais où la rencontrer? Eh quoi! les justes dieux
M'ont-ils déja puni d'un projet odieux?
Que fait Thyeste? Hélas! qu'est-elle devenue?

et depuis quand les remords sont-ils les persécuteurs des cœurs vertueux? n'ont-ils pas toujours été la punition des cœurs coupables? (La H.)

[1] Pour à mon refus. Mais cette locution est familière.

Qui peut dans ce palais la soustraire à ma vue?
Je frémis... Retournons les chercher en ces lieux,
Les en sauver, Thessandre, ou périr à leurs yeux.
Allons : ne laissons point, dans l'ardeur qui l'anime,
Un cœur comme le mien réfléchir sur un crime;
Étouffons des remords que j'avois dû prévoir,
Lorsque je n'attends rien que de mon désespoir.
Suis-moi; c'est trop tarder, et d'un péril extrême
On doit moins balancer à sauver ce qu'on aime.
Ce n'est point un forfait; c'est imiter les dieux
Que de remplir son cœur du soin des malheureux.
Mais que vois-je, Thessandre? ô ciel! quelle est ma joie!

SCÈNE II.

PLISTHÈNE, THÉODAMIE, THESSANDRE, LÉONIDE.

PLISTHÈNE.

Se peut-il qu'en ces lieux Plisthène vous revoie?
Unique objet des soins de mon cœur éperdu,
Hélas! par quel bonheur nous êtes-vous rendu?
Quoi! c'est vous, ma princesse! Ah! ma fureur calmée
Fait place à la douceur dont mon ame est charmée.
Dieux! qu'allois-je tenter?... Mais quel est votre effroi!
Qui fait couler vos pleurs? et qu'est-ce que je vois?

THÉODAMIE.

Seigneur, vous me voyez les yeux baignés de larmes,
Et le cœur agité des plus vives alarmes.
Thyeste va bientôt ensanglanter ces lieux,

ACTE IV, SCÈNE II.

Si vous ne retenez ce prince furieux[1].
Trop sûr que votre mort, que la sienne est jurée,
Il veut la prévenir par la perte d'Atrée :
Il erre en ce palais dans ce cruel dessein,
Tout prêt de lui plonger un poignard dans le sein.
Il est perdu, seigneur, ce prince qui vous aime,
Si vous ne le sauvez d'Atrée ou de lui-même.
Il voit de tous côtés qu'on observe ses pas :
Le péril cependant ne l'épouvante pas.
Si la pitié pour nous peut émouvoir votre ame,
Si moi-même en secret j'approuvai votre flamme,
S'il est vrai que l'amour ait pu vous attendrir,
Au nom de cet amour, daignez le secourir.
Je vous dirois qu'un cœur plein de reconnoissance
D'un service si grand sera la récompense,
S'il avoit attendu que tant de soins pour nous
Vinssent justifier ce qu'il sentoit pour vous.

PLISTHÈNE.

Dissipez vos frayeurs et calmez vos alarmes :
Vos yeux, pour m'attendrir, n'ont pas besoin de larmes.
Hélas ! qui plus que moi doit plaindre vos malheurs ?
Ne craignez rien : mes soins ont prévenu vos pleurs.
De ces funestes lieux votre fuite assurée
Va vous mettre à couvert des cruautés d'Atrée ;

[1] On sent trop que cette prétendue fureur n'est que dans le récit de Théodamie : on n'en voit aucune trace lorsque Thyeste paroit dans la scène suivante entre Plisthène et sa fille. S'il avoit pu ou voulu tenter un coup de désespoir, c'est là qu'il pouvoit en parler. Il n'en dit pas un mot ; il ne parle que de sa tendresse et de leurs périls communs. (L. II.)

Et je vais, s'il le faut, aux dépens de ma foi,
Prouver à vos beaux yeux ce qu'ils peuvent sur moi.
Oui, croyez-en ces dieux que mon amour atteste,
Croyez-en ces garants du salut de Thyeste.
Il m'est plus cher qu'à vous : sans me donner la mort [1],
Le roi ne sera point l'arbitre de son sort.
Votre père vivra, vous vivrez, et Plisthène
N'aura point eu pour vous une tendresse vaine.
Je sauverai Thyeste. Eh! que n'ai-je point fait?
Hélas! si vous saviez d'un barbare projet
A quel prix j'ai déjà tenté de le défendre...
Venez : pour lui, pour vous, je vais tout entreprendre.
Heureux si je pouvois, en vous sauvant tous deux,
Près de ne vous voir plus, expirer à vos yeux !
Mais Thyeste paroît : quel bonheur est le nôtre !
Quel favorable sort nous rejoint l'un et l'autre !

SCÈNE III.

THYESTE, PLISTHÈNE, THÉODAMIE, THESSANDRE, LÉONIDE.

THYESTE, apercevant Plisthène.

Que vois-je? Dieux puissants, après un si grand bien,
Non, Thyeste de vous ne demande plus rien.
Quoi! prince, vous vivez! Eh! comment d'un perfide
Avez-vous pu fléchir le courroux parricide?
Que faisiez-vous, cher prince? et dans ces mêmes lieux

[1] Crébillon veut dire : *A moins qu'il ne me donne la mort, il ne sera point l'arbitre de son sort.* (L.i II.)

ACTE IV, SCÈNE III.

Qui pouvoit si long-temps vous cacher à nos yeux ?
Effrayé des fureurs où mon ame est livrée,
Je vous croyois déja la victime d'Atrée :
Plisthène dans ces lieux n'étoit plus attendu.
Je l'avoue, à mon tour je me suis cru perdu ;
J'allois tenter...

PLISTHÈNE.

Calmez le soin qui vous dévore ;
Vous n'êtes point perdu, puisque je vis encore.
Tant que l'astre du jour éclairera mes yeux,
Il n'éclairera point votre perte en ces lieux.
Malgré tous mes malheurs, je vis pour vous défendre.
De ces bords cependant fuyez sans plus attendre ;
Et, sans vous informer d'un odieux secret,
Croyez-en un ami qui vous quitte à regret.
Adieu, seigneur, adieu : mon ame est satisfaite
D'avoir pu vous offrir une sûre retraite.
Thessandre doit guider, au sortir du palais,
Des pas que je voudrois n'abandonner jamais.

THYESTE.

Moi fuir, prince ! qui ? moi, que je vous abandonne !
Ah ! ce n'est pas ainsi que ma gloire en ordonne.
Instruit par vos bontés pour un sang malheureux,
Je n'en trahirai point l'exemple généreux.
Accablé des malheurs où le destin me livre,
Je veux mourir en roi, si je ne puis plus vivre.
Laissez-moi près de vous ; je ne puis vous quitter.
De noirs pressentiments viennent m'épouvanter ;
Je sens à chaque instant que mes craintes redoublent ;
Que pour vous en secret mes entrailles se troublent :

Je combats vainement de si vives douleurs ;
Un pouvoir inconnu me fait verser des pleurs.
Laissez-moi partager le sort qui vous menace.
Au courroux du tyran la tendresse a fait place ;
Les noms de fils pour lui sont des noms superflus,
Et ce n'est pas son sang qu'il respecte le plus.

PLISTHÈNE.

Ah ! qu'il verse le mien : plût au ciel que mon père
Dans le sang de son fils eût éteint sa colère !
Fuyez, seigneur, fuyez, et ne m'exposez pas
A l'horreur de vous voir égorger dans mes bras.
Hélas ! je ne crains point pour votre seule vie :
Ne fuyez pas pour vous, mais pour Théodamie.
C'est vous en dire assez, seigneur : sauvez du moins
L'objet de ma tendresse et l'objet de mes soins ;
Et ne m'exposez pas à l'horreur légitime
D'avoir sans fruit pour vous osé tenter un crime.
Fuyez : n'abusez point d'un moment précieux [1].
Cherchez-vous à périr dans ces funestes lieux ?
Thessandre, conduisez...

THESSANDRE.

     Seigneur, le roi s'avance.

PLISTHÈNE.

Il en est temps encore, évitez sa présence.

---

[1] Reflecte gressum, dum licet, teque eripe.
     Act. III, sc. 1.
Dans Sénèque, c'est Thyeste qui parle ainsi à Plisthène.

SCÈNE IV.

ATRÉE, THYESTE, PLISTHÈNE, THÉODAMIE,
EURISTHÈNE, THESSANDRE, LÉONIDE,
GARDES.

ATRÉE.

D'où vient, à mon abord, le trouble où je vous voi?
Ne craignez rien, les dieux ont fléchi votre roi :
Ce n'est plus ce cruel guidé par sa vengeance,
Et le ciel dans son cœur a pris votre défense.
   (à Thyeste.)
Ne crains rien pour des jours par ma rage proscrits.
Gardes, éloignez-vous. Rassure tes esprits :
D'une indigne frayeur je vois ton ame atteinte ;
Thyeste, chasse-s-en les soupçons et la crainte ;
Ne redoute plus rien de mon inimitié :
Toute ma haine cède à ma juste pitié.
Ne crains plus une main à te perdre animée[1] ;
Tes malheurs sont si grands qu'elle en est désarmée ;
Et les dieux, effrayés des forfaits des humains,
Jamais plus à propos n'ont trahi leurs desseins.
Quelle étoit ma fureur ! et que vais-je t'apprendre !
Ton cœur déja tremblant va frémir de l'entendre.

---

[1] Fratrem juvat videre : complexus mihi
Redde expetitos ; quicquid irarum fuit
Transierit ; et hoc sanguis ac pietas die
Colantur ; animis odia damnata excidant.
   Thyest., act. III, sc. 11.

Je le répéte encor, tes malheurs sont si grands
Qu'à peine je les crois, moi qui te les apprends.

(Il lui montre un billet d'Érope.)

Ce billet seul contient un secret si funeste...
Mais, avant de l'ouvrir, écoute tout le reste.
Tu n'as pas oublié les sujets odieux
D'un courroux excité par tes indignes feux :
Souviens-t'en, c'est à toi d'en garder la mémoire :
Pour moi, je les oublie¹; ils blessent trop ma gloire.
Cependant contre toi que n'ai-je point tenté !
J'en sens encor frémir mon cœur épouvanté.
En vain sur mes serments ton ame rassurée
Comptoit sur une paix que je t'avois jurée ;
Car, dans l'instant fatal où j'attestois les cieux,
Je me jurois ta mort, et j'imposois aux dieux.
Je n'en veux pour témoin que ce même Plisthène,
Par de pareils serments qui sut tromper ma haine.
C'étoit lui qui devoit me venger aujourd'hui
D'un crime dont l'affront rejaillissoit sur lui ;
Et pour mieux l'engager à t'arracher la vie,
J'en devois, au refus, priver Théodamie.
De ce récit affreux ne prends aucun effroi :
Tu dois te rassurer en le tenant de moi.

(à Plisthène.)

Et toi, dont la vertu m'a garanti d'un crime,

¹ Cette seconde réconciliation est à mes yeux ce qu'il y a de mieux dans le rôle d'Atrée, ce qui établit le mieux cette réunion de la fourbe la plus profonde et de la scélératesse la plus noire, réunion qui forme son caractère : c'est ce qu'il y a de mieux combiné pour tromper Thyeste ; enfin c'est la seule partie de l'ouvrage où il y ait de l'art et de l'invention. (La H.)

Ne crains rien d'un courroux peut-être légitime.
Si c'est un crime à toi de ne le point servir,
Quelle eût été l'horreur d'avoir pu l'assouvir!
Enfin c'eût été peu que d'immoler mon frère;
Le malheureux auroit assassiné son père.

THYESTE.

Moi, son père!

ATRÉE.

Ces mots vont t'en instruire. Lis.

(Il lui donne la lettre d'Érope.)

THYESTE.

Dieux! qu'est-ce que je vois! c'est d'Érope. Ah! mon fils!
La nature en mon cœur éclaircit ce mystère:
Thyeste t'aimoit trop pour n'être point ton père.
Cher Plisthène, mes vœux sont enfin accomplis.

PLISTHÈNE.

Ciel! qu'est-ce que j'entends? Moi, seigneur, votre fils!
Tout sembloit réserver, dans un jour si funeste,
Ma main au parricide, et mon cœur à l'inceste.
Grands dieux! qui m'épargnez tant d'horreurs en ce jour,
Dois-je bénir vos soins, ou plaindre mon amour?

(à Atrée.)

Vous qui, trompé long-temps dans une injuste haine,
Du nom de votre fils honorâtes Plisthène,
Quand je ne le suis plus, seigneur, il m'est bien doux
D'être du moins sorti d'un même sang que vous.
Je ne suis consolé de perdre en vous un père
Que lorsque je deviens le fils de votre frère.
Mais ce fils, près de vous privé d'un si haut rang,
L'est toujours par le cœur, s'il ne l'est par le sang.

ATRÉE.

C'eût été pour Atrée une perte funeste,
S'il eût fallu te rendre à d'autres qu'à Thyeste.
Le destin ne pouvoit qu'en te donnant à lui,
Me consoler d'un bien qu'il m'enléve aujourd'hui.
Euristhène, sensible aux larmes de ta mère,
Est celui qui me fit de son bourreau ton père :
Instruit de mes fureurs, c'est lui dont la pitié
Vient de vous sauver tous de mon inimitié.

(à Thyeste.)

Thyeste, après ce fils que je viens de te rendre,
Tu vois si désormais je cherche à te surprendre [1].
Reçois-le de ma main pour garant d'une paix
Que mes soupçons jaloux ne troubleront jamais.
Enfin, pour t'en donner une entière assurance,
C'est par un fils si cher que ton frère commence.
En faveur de ce fils, qui fut long-temps le mien,
De mon sceptre aujourd'hui je détache le tien.
Rentre dans tes états sous de si doux auspices,
Qui de notre union ne sont que les prémices.
Je prétends que ce jour, que souilloit ma fureur,
Achève de bannir les soupçons de ton cœur.
Thyeste, en croiras-tu la coupe de nos pères?
Est-ce offrir de la paix des garants peu sincères?
Tu sais qu'aucun de nous, sans un malheur soudain,

[1] Si quelque chose peut en imposer à Thyeste, malgré tout ce qui s'est passé, c'est ce récit si artificieusement mêlé de vérité et de mensonge, cet aveu que fait Atrée de sa propre perfidie, et qui est vraiment un coup de maître en fait d'hypocrisie et de noirceur. (La H.)

Sur ce gage sacré n'ose jurer en vain;
C'est sa perte, en un mot: cette coupe fatale
Est le serment du Styx pour les fils de Tantale.
Je veux bien aujourd'hui, pour lui prouver ma foi,
En mettre le péril entre Thyeste et moi:
Veut-il bien, à son tour, que la coupe sacrée
Achève l'union de Thyeste et d'Atrée?

THYESTE.
Pourriez-vous m'en offrir un gage plus sacré
Que de me rendre un fils? Mon cœur est rassuré;
Et je ne pense pas que le don de Plisthène
Soit un présent, seigneur, que m'ait fait votre haine.
J'accepte cependant ces garants d'une paix
Qui fait depuis long-temps mes plus tendres souhaits.
Non que d'aucun détour un frère vous soupçonne;
A la foi d'un grand roi Thyeste s'abandonne:
S'il en reçoit enfin des gages en ce jour,
C'est pour vous rassurer sur la sienne à son tour.

ATRÉE.
Pour cet heureux moment qu'en ces lieux tout s'apprête;
Qu'un pompeux sacrifice en précède la fête:
Trop heureux si Thyeste, assuré de la paix,
Daigne la regarder comme un de mes bienfaits!
Vous qui de mon courroux avez sauvé Plisthène,
C'est vous de ce grand jour que je charge, Euristhène;
J'en remets à vos soins la fête et les apprêts:
Courez tout préparer au gré de mes souhaits.
Mon frère n'attend plus que la coupe sacrée:
Offrons-lui ce garant de l'amitié d'Atrée.
Puisse le nœud sacré qui doit nous réunir

Effacer de son cœur un triste souvenir !
Pourra-t-il oublier...

THYESTE.
Tout, jusqu'à sa misère.
Il ne se souvient plus que d'un fils et d'un frère.

PLISTHÈNE, à Thessandre.
Dès ce moment au port précipite tes pas :
Que le vaisseau sur-tout ne s'en écarte pas.
De mille affreux soupçons j'ai peine à me défendre[1].
Cours, et que nos amis viennent ici m'attendre.

[1] Ce mouvement est très beau et très juste. (La H.)

FIN DU QUATRIÈME ACTE.

ACTE CINQUIÈME[1].

SCÈNE I.

PLISTHÈNE.

Thessandre ne vient point! rien ne l'offre à mes yeux!
Tout m'abandonne-t-il dans ces funestes lieux?

[1] Ce cinquième acte parut trop horrible. Il ne l'est cependant pas plus que le cinquième de *Rodogune* ; car certainement Cléopâtre, en assassinant un de ses fils et en présentant du poison à l'autre, n'ayant à se plaindre d'aucun des deux, commet une action bien plus atroce que celle d'Atrée, à qui son frère a enlevé sa femme. Ce n'est donc point parceque la coupe pleine de sang est une chose horrible qu'on ne joue plus cette pièce ; au contraire, cet excès de terreur frapperait beaucoup de spectateurs, et les remplirait de cette sombre et douloureuse attention qui fait le charme de la vraie tragédie : mais le grand défaut d'Atrée, c'est que la pièce n'est pas intéressante[2]. On ne prend aucune part à une vengeance affreuse méditée de sang-froid, sans aucune nécessité. Un outrage fait à Atrée il y a vingt ans ne touche personne : il faut qu'un grand crime soit nécessaire, et il faut qu'il soit commis dans la chaleur du ressentiment. Les anciens connurent bien mieux le cœur humain quand ils représentèrent la vengeance d'Atrée suivant de près l'injure. (VOLT.)

[2] Voltaire a refait *Électre*, *Sémiramis*, *Catilina*, *le Triumvirat*; et, dans sa vieillesse même, il vouloit porter ses mains glacées sur un des ouvrages les plus vigoureux de la jeunesse de Crébillon. Il traitoit le sujet d'*Atrée* sous le nom des *Pélopides* ; il insultoit aux mânes de l'auteur d'*Atrée* par les critiques les plus dénuées de fondement ; et, pour prouver la justesse de ses critiques, il faisoit imprimer *les Pélopides*, qui sont autant au-dessous d'*Atrée* que la *Phèdre* de Pradon est au-dessous de celle de Racine. (GEOFFROY.)

Tristes pressentiments que le malheur enfante,
Que la crainte nourrit, que le soupçon augmente,
Secrets avis des dieux, ne pressez plus un cœur.
Dont toute la fierté combat mal la frayeur.
C'est en vain qu'elle veut y mettre quelque obstacle;
Le cœur des malheureux n'est qu'un trop sûr oracle.
Mais pourquoi m'alarmer? et quel est mon effroi?
Puis-je, sans l'outrager, me défier d'un roi
Qui semble désormais, cédant à la nature,
Oublier qu'à sa gloire on ait fait une injure?
L'oublier! ah! moi-même ou! lié-je aujourd'hui
Ce qu'il vouloit de moi, ce que j'ai vu de lui?
Puis-je en croire une paix déja sans fruit jurée?
Dès qu'il faut pardonner, n'attendons rien d'Atrée.
Je ne connois que trop ses transports furieux,
Et sa fausse pitié n'éblouit point mes yeux.
C'est en vain de sa main que je reçois un père:
Tout ce qui vient de lui cache quelque mystère.
J'en ai trop éprouvé de son perfide cœur,
Pour oser sur sa foi déposer ma frayeur.
Je ne sais quel soupçon irrite mes alarmes;
Mais du fond de mon cœur je sens couler mes larmes.
Thessandre ne vient point: tant de retardements
Ne confirment que trop mes noirs pressentiments.
Mais je le vois.

SCÈNE II.

PLISTHÈNE, THESSANDRE.

PLISTHÈNE.
Eh bien ! en est-ce fait, Thessandre ?
Sur les bords de l'Euripe est-il temps de nous rendre ?
Pour cet heureux moment as-tu tout préparé ?
De nos amis secrets t'es-tu bien assuré ?

THESSANDRE.
Il ne tient plus qu'à vous d'éprouver leur courage ;
Je les ai dispersés, ici, sur le rivage ;
Tout est prêt. Cependant, si Plisthène aujourd'hui
Veut en croire des cœurs pleins de zèle pour lui,
Il ne partira point : ce dessein téméraire
Pourroit causer sa perte et celle de son père.

PLISTHÈNE.
Ah ! je ne fuirois pas, quel que fût mon effroi,
Si mon cœur aujourd'hui ne trembloit que pour moi :
Thessandre, il faut sauver mon père et la princesse ;
Ce n'est plus que pour eux que mon cœur s'intéresse.
Cherche Théodamie, et ne la quitte pas ;
Moi, je cours retrouver Thyeste de ce pas.

THESSANDRE.
Eh ! que prétendez-vous, seigneur, lorsque son frère
Semble de sa présence accabler votre père ?
Il ne le quitte point ; ses longs embrassements
Sont toujours resserrés par de nouveaux serments.
Un superbe festin par son ordre s'apprête ;

Il appelle les dieux à cette auguste fête.
Mon cœur, à cet aspect qui s'est laissé charmer,
Ne voit rien dont le vôtre ait lieu de s'alarmer.

PLISTHÈNE.

Et moi, je ne vois rien dont le mien ne frémisse.
De quelque crime affreux cette fête est complice [1] :
C'est assez qu'un tyran la consacre en ces lieux,
Et nous sommes perdus s'il invoque les dieux [2].
Va, cours avec ma sœur nous attendre au rivage;
Moi, je vais à Thyeste ouvrir un sûr passage.
Dieux puissants, secondez un si juste dessein,
Et dérobez mon père aux coups d'un inhumain.

SCÈNE III.

ATRÉE, PLISTHÈNE, GARDES.

ATRÉE.

Demeure, digne fils d'Érope et de Thyeste;
Demeure, reste impur d'un sang que je déteste.
Pour remplir de tes soins le projet important,
Demeure : c'est ici que Thyeste t'attend;

---

[1] Ce vers, si poétique, peut avoir été inspiré à Crébillon par ce passage de Sénèque :

PLISTHENES.
Frater, ut regnes, rogat.
THYESTES.
Rogat ? timendum est : errat hic aliquis dolus.
Act. III, sc. 1.

Mais Crébillon est bien au-dessus du tragique latin.

[2] La force de l'expression égale ici la profondeur de la pensée.

ACTE V, SCÈNE III.

Et tu n'iras pas loin pour rejoindre, perfide,
Les traîtres qu'en ces lieux arme ton parricide.
Prince indigne du jour, voilà donc les effets
Que dans ton ame ingrate ont produits mes bienfaits !
A peine le destin te redonne à ton père,
Que ton cœur aussitôt en prend le caractère;
Et plus ingrat que lui, puisqu'il me devoit moins,
L'attentat le plus noir est le prix de mes soins.
Va, pour le prix des tiens, retrouver tes complices;
Va périr avec eux dans l'horreur des supplices.

PLISTHÈNE.

Pourquoi me supposer un indigne forfait?
Est-ce pour vos pareils que le prétexte est fait?
Vos reproches honteux n'ont rien qui me surprenne,
Et je ne sais que trop ce que peut votre haine.
Aurois-je prétendu, né d'un sang odieux,
Vous être plus sacré que n'ont été les dieux?
A travers les détours de votre ame parjure,
J'entrevois des horreurs dont frémit la nature.
Dans la juste fureur dont mon cœur est épris...
Mais non, je me souviens que je fus votre fils.
Malgré vos cruautés, et malgré ma colère,
Je crois encore ici m'adresser à mon père.
Quoique trop assuré de ne point l'attendrir,
Je sens bien que du moins je ne dois point l'aigrir,
Dans l'espoir que ma mort pourra vous satisfaire,
Que vous épargnerez votre malheureux frère.
Le crime supposé qu'on m'impute aujourd'hui,
Tout, jusqu'à son départ, est un secret pour lui.
Sur la foi d'une paix si saintement jurée,

Il se croit sans péril entre les mains d'Atrée :
J'ai pénétré moi seul au fond de votre cœur ;
Et mon malheureux père est encor dans l'erreur.
Je ne vous parle point d'une jeune princesse ;
A la faire périr rien ne vous intéresse.

ATRÉE.

Va, tu prétends en vain t'éclaircir de leur sort ;
Meurs dans ce doute affreux plus cruel que la mort :
De leur sort aux enfers va chercher qui t'instruise.
Où l'on doit l'immoler, gardes, qu'on le conduise [1] ;
Versez à ma fureur ce sang abandonné,
Et songez à remplir l'ordre que j'ai donné.

SCÈNE IV.

ATRÉE.

Va périr, malheureux ; mais dans ton sort funeste
Cent fois moins malheureux que le lâche Thyeste.
Que je suis satisfait ! que de pleurs vont couler
Pour ce fils qu'à ma rage on est près d'immoler !
Quel que soit en ces lieux son supplice barbare,
C'est le moindre tourment qu'à Thyeste il prépare.
Ce fils infortuné, cet objet de ses vœux,
Va devenir pour lui l'objet le plus affreux.
Je ne te l'ai rendu que pour te le reprendre,
Et ne te le ravis que pour mieux te le rendre [2].

---

[1] Plisthène, emmené par les gardes, se résigne, et sort en silence : je ne connois rien de plus terrible et de plus touchant à-la-fois. (M. LEMERCIER, *Cours analyt. de littér.*)

[2] Le cinquième acte du *Thyeste* de Sénèque abonde en jeux de

ACTE V, SCÈNE IV.

Oui, je voudrois pouvoir, au gré de ma fureur,
Le porter tout sanglant jusqu'au fond de ton cœur.
Quel qu'en soit le forfait, un dessein si funeste,
S'il n'est digne d'Atrée, est digne de Thyeste.
De son fils tout sanglant, de son malheureux fils,
Je veux que dans son sein il entende les cris[1].
C'est en toi-même, ingrat, qu'il faut que ma victime,
Ce fruit de tes amours, aille expier ton crime...
Je frissonne, et je sens mon ame se troubler...
C'est à mon ennemi qu'il convient de trembler.
Qui cède à la pitié mérite qu'on l'offense;
Il faut un terme au crime, et non à la vengeance[2].
Tout est prêt, et déja dans mon cœur furieux
Je goûte le plaisir le plus parfait des dieux:
Je vais être vengé. Thyeste, quelle joie!
Je vais jouir des maux où tu vas être en proie.

---

mots, et Crébillon ne s'en est pas toujours garanti. Ici il a voulu imiter ce vers du déclamateur latin:

>Reddam, et tibi illos nullus eripiet dies.
>Act. V, sc. III.

[1] . . . . Implebo patrem
Funere suorum.
Thyest., act. V, sc. 1.

[2] Ou ce vers n'a pas de sens, ou il signifie qu'Atrée ne regarde pas la vengeance comme un crime, puisqu'il veut que le crime ait des bornes, et que la vengeance n'en ait pas. Cependant il a dit, en parlant de Thyeste et de Plisthène :

>Si je ne m'en vengeois par des forfaits plus grands.

Cette inconséquence, plus ou moins fréquente dans Crébillon, n'est pas moins marquée dans le rôle de Plisthène que dans celui d'Atrée. (L. H.)

Ce n'est de ses forfaits se venger qu'à demi,
Que d'accabler de loin un perfide ennemi.
Il faut, pour bien jouir de son sort déplorable,
Le voir dans le moment qu'il devient misérable,
De ses premiers transports irriter la douleur,
Et lui faire à longs traits sentir tout son malheur.
Thyeste vient : feignons. Il semble, à sa tristesse,
Que de son sort affreux quelque soupçon le presse.

SCÈNE V.

ATRÉE, THYESTE, GARDES.

ATRÉE.

Cher Thyeste, approchez. D'où naît cette frayeur?
Quel déplaisir si prompt peut troubler votre cœur?
Vous paroissez saisi d'une douleur secrète,
Et ne me montrez plus cette ame satisfaite
Qui sembloit respirer la douceur de la paix :
Ne seroit-elle plus vos plus tendres souhaits?
Quoi! de quelque soupçon votre ame est-elle atteinte?
Ce jour, cet heureux jour est-il fait pour la crainte?
Mon frère, vous devez la bannir désormais;
La coupe va bientôt nous unir pour jamais.
Goûtez-vous la douceur d'une paix si parfaite?
Et la souhaitez-vous comme je la souhaite?
N'êtes-vous pas sensible à ce rare bonheur?

THYESTE.

Qui? moi, vous soupçonner ou vous haïr, seigneur!
Les dieux m'en sont témoins, ces dieux qu'ici j'atteste,

ACTE V, SCÈNE V.

Qui lisent mieux que vous dans l'âme de Thyeste.
Ne vous offensez point d'une vaine terreur
Qui semble malgré moi s'emparer de mon cœur.
Je le sens agité d'une douleur mortelle :
Ma constance succombe; en vain je la rappelle;
Et depuis un moment mon esprit abattu
Laisse d'un poids honteux accabler sa vertu.
Cependant près de vous un je ne sais quel charme
Suspend dans ce moment le trouble qui m'alarme.
Pour rassurer encor mes timides esprits,
Rendez-moi mes enfants, faites venir mon fils;
Qu'il puisse être témoin d'une union si chère,
Et partager, seigneur, les bontés de mon frère.

ATRÉE.

Vous serez satisfait, Thyeste; et votre fils
Pour jamais en ces lieux va vous être remis.
Oui, mon frère, il n'est plus que la Parque inhumaine
Qui puisse séparer Thyeste de Plisthène.
Vous le verrez bientôt; un ordre de ma part
Le fait de ce palais hâter votre départ.
Pour donner de ma foi des preuves plus certaines,
Je veux vous renvoyer dès ce jour à Mycènes.
Malgré ce que je fais, peu sûr de cette foi,
Je vois que votre cœur s'alarme auprès de moi.
J'avois cru cependant qu'une pleine assurance
Devoit suivre...

THYESTE.
Ah! seigneur, ce reproche m'offense.

ATRÉE, à sa garde.

Qu'on cherche la princesse, allez; et qu'en ces lieux

Plisthène sans tarder se présente à ses yeux.
Il faut...

SCÈNE VI.

ATRÉE, THYESTE, EURISTHÈNE, apportant la coupe; GARDES.

ATRÉE.
Mais j'aperçois la coupe de nos pères :
Voici le nœud sacré de la paix de deux frères ;
Elle vient à propos pour rassurer un cœur
Qu'alarme en ce moment une indigne terreur.
Tel qui pouvoit encor se défier d'Atrée
En croira mieux peut-être à la coupe sacrée.
Thyeste veut-il bien qu'elle achève en ce jour
De réunir deux cœurs désunis par l'amour?
Pour engager un frère à plus de confiance,
Pour le convaincre enfin, donnez, que je commence.

(Il prend la coupe de la main d'Euristhène.)

THYESTE.
Je vous l'ai déja dit, vous m'outragez, seigneur,
Si vous vous offensez d'une vaine frayeur.
Que voudroit désormais me ravir votre haine,
Après m'avoir rendu mes états et Plisthène?
Du plus affreux courroux quel que fût le projet,
Mes jours infortunés valent-ils ce bienfait?
Euristhène, donnez ; laissez-moi l'avantage
De jurer le premier sur ce précieux gage.
Mon cœur, à son aspect, de son trouble est remis :

ACTE V, SCÈNE VI.

Donnez... Mais cependant je ne vois point mon fils.

(Il prend la coupe des mains d'Atrée.)

ATRÉE.

(à ses gardes.) *(à Thyeste.)*

Il n'est point de retour? Rassurez-vous, mon frère;
Vous reverrez bientôt une tête si chère:
C'est de notre union le nœud le plus sacré;
Craignez moins que jamais d'en être séparé.

THYESTE.

Soyez donc les garants du salut de Thyeste,
Coupe de nos aïeux, et vous dieux que j'atteste;
Puisse votre courroux foudroyer désormais
Le premier de nous deux qui troublera la paix!
Et vous, frère aussi cher que ma fille et Plisthène,
Recevez de ma foi cette preuve certaine[1]...
Mais que vois-je, perfide? Ah! grands dieux, quelle horreur!
C'est du sang[2]! Tout le mien se glace dans mon cœur.

---

[1] Le rôle de Thyeste est peut-être, de tous ceux qu'on a mis sur notre théâtre, le plus sentant le goût antique. Ce n'est point un héros courageux; ce n'est point un modèle de vertu; on ne peut pas dire non plus que ce soit un scélérat: c'est un homme foible, et pourtant intéressant, par cela seul qu'il est homme et malheureux. Quant à la faute dont il est puni, elle est ancienne, elle est trop expiée; et puis c'est peu de chose pour un méchant de théâtre, qu'on ne tient point pour tel s'il ne fait frémir d'horreur.

(J.-J. Rousseau.)

[2] Ce sujet ne convenoit ni à nos mœurs ni à notre théâtre : si on vouloit absolument le traiter, il falloit écarter de nos yeux la coupe ensanglantée. Mais, après avoir condamné cet abus du tragique, il faut rendre justice au talent du poète. Quelle verve! quelle énergie dans le caractère d'Atrée! quel ton fier et mâle! quelle vigueur de pinceau! La conduite d'Atrée dans toute la pièce offre des

Le soleil s'obscurcit; et la coupe sanglante
Semble fuir d'elle-même à cette main tremblante.
Je me meurs. Ah! mon fils, qu'êtes-vous devenu?

SCÈNE VII.

ATRÉE, THYESTE, THÉODAMIE, EURISTHÈNE, LÉONIDE, GARDES.

THÉODAMIE.

L'avez-vous pu souffrir, dieux cruels? Qu'ai-je vu?
Ah! seigneur, votre fils, mon déplorable frère,
Vient d'être pour jamais privé de la lumière.

THYESTE.

Mon fils est mort, cruel! dans ce même palais,
Et dans le même instant où l'on m'offre la paix!
Et pour comble d'horreurs, pour comble d'épouvante,
Barbare, c'est du sang que ta main me présente¹!

---

combinaisons de scélératesse qui produisent à-la-fois l'étonnement et l'épouvante. (GEOFFROY.)

¹ Des jeunes gens dont le goût n'était point encore formé, et qui n'avaient qu'une connaissance confuse du théâtre et de l'art des vers, se sont souvent étonnés du peu de succès de la tragédie d'*Atrée*. Ils ont cru que la délicatesse de nos dames s'effrayait trop de voir présenter à Thyeste une coupe remplie du sang de son fils. Ils se sont trompés : ce sang, qu'on ne voyait pas, ne pouvait effaroucher les yeux; et l'action de Cléopâtre, dans *Rodogune*, est plus criminelle et plus atroce que celle d'Atrée: cependant on la voit avec un plaisir mêlé d'horreur. Le grand défaut d'*Atrée* est qu'on ne peut s'intéresser à la vengeance raffinée d'une injure faite il y a vingt ans. (VOLT.)

ACTE V, SCÈNE VII.

O terre, en ce moment peux-tu nous soutenir!
O de mon songe affreux triste ressouvenir!
Mon fils, est-ce ton sang qu'on offroit à ton père¹?

ATRÉE.

Méconnois-tu ce sang?

THYESTE.

    Je reconnois mon frère².

ATRÉE.

Il falloit le connoître, et ne point l'outrager;
Ne point forcer ce frère, ingrat, à se venger.

THYESTE.

Grands dieux! pour quels forfaits lancez-vous le tonnerre?
Monstre que les enfers ont vomi sur la terre,
Assouvis la fureur dont ton cœur est épris;
Joins un malheureux père à son malheureux fils;
A ses mânes sanglants donne cette victime,
Et ne t'arrête point au milieu de ton crime.

---

¹ Crébillon a confondu l'horreur avec la terreur tragique: sa catastrophe fait frémir. L'auteur nous apprend, dans sa préface, qu'il en a frémi lui-même, mais qu'il ne l'en a pas jugée moins digne de la tragédie. Je crois qu'il a mal jugé. C'est avec raison qu'Horace défend que Médée égorge ses enfants devant le peuple, et qu'Atrée fasse manger publiquement à son frère les membres de son fils:

  Ne pueros coram populo Medea trucidet,
  Aut humana palam coquat exta nefarius Atreus.
      De Arte poetica, v. 185.
         (GEOFFROY.)

²   ATREUS.
 . . . . . Gnatos ecquid agnoscis tuos?
     THYESTES.
 Agnosco fratrem. . . . .
    SENEC., *Thyest.*, act. V, sc. III.

Barbare, peux-tu bien m'épargner en des lieux
Dont tu viens de chasser et le jour et les dieux!

ATRÉE.

Non, à voir les malheurs où j'ai plongé ta vie,
Je me repentirois de te l'avoir ravie.
Par tes gémissements je connois ta douleur :
Comme je le voulois tu ressens ton malheur ;
Et mon cœur, qui perdoit l'espoir de sa vengeance,
Retrouve dans tes pleurs son unique espérance.
Tu souhaites la mort, tu l'implores; et moi,
Je te laisse le jour pour me venger de toi[1].

THYESTE.

Tu t'en flattes en vain, et la main de Thyeste
Saura bien te priver d'un plaisir si funeste.

(Il se tue.)

THÉODAMIE.

Ah ciel!

THYESTE.

Consolez-vous, ma fille; et de ces lieux
Fuyez, et remettez votre vengeance aux dieux[2].
Contente par vos pleurs d'implorer leur justice,
Allez loin de ce traître attendre son supplice.
Les dieux, que ce parjure a fait pâlir d'effroi,

---

[1] Si l'infortune suffisoit pour rendre un dénouement tragique et théâtral, celle de Thyeste est sans doute assez horrible : elle nous attriste, mais ce n'est pas de cette pitié charmante dont nous aimons à nous pénétrer. (La H.)

[2] . . . . Vindices aderunt dei :
His punicndum vota te tradunt mea.
Thyest., act. III, sc. III.

ACTE V, SCÈNE VII.

Le rendront quelque jour plus malheureux que moi :
Le ciel me le promet, la coupe en est le gage ;
Et je meurs.

ATRÉE.

A ce prix j'accepte le présage :
Ta main, en t'immolant, a comblé mes souhaits ;
Et je jouis enfin du fruit de mes forfaits[1].

---

[1] Je veux bien supposer que les spectateurs, renvoyés avec cette belle maxime, n'en concluront pas que le crime a donc un prix de plaisir et de jouissance ; mais je demande enfin de quoi leur aura profité la pièce où cette maxime est mise en exemple. (J.-J. ROUSSEAU.) — En général, cette pièce est écrite avec dureté. La plupart de nos auteurs tragiques n'ont pas su toujours bien écrire, et faire dire aux personnages ce qu'ils devaient dire. Il est vrai que tous ces devoirs sont très difficiles à remplir. Pour faire une tragédie en vers, il faut savoir faire des vers, il faut posséder parfaitement sa langue, ne se servir jamais que du mot propre, n'être ni ampoulé, ni faible, ni commun, ni trop singulier. Je ne parle ici que du style. Les autres conditions sont encore plus nécessaires et plus difficiles. Nous n'avons aucune tragédie parfaite, et peut-être n'est-il pas possible que l'esprit humain en produise jamais. L'art est trop vaste, les bornes du génie trop étroites, les règles trop gênantes, la langue trop stérile, et les rimes en trop petit nombre. C'est bien assez qu'il y ait dans une tragédie des beautés qui fassent pardonner les défauts. (VOLT.) — La tragédie d'*Atrée*, qui est au rang des chefs-d'œuvre de notre scène, est simple et dans le goût antique. Le caractère d'Atrée est, avec celui de Cléopâtre, ce qu'il y a de plus fort et de plus terrible sur notre théâtre tragique. Le plan de la pièce a été conçu et tracé par une imagination vigoureuse ; le dialogue est teint de la couleur du sujet, et les situations font frissonner. (GEOFFROY.)

FIN.

ÉLECTRE,

TRAGÉDIE,

REPRÉSENTÉE POUR LA PREMIÈRE FOIS
LE 14 DÉCEMBRE 1708.

PRÉFACE.

Se louer ou se plaindre du public, style ordinaire des préfaces. Jamais auteur dramatique n'eut une plus belle occasion de suivre un usage que la vanité de ses confrères a consacré dès long-temps. En effet, je sais peu de pièces dont on ait parlé plus diversement que de celle-ci ; et il n'y en a peut-être point qui ait moins[1] mérité tout le bien et tout le mal qu'on en a dit. Mes amis d'une part, les critiques de l'autre, ont outré la matière sur cet article. C'est donc aux gens indifférents que ceci s'adresse, puisque ce sont eux qui doivent être précisément à notre égard ce qu'on appelle public. On me reproche des longueurs dans mes deux premiers actes, trop de complication dans le sujet. Je passe condamnation. La sortie d'Électre de dessus la scène, dans le premier acte, y laisse un vide qui le fait languir dans tout le reste. Une bonne partie du second tient plus du poëme épique que du tragique : en un mot, les descriptions y sont trop fréquentes. Trop de complication ? A cela je n'ai qu'une chose à répondre : le sujet d'*Électre* est si simple de lui-même, que je ne crois pas qu'on puisse le traiter avec quelque espérance de succès,

[1] L'édition de 1749 porte mieux *mérité*, et ce contre-sens a été successivement reproduit par les éditeurs modernes. Pour le faire disparoître, il ne falloit que recourir aux premières éditions.

en le dénuant d'épisodes. Il s'agit de faire périr les meurtriers d'Agamemnon : on n'attend pour cela que le retour d'Oreste. Oreste arrivé, sa reconnoissance faite avec sa sœur, voilà la pièce à son dénouement. Quelque peine qu'ait l'action à être une parmi tant d'intérêts divers, j'aime mieux encore avoir chargé mon sujet d'épisodes que de déclamations¹. D'ailleurs notre théâtre soutient malaisément cette simplicité si chérie des anciens : non qu'elle ne soit bonne, mais on n'est pas toujours sûr de plaire en s'y attachant exactement. Pour l'anachronisme qu'on m'impute sur l'âge d'Oreste, ce seroit faire injure à ceux qui ont fait cette critique que d'y répondre². Il faut ne pas entendre le théâtre, pour ne savoir pas quels sont nos droits sur les époques. Je renvoie là-dessus à Xipharès, dans *Mithridate*; à Narcisse, dans *Britannicus*. Faire naître Oreste avant ou après le siége de Troie, n'est pas un point qui doive être litigieux dans un poëme. J'ai bien un autre procès à soutenir contre les zélateurs de l'antiquité, plus considérable selon eux, plus léger encore selon moi que le précédent : c'est l'amour d'Électre; c'est l'audace que j'ai eue de lui donner des

¹ Ceci pouvoit regarder Longepierre, dont l'*Électre*, sans épisode, n'est en effet qu'une déclamation assez froide; mais n'y a-t-il que les déclamations qui puissent remplacer les épisodes? (L. H.)

² Sophocle lui-même a fait un anachronisme plus frappant. Dans un récit il fait dire qu'Oreste a péri en tombant de son char aux jeux olympiques, qui ne furent établis que long-temps après l'époque où se passe l'action d'*Électre*. (L. H.)

sentiments que Sophocle s'est bien gardé de lui donner. Il est vrai qu'ils n'étoient point en usage sur la scène de son temps; que, s'il eût vécu du nôtre, il eût peut-être fait comme moi. Cela ne laisse pas d'être un attentat jusque-là inouï, qui a soulevé contre un moderne inconsidéré toute cette région idolâtre, où il ne manque plus au culte qu'on y rend aux anciens que des prêtres et des victimes. En vain quelques sages protestent contre cet abus: les préjugés prévalent; et la prévention va si loin que tels qui ne connoissent les anciens que de nom, qui ne savent pas seulement si Sophocle étoit Grec ou François, sur la foi des dévots de l'antiquité ont prononcé hardiment contre moi. Ce n'est point la tragédie de Sophocle ni celle d'Euripide que je donne; c'est la mienne[1]. A-t-on fait le procès aux peintres qui depuis Apelles ont peint Alexandre autrement que le foudre à la main?

[1] Voltaire pensoit aussi qu'il est permis de s'écarter des anciens dans les sujets qu'on leur emprunte. « J'ai reconnu, dit-il dans sa troisième lettre sur Œdipe, qu'on peut sans péril louer tant qu'on veut les poëtes grecs, mais qu'il est dangereux de les imiter. » Telle n'étoit point l'opinion des grands écrivains du siècle de Louis XIV; et, s'il étoit besoin de le prouver, nous citerions ces paroles de Racine: « J'avoue que je dois à Euripide un bon nombre des endroits qui ont été approuvés dans ma tragédie; et je l'avoue d'autant plus volontiers que ces approbations m'ont confirmé dans l'estime et dans la vénération que j'ai toujours eues pour les ouvrages qui nous restent de l'antiquité. J'ai reconnu avec plaisir, par l'effet qu'a produit sur notre théâtre tout ce que j'ai imité ou d'Homère ou d'Euripide, que le bon sens et la raison étoient les mêmes dans tous les siècles. » (Préface d'*Iphigénie*.)

> Dussent les Grecs encor fondre sur un rebelle,

je dirai que, si j'avois quelque chose à imiter de Sophocle, ce ne seroit assurément pas son *Électre*; qu'aux beautés près, desquelles je ne fais aucune comparaison, il y a peut-être dans sa pièce bien autant de défauts que dans la mienne. Loin que cet amour dont on fait un monstre en soit un, je prétends qu'il donne encore plus de force au caractère d'Électre, qui a dans Sophocle plus de férocité que de véritable grandeur: c'est moins la mort de son père qu'elle venge que ses propres malheurs. Triste objet des fureurs d'Égisthe et de Clytemnestre, n'y a-t-il pas bien à s'étonner qu'Électre ne soit occupée que de sa vengeance? Ne faire précisément que ce qu'on doit, quand rien ne s'y oppose en secret, n'est pas une vertu; mais vaincre un penchant presque toujours insurmontable dans le cœur humain, pour faire son devoir, en est une des plus grandes. Une princesse dans un état aussi cruel que celui où se trouve Électre, dira-t-on, être amoureuse! Oui, amoureuse. Quels cœurs sont inaccessibles à l'amour? quelles situations dans la vie peuvent nous mettre à l'abri d'une passion si involontaire? Plus on est malheureux, plus on a le cœur aisé à attendrir. Ce n'est point un grand fonds de vertu qui nous garantit de l'amour; il nous empêche seulement d'y succomber. Il y a bien de la différence d'ailleurs de la sensibilité d'Électre à une intrigue amoureuse. Les soins de son amour ne sont pas de ces soins ordinaires qui font toute la matière de nos romans: c'est pour se punir de la foiblesse qu'elle a d'aimer le fils du meurtrier de son père qu'elle veut précipiter les moments de sa vengeance, sans attendre le retour de son frère. Enfin, selon le système de mes censeurs, il ne s'agit que de rendre Électre tout-à-fait à plaindre: je crois y avoir mieux réussi que Sophocle, Euripide, Eschyle, et tous ceux qui ont traité le même sujet. C'est ajouter à l'horreur du sort de cette princesse que d'y joindre une passion dont la contrainte et les remords ne font pas toujours les plus grands malheurs. Le seul défaut de l'amour d'Électre, si j'en crois mes amis qui me flattent le moins, c'est qu'il ne produit pas assez d'événements[1] dans toute la pièce; et c'est en effet tout ce qu'on peut raisonnablement me reprocher sur ce chapitre.

[1] Il n'en produit aucun. Électre ne le déclare pas même à Itys, et la pièce finit sans qu'on sache ce que devient ce prince, ni ce que deviendra son amour et celui d'Électre. (La H.)

ACTEURS.

CLYTEMNESTRE, veuve d'Agamemnon, et femme d'Égisthe.
ORESTE, fils d'Agamemnon et de Clytemnestre, roi de Mycènes, élevé sous le nom de Tydée.
ÉLECTRE, sœur d'Oreste.
ÉGISTHE, fils de Thyeste, et meurtrier d'Agamemnon.
ITYS, fils d'Égisthe, mais d'une autre mère que Clytemnestre.
IPHIANASSE, sœur d'Itys.
PALAMÈDE, gouverneur d'Oreste.
ARCAS, ancien officier d'Agamemnon.
ANTÉNOR, confident d'Oreste.
MÉLITE, confidente d'Iphianasse.
GARDES.

La scène est à Mycènes, dans le palais de ses rois.

ÉLECTRE,
TRAGÉDIE.

ACTE PREMIER.

SCÈNE I.

ÉLECTRE.

Témoin du crime affreux que poursuit ma vengeance,
O nuit ! dont tant de fois j'ai troublé le silence,

* Le sujet d'*Électre*, un des plus beaux de l'antiquité, a été traité par les plus grands maîtres et chez toutes les nations qui ont eu du goût pour les spectacles. Eschyle, Sophocle, Euripide, l'ont embelli à l'envi chez les Grecs. Les Latins ont eu plusieurs tragédies sur ce sujet ; Virgile le témoigne par ce vers :

Aut Agamemnonius scenis agitatus Orestes.
Æneid. IV, 471.

Ce qui donne à entendre que cette pièce étoit souvent représentée à Rome. Cicéron, dans le livre *De finibus*, cite un fragment d'une tragédie d'*Oreste*, fort applaudie de son temps. Suétone dit que Néron chanta le rôle d'Oreste parricide ; et Juvénal parle d'un Oreste qui étoit d'une longueur rebutante, et auquel l'auteur n'avoit pas mis la dernière main :

. . . . Summi plena jam margine libri
Scriptus, et in tergo, necdum finitus Orestes.
Sat. I, 5.

Baïf est le premier qui ait traité ce sujet en notre langue. Son

Insensible témoin de mes vives douleurs,
Électre ne vient plus te confier des pleurs ;
Son cœur, las de nourrir un désespoir timide,
Se livre enfin sans crainte au transport qui le guide.
Favorisez, grands dieux, un si juste courroux ;
Électre vous implore, et s'abandonne à vous.
Pour punir les forfaits d'une race funeste,
J'ai compté trop long-temps sur le retour d'Oreste :
C'est former des projets et des vœux superflus ;
Mon frère malheureux, sans doute, ne vit plus.
Et vous, mânes sanglants du plus grand roi du monde',
Triste et cruel objet de ma douleur profonde,
Mon père, s'il est vrai que sur les sombres bords
Les malheurs des vivants puissent toucher les morts,
Ah ! combien doit frémir ton ombre infortunée²
Des maux où ta famille est encor destinée !
C'étoit peu que les tiens, altérés de ton sang,

ouvrage n'est qu'une traduction de l'*Électre* de Sophocle : il a eu le sort de toutes les pièces de théâtre de son siècle. L'*Électre* de Longepierre, faite en 1700, ne fut jouée qu'en 1718. Pendant cet intervalle Crébillon donna sa tragédie d'*Électre*. Enfin Voltaire reproduisit le même sujet sous le titre d'*Oreste*, en 1750. (*Dissertation sur les principales tragédies anciennes et modernes qui ont paru sur le sujet d'*Électre*, etc. ; par M. Dumolard.*) — On croit généralement que cette dissertation fut écrite sous la dictée de Voltaire. En effet on y trouve son goût, son esprit, et quelquefois son style.

¹ Électre a d'abord apostrophé la *nuit*, puis les *dieux*, actuellement les *mânes*. Ces apostrophes redoublées sentent plus le rhéteur que le poëte dramatique. (LA H.)

²   Ah ! combien frémira son ombre épouvantée....
                    Phèdre, acte IV, sc. VI.

ACTE I, SCÈNE I.

Eussent osé porter le couteau dans ton flanc;
Qu'à la face des dieux le meurtre de mon père
Fût, pour comble d'horreurs, le crime de ma mère;
C'est peu qu'en d'autres mains la perfide ait remis
Le sceptre qu'après toi devoit porter ton fils,
Et que dans mes malheurs Égisthe, qui me brave,
Sans respect, sans pitié, traite Électre en esclave [1]:
Pour m'accabler encor, ton fils audacieux,
Itys, jusqu'à ta fille ose lever les yeux.
Des dieux et des mortels Électre abandonnée
Doit ce jour à son sort s'unir par l'hyménée [2],
Si ta mort, m'inspirant un courage nouveau,
N'en éteint par mes mains le coupable flambeau [3].

[1] Cette longue période, commençant par les mots *c'étoit peu*, qui annoncent une progression d'idées, les dément à la fin. On se sert de cette tournure quand ce qui précède est moins fort que ce qui suit, comme dans *Athalie* :

<blockquote>C'est peu que le front ceint d'une mitre étrangère[*], etc.</blockquote>

Ici la phrase va en croissant ; quitter le dieu d'Israël pour Baal est une impiété : c'en est une plus grande de vouloir anéantir le temple et le culte du dieu qu'on a quitté. Mais l'hymen d'Itys est certainement beaucoup moins horrible pour Électre que le meurtre de son père, assassiné par sa mère. Il ne faut pas dire non plus qu'Égisthe, qui *traite Électre en esclave*, est *sans respect* : c'est joindre le plus et le moins, et affoiblir l'un par l'autre. (La H.)

[2] *S'unir par l'hyménée* est en lui-même prosaïque ; mais, de plus, cette expression, qui conviendroit à un récit indifférent, est ici foible et froide dans la bouche d'Électre, qui ne doit parler qu'avec horreur d'un semblable hymen. Sans l'accord soutenu de la pensée et de l'expression il n'y a point de style. (La H.)

[3] On voit bien qu'Électre veut dire : « Si le souvenir de ta mort

[*] Acte I, sc. 1.

Mais qui peut retenir le courroux qui m'anime?
Clytemnestre osa bien s'armer pour un grand crime.
Imitons sa fureur par de plus nobles coups;
Allons à ces autels, où m'attend son époux,
Immoler avec lui l'amant qui nous outrage:
C'est là le moindre effort digne de mon courage [1].
Je le dois... D'où vient donc que je ne le fais pas?
Ah! si c'étoit l'amour qui me retînt le bras!
Pardonne, Agamemnon; pardonne, ombre trop chère:
Mon cœur n'a point brûlé d'une flamme adultère;
Ta fille, de concert avec tes assassins,
N'a point porté sur toi de parricides mains;
J'ai tout fait pour venger ta perte déplorable.
Électre cependant n'en est pas moins coupable:
Le vertueux Itys, à travers ma douleur,
N'en a pas moins trouvé le chemin de mon cœur.
Mais Arcas ne vient point! Fidèle en apparence,
Trahit-il en secret le soin de ma vengeance [2]?
Il vient. Rassurons-nous.

ne m'inspire assez de courage pour éteindre de mes mains le flambeau d'un si coupable hymen. » Mais combien ce qu'elle dit est loin de ce qu'elle veut dire! (LA H.)

[1] *Le moindre effort digne de son courage*, c'est d'immoler Itys qu'elle aime! Et que pourroit-elle faire de plus? (LA H.)

[2] Ces sortes de monologues, qui ne sont que de longues et inutiles déclamations, étoient un reste de l'enfance du théâtre. Corneille, qui touchoit à l'époque de cette enfance, et qui, dans l'espace de vingt ans, donna à l'art dramatique des accroissements si rapides et si prodigieux, est excusable de s'être encore permis quelquefois ces morceaux de commande, ces grands monologues où l'on ne parle que pour parler; et même il ne les a fait servir à l'exposition qu'une seule fois, dans *Cinna*. Racine avoit trop de goût

SCÈNE II.

ÉLECTRE, ARCAS.

ÉLECTRE.
Pleine d'un juste effroi,
Je me plaignois déja qu'on me manquoit de foi ;
Je craignois qu'un ami qui pour moi s'intéresse
N'osât plus... Mais quoi ! seul ?
ARCAS.
Malheureuse princesse,
Hélas ! que votre sort est digne de pitié !
Plus d'amis, plus d'espoir.
ÉLECTRE.
Quoi ! leur vaine amitié,
Après tant de serments...
ARCAS.
Non, n'attendez rien d'elle.

pour ne pas éviter ce défaut : il n'y en a pas chez lui un seul exemple, à dater d'*Andromaque*. Il savoit, et il nous apprit que toute scène doit être une espèce d'action, qu'aucun personnage ne doit parler sans motif, et que par conséquent le monologue n'est placé que dans les occasions où le personnage, occupé d'une situation critique, est dans le cas de délibérer avec lui-même, comme Auguste, au quatrième acte de *Cinna*; comme Mithridate, quand il vient de découvrir que Xipharès est son rival ; comme Hermione, quand sa fureur a prononcé contre Pyrrhus un arrêt de mort que son amour voudroit révoquer. Dans toutes ces situations, et dans celles du même genre, le spectateur se prête facilement à la supposition qu'un personnage peut parler long-temps seul, parcequ'en effet cette supposition n'est pas hors de la nature. (L. II.)

Madame, en vain pour vous j'ai fait parler mon zéle :
Eux-mêmes, à regret, ces trop prudents amis
S'en tiennent au secours qu'on leur avoit promis.
« Qu'Oreste, disent-ils, vienne par sa présence
« Rassurer les amis armés pour sa vengeance.
« Palaméde, chargé d'élever ce héros,
« Promettoit avec lui de traverser les flots ;
« Son fils, même avant eux, devoit ici se rendre.
« C'est se perdre, sans eux qu'oser rien entreprendre ;
« Bientôt de nos projets la mort seroit le prix. »
D'ailleurs, pour achever de glacer leurs esprits,
On dit que ce guerrier, dont la valeur funeste
Ne se peut comparer qu'à la valeur d'Oreste,
Qui de tant d'ennemis délivre ces états,
Qui les a sauvés seul par l'effort de son bras,
Qui, chassant les deux rois de Corinthe et d'Athènes,
De morts et de mourants vient de couvrir nos plaines,
Hier, avant la nuit, parut dans ce palais ;
Cet étranger qu'Égisthe a comblé de bienfaits,
A qui ce tyran doit le salut de sa fille,
De lui, d'Itys, enfin de toute sa famille,
Est un rempart si sûr pour vos persécuteurs,
Que de tous nos amis il a glacé les cœurs.
Au seul nom du tyran que votre ame déteste
On frémit ; cependant on veut revoir Oreste.
Mais le jour qui paroît me chasse de ces lieux :
Je crois voir même Itys. Madame, au nom des dieux,
Loin de faire éclater le trouble de votre ame,
Flattez plutôt d'Itys l'audacieuse flamme ;
Faites que votre hymen se différe d'un jour :

ACTE I, SCÈNE II.

Peut-être verrons-nous Oreste de retour.
ÉLECTRE.
Cessez de me flatter d'une espérance vaine.
Allez, lâches amis qui trahissez ma haine;
Électre saura bien, sans Oreste et sans vous,
Ce jour même, à vos yeux signaler son courroux.

SCÈNE III.

ÉLECTRE, ITYS.

ÉLECTRE.
En des lieux où je suis, trop sûr de me déplaire,
Fils d'Égisthe, oses-tu mettre un pied téméraire?
ITYS.
Madame, pardonnez à l'innocente erreur
Qui vous offre un amant guidé par sa douleur.
D'un amour malheureux la triste inquiétude
Me faisoit de la nuit chercher la solitude.
Pardonnez si l'amour tourne vers vous mes pas:
Itys vous souhaitoit, mais ne vous cherchoit pas.
ÉLECTRE.
Dans l'état où je suis, toujours triste, quels charmes
Peuvent avoir des yeux presque éteints dans les larmes?
Fils du tyran cruel qui fait tous mes malheurs,
Porte ailleurs ton amour, et respecte mes pleurs.
ITYS.
Ah! ne m'enviez pas cet amour, inhumaine!
Ma tendresse ne sert que trop bien votre haine.
Si l'amour cependant peut désarmer un cœur,

Quel amour fut jamais moins digne de rigueur?
A peine je vous vis, que mon ame éperdue
Se livra sans réserve au poison qui me tue.
Depuis dix ans entiers que je brûle pour vous,
Qu'ai-je fait qui n'ait dû fléchir votre courroux [1]?
De votre illustre sang conservant ce qui reste,
J'ai de mille complots sauvé les jours d'Oreste :
Moins attentif au soin de veiller sur ses jours,
Déja plus d'une main en eût tranché le cours.
Plus accablé que vous du sort qui vous opprime,
Mon amour malheureux fait encor tout mon crime.
Enfin, pour vous forcer à vous donner à moi,
Vous savez si jamais j'exigeai rien du roi.
Il prétend qu'avec vous un nœud sacré m'unisse;
Ne m'en imputez point la cruelle injustice [2] :
Au prix de tout mon sang [3] je voudrois être à vous,
Si c'étoit votre aveu qui me fît votre époux.
Ah! par pitié pour vous, princesse infortunée,
Payez l'amour d'Itys par un tendre hyménée :
Puisqu'il faut l'achever ou descendre au tombeau,
Laissez-en à mes feux allumer le flambeau.

[1] Nous avons déja vu dans *Atrée et Thyeste* :

Depuis vingt ans entiers, que n'ai-je point tenté
Pour calmer les transports de ton cœur irrité?
Acte II, sc. IV.

[2] La *cruelle injustice* n'est pas raisonnable dans la bouche d'Itys; il ne doit point regarder comme cruel et injuste un mariage qu'il ne veut faire que pour rendre Électre heureuse. (M. DuROZOIR, dans la *dissertation* déja citée.)

[3] *Au prix de tout mon sang* veut dire *au prix de ma vie*; et il n'y a pas d'apparence qu'on se marie quand on est mort. (M. DE M.)

ACTE I, SCÈNE III.

Régnez donc avec moi; c'est trop vous en défendre :
C'est un sceptre qu'un jour Égisthe veut vous rendre.
               ÉLECTRE.
Ce sceptre est-il à moi, pour me le destiner ?
Ce sceptre est-il à lui, pour te l'oser donner ?
C'est en vain qu'en esclave il traite une princesse,
Jusqu'à le redouter que le traître m'abaisse :
Qu'il fasse que ces fers, dont il s'est tant promis,
Soient moins honteux pour moi que l'hymen de son fils.
Cesse de te flatter d'une espérance vaine :
Ta vertu ne te sert qu'à redoubler ma haine.
Égisthe ne prétend te faire mon époux
Que pour mettre sa tête à couvert de mes coups :
Mais sais-tu que l'hymen dont la pompe s'apprête
Ne se peut achever qu'aux dépens de sa tête ?
A ces conditions je souscris à tes vœux :
Ma main sera le prix d'un coup si généreux.
Électre n'attend point cet effort de la tienne ;
Je connois ta vertu : rends justice à la mienne.
Crois-moi, loin d'écouter ta tendresse pour moi,
De Clytemnestre ici crains l'exemple pour toi.
Romps toi-même un hymen où l'on veut me contraindre ;
Les femmes de mon sang ne sont que trop à craindre.
Malheureux ! de tes vœux quel peut être l'espoir ?
Hélas ! quand je pourrois, rebelle à mon devoir,
Brûler un jour pour toi de feux illégitimes,
Ma vertu t'en feroit bientôt les plus grands crimes[1].

---

[1] Henriette des *Femmes savantes* emploie la même logique pour échapper aux poursuites de Trissotin :

   Mais savez-vous qu'on risque un peu plus qu'on ne pense,

Je te haïrai moins, fils d'un prince odieux :
Ne sois point, s'il se peut, plus coupable à mes yeux ;
Ne me peins plus l'ardeur dont ton ame est éprise.
Que peux-tu souhaiter? Itys, qu'il te suffise
Qu'Électre, tout entière à son inimitié,
Ne fait point tes malheurs sans en avoir pitié.
Mais Clytemnestre vient : ciel ! quel dessein l'amène ?
Te sers-tu contre moi du pouvoir de la reine ?

SCÈNE IV.

CLYTEMNESTRE, ÉLECTRE, ITYS, GARDES.

CLYTEMNESTRE.

Dieux puissants, dissipez mon trouble et mon effroi ;
Et chassez ces horreurs loin d'Égisthe et de moi.

ITYS.

Quelle crainte est la vôtre ? où courez-vous, madame ?
Vous vous plaignez : quel trouble a pu saisir votre ame ?

CLYTEMNESTRE.

Prince, jamais effroi ne fut égal au mien.
Mais ce récit demande un secret entretien[1].

> A vouloir sur un cœur user de violence ;
> Qu'il ne fait pas bien sûr, à vous le trancher net,
> D'épouser une fille en dépit qu'elle en ait ;
> Et qu'elle peut aller, en se voyant contraindre,
> A des ressentiments que le mari doit craindre ?
> Acte V, sc. 1.

Dans Crébillon, comme dans Molière, le style est au niveau des personnages.

[1] Puisque Clytemnestre veut avoir un entretien secret avec Égis-

ACTE 1, SCÈNE IV.

Jamais sort ne parut plus à craindre et plus triste.
(à ses gardes.)
Qu'on sache en ce moment si je puis voir Égisthe.
Mais vous, qui vous guidoit aux lieux où je vous voi?
Électre se rend-elle aux volontés du roi?
A votre heureux destin la verrons-nous unie?
Sait-elle à résister qu'il y va de sa vie?

ITYS.

Ah! d'un plus doux langage empruntons le secours,
Madame; épargnez-lui de si cruels discours;
Adoucissez plutôt sa triste destinée:
Électre n'est déja que trop infortunée.
Je ne puis la contraindre, et mon esprit confus...

CLYTEMNESTRE.

Par ce raisonnement je conçois ses refus.
Mais, pour former l'hymen et de l'un et de l'autre,
On ne consultera ni son cœur ni le vôtre.
C'est, pour vous, de son sort prendre trop de souci:
Allez, dites au roi que je l'attends ici.

SCÈNE V.

CLYTEMNESTRE, ÉLECTRE.

CLYTEMNESTRE.

Ainsi, loin de répondre aux bontés d'une mère,
Vous bravez de ce nom le sacré caractère!

the, ne semble-t-il pas plus naturel de l'aller chercher dans les appartements intérieurs du palais, que de venir l'attendre dans un vestibule ouvert à tout le monde? (La H.)

Et, lorsque ma pitié lui fait un sort plus doux,
Électre semble encor défier mon courroux.
Bravez-le; mais du moins du sort qui vous accable
N'accusez donc que vous, princesse inexorable.
Je fléchissois un roi de son pouvoir jaloux;
Un héros, par mes soins, devenoit votre époux;
Je voulois, par l'hymen d'Itys et de ma fille,
Voir rentrer quelque jour le sceptre en sa famille:
Mais l'ingrate ne veut que nous immoler tous.
Je ne dis plus qu'un mot. Itys brûle pour vous;
Ce jour même à son sort vous devez être unie:
Si vous n'y souscrivez, c'est fait de votre vie.
Égisthe est las de voir son esclave en ces lieux
Exciter par ses pleurs les hommes et les dieux.

ÉLECTRE.

Contre un tyran si fier, juste ciel! quelles armes!
Qui brave les remords peut-il craindre mes larmes?
Ah! madame, est-ce à vous d'irriter mes ennuis?
Moi, son esclave! Hélas! d'où vient que je le suis?
Moi, l'esclave d'Égisthe! Ah! fille infortunée!
Qui m'a fait son esclave? et de qui suis-je née?
Étoit-ce donc à vous de me le reprocher?
Ma mère, si ce nom peut encor vous toucher,
S'il est vrai qu'en ces lieux ma honte soit jurée,
Ayez pitié des maux où vous m'avez livrée:
Précipitez mes pas dans la nuit du tombeau;
Mais ne m'unissez point au fils de mon bourreau,
Au fils de l'inhumain qui me priva d'un père,
Qui le poursuit sur moi, sur mon malheureux frère.
Et de ma main encore il ose disposer!

Cet hymen sans horreur se peut-il proposer?
Vous m'aimâtes; pourquoi ne vous suis-je plus chère [1]?
Ah! je ne vous hais point; et, malgré ma misère,
Malgré les pleurs amers dont j'arrose ces lieux,
Ce n'est que du tyran dont je me plains aux dieux.
Pour me faire oublier qu'on m'a ravi mon père,
Faites-moi souvenir que vous êtes ma mère.

CLYTEMNESTRE.

Que veux-tu désormais que je fasse pour toi,
Lorsque ton hymen seul peut désarmer le roi?
Souscris sans murmurer au sort qu'on te prépare,
Et cesse de gémir de la mort d'un barbare
Qui, s'il eût pu trouver un second Ilion,
T'auroit sacrifiée à son ambition.
Le cruel qu'il étoit, bourreau de sa famille,
Osa bien, à mes yeux, faire égorger ma fille.

ÉLECTRE.

Tout cruel qu'il étoit, il étoit votre époux:
S'il falloit l'en punir, madame, étoit-ce à vous?
Si le ciel, dont sur lui la rigueur fut extrême,
Réduisit ce héros à verser son sang même,
Du moins, en se privant d'un sang si précieux,
Il ne le fit couler que pour l'offrir aux dieux.
Mais vous, qui de ce sang immolez ce qui reste,
Mère dénaturée et d'Électre et d'Oreste,
Ce n'est point à des dieux jaloux de leurs autels;

---

[1] Ce morceau est d'autant plus remarquable qu'on y retrouve cette sensibilité touchante qui caractérise le style de Racine. Si Électre avoit toujours parlé ce langage, Voltaire se seroit bien gardé de faire un *Oreste*. (LA H.)

ÉLECTRE.

Vous nous sacrifiez au plus vil des mortels...
Il paroît, l'inhumain! A cette affreuse vue
Des plus cruels transports je me sens l'ame émue.

SCÈNE VI.

ÉGISTHE, CLYTEMNESTRE, ÉLECTRE.

ÉGISTHE, à Clytemnestre.

Madame, quel malheur, troublant votre sommeil,
Vous a fait de si loin devancer le soleil[1]?
Quel trouble vous saisit? et quel triste présage
Couvre encor vos regards d'un si sombre nuage?
Mais Électre avec vous! Que fait-elle en ces lieux?
Auriez-vous pu fléchir ce cœur audacieux?
A mes justes desirs aujourd'hui moins rebelle,
A l'hymen de mon fils Électre consent-elle?
Voit-elle sans regret préparer ce grand jour
Qui doit combler d'Itys et les vœux et l'amour?

ÉLECTRE.

Oui, tu peux désormais en ordonner la fête;
Pour cet heureux hymen ma main est toute prête:
Je n'en veux disposer qu'en faveur de ton sang[2],
Et je la garde à qui te percera le flanc.

(Elle sort.)

---

[1] C'est vous-même, seigneur! Quel important besoin
Vous a fait devancer l'aurore de si loin?
Iphigénie, acte I, sc. 1.

[2] *En faveur de ton sang* signifie *en faveur de ton fils*, et non pas *en faveur de ton sang versé.* (M. D**.)

ACTE I, SCÈNE VI.

ÉGISTHE.

Cruelle! si mon fils n'arrêtoit ma vengeance,
J'éprouverois bientôt jusqu'où va ta constance.

SCÈNE VII.

ÉGISTHE, CLYTEMNESTRE.

CLYTEMNESTRE.

Seigneur, n'irritez point son orgueil furieux.
Si vous saviez les maux que m'annoncent les dieux...
J'en frémis. Non, jamais le ciel impitoyable
N'a menacé nos jours d'un sort plus déplorable.
Deux fois mes sens frappés par un triste réveil
Pour la troisième fois se livroient au sommeil,
Quand j'ai cru, par des cris terribles et funèbres,
Me sentir entraîner dans l'horreur des ténèbres.
Je suivois, malgré moi, de si lugubres cris;
Je ne sais quels remords agitoient mes esprits.
Mille foudres grondoient dans un épais nuage
Qui sembloit cependant céder à mon passage.
Sous mes pas chancelants un gouffre s'est ouvert;
L'affreux séjour des morts à mes yeux s'est offert.
A travers l'Achéron la malheureuse Électre,
A grands pas, où j'étois sembloit guider un spectre.
Je fuyois; il me suit. Ah, seigneur! à ce nom
Mon sang se glace : hélas! c'étoit Agamemnon.
« Arrête, m'a-t-il dit d'une voix formidable;
« Voici de tes forfaits le terme redoutable :
« Arrête, épouse indigne; et frémis à ce sang

« Que le cruel Égisthe a tiré de mon flanc. »
Ce sang, qui ruisseloit d'une large blessure,
Sembloit, en s'écoulant, pousser un long murmure.
A l'instant j'ai cru voir aussi couler le mien :
Mais, malheureuse ! à peine a-t-il touché le sien,
Que j'en ai vu renaître un monstre impitoyable
Qui m'a lancé d'abord un regard effroyable.
Deux fois le Styx, frappé par ses mugissements,
A long-temps répondu par des gémissements.
Vous êtes accouru ; mais le monstre en furie
D'un seul coup à mes pieds vous a jeté sans vie,
Et m'a ravi la mienne avec le même effort,
Sans me donner le temps de sentir votre mort.

ÉGISTHE.

Je conçois la douleur où la crainte vous plonge.
Un présage si noir n'est cependant qu'un songe
Que le sommeil produit et nous offre au hasard,
Où, bien plus que les dieux, nos sens ont souvent part.
Pourrois-je craindre un songe à vos yeux si funeste,
Moi qui ne compte plus d'autre ennemi qu'Oreste ?
Au gré de sa fureur qu'il s'arme contre nous,
Je saurai lui porter d'inévitables coups.
Ma haine à trop haut prix vient de mettre sa tête,
Pour redouter encor les malheurs qu'il m'apprête.
C'est en vain que Samos la défend contre moi :
Qu'elle tremble, à son tour, pour elle et pour son roi.
Athènes désormais, de ses pertes lassée,
Nous menace bien moins qu'elle n'est menacée ;
Et le roi de Corinthe, épris plus que jamais,
Me demande aujourd'hui ma fille avec la paix.

ACTE I, SCÈNE VII.

Quel que soit son pouvoir, quoi qu'il en ose attendre,
Sans la tête d'Oreste il n'y faut point prétendre.
D'ailleurs, pour cet hymen le ciel m'offre une main
Dont j'attends pour moi-même un secours plus certain.
Ce héros, défenseur de toute ma famille,
Est celui qu'en secret je destine à ma fille.
Ainsi je ne crains plus qu'Électre et sa fierté,
Ses reproches, ses pleurs, sa fatale beauté,
Les transports de mon fils : mais, s'il peut la contraindre
A recevoir sa foi, je n'aurai rien à craindre,
Et la main que prétend employer mon courroux
Mettra bientôt le comble à mes vœux les plus doux.
Mais ma fille paroît. Madame, je vous laisse,
Et je vais travailler au repos de la Grèce*.

SCÈNE VIII.

CLYTEMNESTRE, IPHIANASSE, MÉLITE.

IPHIANASSE.

On dit qu'un noir présage, un songe plein d'horreur,
Madame, cette nuit a troublé votre cœur.
Dans le tendre respect qui pour vous m'intéresse,
Je venois partager la douleur qui vous presse.

CLYTEMNESTRE.

Princesse, un songe affreux a frappé mes esprits ;
Mon cœur s'en est troublé, la frayeur l'a surpris.

---

* La sortie d'Égisthe n'est pas mieux motivée que sa venue. (La H.)

ÉLECTRE.

Mais, pour en détourner les funestes auspices[1],
Ma main va l'expier par de prompts sacrifices.

SCÈNE IX.

IPHIANASSE, MÉLITE.

IPHIANASSE.

Mélite, plût au ciel qu'en proie à tant d'ennuis
Un songe seul eût part à l'état où je suis!
Plût au ciel que le sort, dont la rigueur m'outrage,
N'eût fait que menacer!

MÉLITE.

Madame, quel langage!
Quel malheur de vos jours a troublé la douceur,
Et la constante paix que goûtoit votre cœur?

IPHIANASSE.

Tes soins n'ont pas toujours conduit Iphianasse;
Et ce calme si doux a bien changé de face.
Quelques jours malheureux, écoulés sans te voir,
D'un cœur qui s'ouvre à toi font tout le désespoir.

MÉLITE.

A finir nos malheurs, quoi! lorsque tout conspire,
Qu'un roi jeune et puissant à votre hymen aspire,
Votre cœur désolé se consume en regrets!
Quels sont vos déplaisirs? ou quels sont vos souhaits?
Corinthe, avec la paix, vous demande pour reine:
Ce grand jour doit former une si belle chaîne.

[1] *C'est présages qu'il falloit ici.* (La H.)

ACTE I, SCÈNE IX.

IPHIANASSE.

Plût aux dieux que ce jour, qui te paroît si beau,
Dût des miens à tes yeux éteindre le flambeau !
Mais, lorsque tu sauras mes mortelles alarmes,
N'irrite point mes maux, et fais grace à mes larmes.
Il te souvient encor de ces temps où, sans toi,
Nous sortîmes d'Argos à la suite du roi.
Tout sembloit menacer le trône de Mycènes,
Tout cédoit aux deux rois de Corinthe et d'Athènes.
Pour retarder du moins un si cruel malheur,
Mon frère sans succès fit briller sa valeur ;
Égisthe fut défait, et trop heureux encore
De pouvoir se jeter dans les murs d'Épidaure.
Tu sais tout ce qu'alors fit pour nous ce héros
Qu'Itys avoit sauvé de la fureur des flots.
Peins-toi le dieu terrible adoré dans la Thrace ;
Il en avoit du moins et les traits et l'audace.
Quels exploits ! Non, jamais avec plus de valeur
Un mortel n'a fait voir ce que peut un grand cœur.
Je le vis ; et le mien, illustrant sa victoire[1],
Vaincu, quoiqu'en secret, mit le comble à sa gloire.
Heureuse si mon ame, en proie à tant d'ardeur,
Du crime de ses feux faisoit tout son malheur !
Mais hier je revis ce vainqueur redoutable
A peine s'honorer d'un accueil favorable.
De mon coupable amour l'art déguisant la voix,
En vain sur sa valeur je le louai cent fois ;

---

[1] Il est d'autant plus étonnant qu'Iphianasse se mette à si haut prix, qu'elle va dire que l'étranger ne paroît pas faire grand cas de cette *victoire* et de cette *gloire*. (L. H.)

En vain, de mon amour flattant la violence,
Je fis parler mes yeux et ma reconnoissance :
Il soupire, Mélite ; inquiet et distrait,
Son cœur paroît frappé d'un déplaisir secret.
Sans doute il aime ailleurs ; et loin de se contraindre..
Que dis-je, malheureuse ! est-ce à moi de m'en plaindre ?
Esclave d'un haut rang, victime du devoir,
De mon indigne amour quel peut être l'espoir ?
Ai-je donc oublié tout ce qui nous sépare ?
N'importe : détournons l'hymen qu'on me prépare ;
Je ne puis y souscrire. Allons trouver le roi :
Faisons tout pour l'amour, s'il ne fait rien pour moi.

FIN DU PREMIER ACTE.

ACTE SECOND.

SCÈNE I.
TYDÉE, ANTÉNOR.

TYDÉE.
Embrasse-moi ; reviens de ta surprise extrême.
Oui, mon cher Anténor, c'est Tydée, oui, lui-même ;
Tu ne te trompes point.

ANTÉNOR.
    Vous, seigneur, en ces lieux,
Parmi des ennemis défiants, furieux !
Au plaisir de vous voir, ciel ! quel trouble succède !
Dans le palais d'Argos le fils de Palamède,
D'une pompeuse cour attirant les regards,
Et de vœux et d'honneurs comblé de toutes parts !
Je sais jusques où va la valeur de Tydée ;
D'un heureux sort toujours qu'elle fut secondée :
Mais ce n'est pas ici qu'on doit la couronner.
A la cour d'un tyran...

TYDÉE.
   Cesse de t'étonner.
Le vainqueur des deux rois de Corinthe et d'Athènes,
Le guerrier défenseur d'Égisthe et de Mycènes,
N'est autre que Tydée.

ÉLECTRE.

ANTÉNOR.
            Et quel est votre espoir?
TYDÉE.
Avant que d'éclaircir ce que tu veux savoir,
Dans ce fatal séjour dis-moi ce qui t'amène.
Que dit-on à Samos? que fait l'heureux Thyrrhène?
ANTÉNOR.
Ce grand roi, qui chérit Oreste avec transport,
Depuis plus de six mois incertain de son sort,
Alarmé chaque jour et du sien et du vôtre,
M'envoie en ces climats vous chercher l'un et l'autre.
Mais, puisque je vous vois, tous mes vœux sont comblés.
Le fils d'Agamemnon... Seigneur, vous vous troublez!
Malgré tous les honneurs qu'ici l'on vous adresse,
Vos yeux semblent voilés d'une sombre tristesse.
De tout ce que je vois mon esprit éperdu...
TYDÉE.
Anténor, c'en est fait! Tydée a tout perdu.
ANTÉNOR.
Seigneur, éclaircissez ce terrible mystère.
TYDÉE.
Oreste est mort...
ANTÉNOR.
            Grands dieux!
TYDÉE.
                    Et je n'ai plus de père.
ANTÉNOR.
Palamède n'est plus! Ah! destins rigoureux!
Et qui vous l'a ravi? Par quel malheur affreux...

ACTE II, SCÈNE I.

TYDÉE.

Tu sais ce qu'en ces lieux nous venions entreprendre :
Tu sais que Palamède, avant que de s'y rendre,
Ne voulut point tenter son retour dans Argos
Qu'il n'eût interrogé l'oracle de Délos.
A de si justes soins on souscrivit[1] sans peine :
Nous partîmes, comblés des bienfaits de Thyrrhène.
Tout nous favorisoit ; nous voguâmes long-temps
Au gré de nos desirs bien plus qu'au gré des vents :
Mais, signalant bientôt toute son inconstance,
La mer en un moment se mutine et s'élance ;
L'air mugit, le jour fuit, une épaisse vapeur
Couvre d'un voile affreux les vagues en fureur ;
La foudre, éclairant seule une nuit si profonde,
A sillons redoublés ouvre le ciel et l'onde,
Et, comme un tourbillon embrassant nos vaisseaux,
Semble en source de feu bouillonner sur les eaux.
Les vagues, quelquefois nous portant sur leurs cimes,
Nous font rouler après sous de vastes abymes,
Où les éclairs pressés pénétrant avec nous
Dans des gouffres de feux sembloient nous plonger tous.
Le pilote effrayé, que la flamme environne,
Aux rochers qu'il fuyoit lui-même s'abandonne.
A travers les écueils notre vaisseau poussé,
Se brise, et nage enfin sur les eaux dispersé[2].

---

[1] On souscrit à des ordres, à des volontés, à des desirs ; mais on ne souscrit pas à des soins.

[2] La description de cette tempête est un hors-d'œuvre, comme le songe, et offre de même quelques beaux vers que réclameroit

Dieux! que ne fis-je point, dans ce moment funeste,
Pour sauver Palamède, et pour sauver Oreste!
Vains efforts! la lueur qui partoit des éclairs
Ne m'offrit que des flots de nos débris couverts;
Tout périt.

ANTÉNOR.

Eh! comment, dans ce désordre extrême,
Pûtes-vous au péril vous dérober vous-même?

TYDÉE.

Tout offroit à mes yeux l'inévitable mort:
Mais j'y courois en vain; la rigueur de mon sort
A de plus grands malheurs me réservoit encore,
Et me jeta mourant vers les murs d'Épidaure.
Itys me secourut; et de mes tristes jours,
Malgré mon désespoir, il prolongea le cours.
Juge de ma douleur quand je sus que ma vie
Étoit le prix des soins d'une main ennemie!
Des périls de la mer Tydée enfin remis,
Une nuit alloit fuir loin de ses ennemis,
Lorsque, la même nuit, d'un vainqueur en furie
Épidaure éprouva toute la barbarie.
Figure-toi les cris, le tumulte, et l'horreur.
Dans ce trouble, soudain je m'arme avec fureur,
Incertain du parti que mon bras devoit prendre,
S'il faut presser Égisthe, ou s'il faut le défendre.
L'ennemi cependant occupoit les remparts,
Et sur nous à grands cris fondoit de toutes parts.

l'épopée. (L. II.) — Du reste, tout cet étalage poétique manque
de naturel et de vérité lorsqu'il s'agit d'un péril passé depuis plusieurs mois.

ACTE II, SCÈNE I.

Le sort m'offrit alors l'aimable Iphianasse,
Et ma haine bientôt à d'autres soins fit place.
Ses pleurs, son désespoir, Itys prêt à périr,
Quels objets pour un cœur facile à s'attendrir!
Oreste ne vit plus: mais, pour la sœur d'Oreste,
Il faut de ses états conserver ce qui reste,
Me disois-je à moi-même, et, loin de l'accabler,
Secourir le tyran qu'on devoit immoler :
Je chasserai plutôt Égisthe de Mycènes,
Que d'en chasser les rois de Corinthe et d'Athènes.
Par ce motif secret mon cœur déterminé,
Ou par des pleurs touchants bien plutôt entraîné,
Du soldat qui fuyoit ranimant le courage,
A combattre du moins mon exemple l'engage;
Et le vainqueur pressé, pâlissant à son tour,
Vers son camp à l'instant médite son retour.
Que ne peut la valeur où le cœur s'intéresse!
J'en fis trop, Anténor; je revis la princesse.
C'est t'en apprendre assez; le reste t'est connu.
D'un péril si pressant Égisthe revenu,
Me comble de bienfaits, me charge de poursuivre
Deux rois épouvantés, dont mon bras le délivre.
Je porte la terreur chez des peuples heureux,
Et la paix va se faire aux dépens de mes vœux.

ANTÉNOR.

Ah! seigneur, falloit-il, à l'amour trop sensible,
Armer pour un tyran votre bras invincible?
Et que prétendez-vous d'un succès si honteux?

TYDÉE.

Anténor, que veux-tu? Prends pitié de mes feux,

Plains mon sort : non, jamais on ne fut plus à plaindre.
Il est encor pour moi des maux bien plus à craindre.
Mais apprends des malheurs qui te feront frémir,
Des malheurs dont Tydée à jamais doit gémir.
Entraîné, malgré moi, dans ce palais funeste
Par un désir secret de voir la sœur d'Oreste,
Hier, avant la nuit, j'arrive dans ces lieux.
La superbe Mycène offre un temple à mes yeux :
Je cours y consulter le dieu qu'on y révère,
Sur mon sort, sur celui d'Oreste et de mon père.
Mais à peine aux autels je me fus prosterné,
Qu'à mon abord fatal tout parut consterné :
Le temple retentit d'un funèbre murmure [1]
(Je ne suis cependant meurtrier ni parjure) :
J'embrasse les autels, rempli d'un saint respect ;
Le prêtre épouvanté recule à mon aspect,
Et, sourd à mes souhaits, refuse de répondre :
Sous ses pieds et les miens tout semble se confondre.
L'autel tremble ; le dieu se voile à nos regards,
Et de pâles éclairs s'arme de toutes parts :
L'antre ne nous répond qu'à grands coups de tonnerre,
Que le ciel en courroux fait gronder sous la terre [2].
Je l'avoue, Anténor ; je sentis la frayeur,

---

[1] Comparez avec ce récit celui d'Œdipe, dans la première scène du quatrième acte :

　　　　Pour la première fois, par un don solennel......

Voltaire a l'avantage du style ; mais Crébillon a l'honneur de l'invention. (Geoffroy.)

[2] On a remarqué, trop minutieusement peut-être, que le tonnerre ne grondoit point *sous la terre*.

Pour la première fois, s'emparer de mon cœur.
A tant d'horreurs enfin succède un long silence.
Du dieu qui se voiloit j'implore l'assistance :
« Écoute-moi, grand dieu ; sois sensible à mes cris :
« D'un ami malheureux, d'un plus malheureux fils,
« Dieu puissant, m'écriai-je, exauce la prière ;
« Daigne sur ce qu'il craint lui prêter ta lumière. »
Alors, parmi les pleurs et parmi les sanglots,
Une lugubre voix fit entendre ces mots :
« Cesse de me presser sur le destin d'Oreste ;
« Pour en être éclairci tu m'implores en vain :
« Jamais destin ne fut plus triste et plus funeste.
« Redoute pour toi-même un semblable destin.
« Apaise cependant les mânes de ton père :
« Ton bras seul doit venger ce héros malheureux
« D'une main qui lui fut bien fatale et bien chère[1] ;
« Mais crains, en le vengeant, le sort le plus affreux. »
Une main qui lui fut bien fatale et bien chère !
Ma mère ne vit plus, et je n'ai point de frère.
Juste ciel ! et sur qui doit tomber mon courroux ?
De ces lieux cependant fuyons, arrachons-nous.
Allons trouver le roi... Mais je vois la princesse.
Ah ! fuyons ; mes malheurs, mon devoir, tout m'en presse :
Partons, dérobons-nous la douceur d'un adieu[2].

[1] Beau mouvement imité de Corneille. Antiochus répète aussi :
    Une main qui nous fut bien chère,
premier vers du billet de Séleucus. Voyez *Rodogune*, acte V, sc. IV.

[2] Cette scène renferme trois récits : celui de la tempête, celui de l'assaut d'Épidaure, et celui de l'oracle, *unus et alter assuitur pannus*. Le dernier est moins épisodique que la tempête et le songe,

SCÈNE II.

IPHIANASSE, TYDÉE, MÉLITE, ANTÉNOR.

IPHIANASSE.

(à Mélite.) (à Tydée.)
Ah, Mélite! que vois-je?... On disoit qu'en ce lieu,
En ce moment, seigneur, mon père devoit être.
Je croyois...

TYDÉE.

En effet, il y devoit paroître.
Madame, même soin nous conduisoit ici:
Vous y cherchez le roi; je l'y cherchois aussi[1].

---

parcequ'il annonce, quoique obscurément, les destinées d'Oreste soumises à une fatalité invincible, nécessaire pour excuser le dénouement; mais, comme ce récit avoit seul un motif et un dessein, c'étoit une raison de plus pour ne pas accumuler ces sortes d'épisodes descriptifs, dont la ressemblance et l'inutilité forment un double inconvénient. Ils sont fréquents dans Eschyle; mais, depuis que l'art a été perfectionné, personne n'en a autant abusé que Crébillon. (LA H.)

[1] Il n'en a pourtant pas dit un mot dans la longue scène qu'il vient d'avoir avec Anténor. A l'égard d'Iphianasse, ce petit artifice est emprunté d'une scène d'Andromaque, où Pyrrhus, en la voyant, feint de chercher Hermione:

Où donc est la princesse?
Ne m'avois-tu pas dit qu'elle étoit en ces lieux?
Acte III, sc. VI.

Mais observons que Racine, quand il se sert de petits moyens, les rachète et les couvre par l'effet tragique. Pyrrhus, en ce moment, est irrité contre Andromaque, et il a promis de livrer son fils aux

ACTE II, SCÈNE II.

Pénétré des bienfaits qu'Égisthe me dispense,
Je venois, plein de zéle et de reconnoissance,
Rendre grace à la main qui les répand sur moi,
Et, dans le même temps, prendre congé du roi.

IPHIANASSE.

Ce départ aura lieu, seigneur, de le surprendre :
Moi-même en ce moment j'ai peine à le comprendre.
Et pourquoi de ces lieux vous bannir aujourd'hui,
Et dépouiller l'état de son plus ferme appui ?
Vous le savez, la paix n'est pas encor jurée :
La victoire, sans vous, seroit-elle assurée ?

TYDÉE.

Oui, madame; et vos yeux n'ont-ils pas tout soumis ?
Le roi peut-il encor craindre des ennemis ?
Que ne vaincrez-vous point ? quelle haine obstinée
Tiendroit contre l'espoir d'un illustre hyménée ?
Du bonheur qui l'attend Téléphonte charmé,
Sur cet espoir flatteur, a déjà désarmé ;
Et, si j'en crois la cour, cette grande journée
Doit voir Iphianasse à son lit destinée.

Grecs : cependant l'amour combat encore, et l'on voit avec plaisir la passion de ce prince le ramener malgré lui et par toutes sortes de détours auprès de ce qu'il aime. D'un autre côté, tandis que le sévère Phénix veut l'entraîner loin des yeux d'Andromaque, Céphise, attachée à cette mère infortunée dont le fils va périr, fait ce qu'elle peut pour engager la veuve d'Hector à fléchir devant Pyrrhus. Que d'intérêts attachés à cette scène ! et combien le spectateur, qui en a été vivement occupé pendant trois actes, tremble que Pyrrhus ne s'arrête pas, ou qu'Andromaque ne le retienne point ! Comment, parmi de si grands intérêts, apercevoir un petit moyen ? ou, si on l'aperçoit, comment ne pas l'excuser ? (LA H.)

IPHIANASSE.

Non, le roi de Corinthe en est en vain épris,
Si la tête d'Oreste en doit être le prix.

TYDÉE.

Quoi! la tête d'Oreste! Ah! la paix est conclue,
Madame, et de ces lieux ma fuite est résolue :
Vous n'avez plus besoin du secours de mon bras.
Ah! quel indigne prix met-on à vos appas!
Juste ciel! se peut-il qu'une loi si cruelle
Fasse de vous le prix d'une main criminelle?
Ainsi, dans sa fureur, le plus vil assassin
Pourra donc à son gré prétendre à votre main,
Lorsque avec tout l'amour qu'un doux espoir anime
Un héros ne pourroit l'obtenir sans un crime?
Ah! si, pour se flatter de plaire à vos beaux yeux,
Il suffisoit d'un bras toujours victorieux,
Peut-être à ce bonheur aurois-je pu prétendre.
Avec quelque valeur, et le cœur le plus tendre,
Quels efforts, quels travaux, quels illustres projets
N'eût point tentés ce cœur charmé de vos attraits?

IPHIANASSE.

Seigneur!

TYDÉE.

Je le vois bien, ce discours vous offense.
Je n'ai pu vous revoir et garder le silence;
Mais je vais m'en punir par un exil affreux,
Et cacher loin de vous un amant malheureux,
Qui, trop plein d'un amour qu'Iphianasse inspire,
En dit moins qu'il ne sent, mais plus qu'il n'en doit dire.

ACTE II, SCÈNE II.

IPHIANASSE.

J'ignore quel dessein vous a fait révéler
Un amour que l'espoir semble avoir fait parler.
Mais, seigneur, je ne puis recevoir sans colère
Ce téméraire aveu que vous osez me faire.
Songez qu'on n'ose ici se déclarer pour moi,
Sans la tête d'Oreste, ou le titre de roi;
Qu'un amant comme vous, quelque feu qui l'inspire,
Doit soupirer du moins sans oser me le dire[1].

SCÈNE III.

TYDÉE, ANTÉNOR.

TYDÉE.

Qu'ai-je dit? où laissé-je égarer mes esprits?
Moi parler, pour me voir accabler de mépris!
Les ai-je mérités, cruelle Iphianasse?
Mais quel étoit l'espoir de ma coupable audace?

---

[1] On reproche à Crébillon d'avoir rendu le fils et la fille d'Agamemnon amoureux de la fille et du fils d'Égisthe: c'est ce que les critiques appellent *une partie carrée*; mais rien n'est plus facile à ridiculiser qu'une vieille mode. Lorsque *Électre* parut (en 1708), le goût romanesque dominoit sur la scène: les femmes vouloient par-tout de l'amour, sans s'embarrasser s'il étoit convenable au sujet. Corneille, pour se conformer à l'esprit du siècle, fut obligé de mettre de l'amour dans *OEdipe*. Dix ans après l'*Électre* de Crébillon, Voltaire, pour son coup d'essai, luttant contre l'*OEdipe* de Corneille, fut forcé de coudre à cette intrigue terrible le fade épisode de Philoctète. (GEOFFROY.)

Que venois-je chercher dans ce cruel séjour?
Moi, dans la cour d'Argos entraîné par l'amour!
Rappelons ma fureur[1]. Oreste, Palamède...
Ah! contre tant d'amour inutile remède!
Que servent ces grands noms, dans l'état où je suis,
Qu'à me couvrir de honte et m'accabler d'ennuis?
Ah! fuyons[2], Anténor; et, loin d'une cruelle,
Courons où mon devoir, où l'oracle m'appelle:
Ne laissons point jouir de tout mon désespoir
Des yeux indifférents que je ne dois plus voir.
Le roi vient; dans mon trouble il faut que je l'évite.

SCÈNE IV.

ÉGISTHE, TYDÉE, ANTÉNOR.

ÉGISTHE.

Demeurez, et souffrez qu'envers vous je m'acquitte.
Ainsi que le héros brille par ses exploits,
La grandeur des bienfaits doit signaler les rois.
Tout parle du guerrier qui prit notre défense:

[1] Tydée n'en a cependant montré encore d'aucune espèce: mais les spectateurs n'y regardent pas de si près; et, quand ce personnage parle de sa fureur, ils le croient sur parole. Au reste cette fureur ne s'étend pas ici plus loin que le vers, et Tydée revient bientôt à la *cruelle Iphianasse*. (LA H.)

[2] Il a déjà dit un peu plus haut:

   De ces lieux cependant fuyons, arrachons-nous;

et il est resté en scène avec Iphianasse. Le parti qu'il prend ici de s'éloigner restera également sans effet. Cette indécision ne convenoit point au caractère de Tydée.

ACTE II, SCÈNE IV.

Mais rien ne parle encor de ma reconnoissance.
Il est temps cependant que mes heureux sujets,
Témoins de sa valeur, le soient de mes bienfaits.
Que pourriez-vous penser, et que diroit la Grèce?
Mais quoi! vous soupirez! quelle douleur vous presse?
Malgré tous vos efforts elle éclate, seigneur;
Un déplaisir secret trouble votre grand cœur :
Même ici mon abord a paru vous surprendre.
Avez-vous des secrets que je ne puisse apprendre[1]?

TYDÉE.

De tels secrets, seigneur, sont peu dignes de vous;
Je crains peu qu'un grand roi puisse en être jaloux.
Permettez cependant qu'à mon devoir fidèle
Je retourne en des lieux où ce devoir m'appelle.
J'ai fait peu pour Égisthe, et de quelque succès
Sa bonté chaque jour s'acquitte avec excès.
S'il est vrai que mon bras eut part à la victoire,
Il suffit à mon cœur d'en partager la gloire.
Ne m'arrêtez donc plus sur l'espoir des bienfaits :
Les vôtres n'ont-ils pas surpassé mes souhaits?
J'en suis comblé, seigneur; mon ame est satisfaite :
Je ne demande plus qu'une libre retraite.

ÉGISTHE.

Un intérêt trop cher s'oppose à ce départ :
Argos perdroit en vous son plus ferme rempart.
Des héros tels que vous, sitôt qu'on les possède,
Sont, pour les plus grands rois, d'un prix à qui tout cède.

---

[1] Roxane dit à Bajazet :
　　Vous avez des secrets que je ne puis apprendre!
　　　　　　　　　　Bajazet, acte II, sc. 1.

Heureux si je pouvois, par les plus forts liens,
Attacher pour jamais vos intérêts aux miens !
Je vous dois le salut de toute ma famille,
Et ne veux point sans vous disposer de ma fille.

TYDÉE, à part.

Ciel ! où tend ce discours ?

ÉGISTHE.

Oui, seigneur, c'est en vain
Qu'avec la paix un roi me demande sa main :
Quelque éclatant que soit un pareil hyménée,
Au sort d'un autre époux ma fille est destinée ;
Sûr de vaincre avec vous, je crains peu désormais
Tout le péril que suit le refus de la paix.
Il ne tient plus qu'à vous d'affermir ma puissance.
J'ai besoin d'une main qui serve ma vengeance,
Et qui fasse tomber dans l'éternelle nuit
L'ennemi déclaré que ma haine poursuit,
Qui me poursuit moi-même, et que mon cœur déteste.
Point d'hymen, quel qu'il soit, sans la tête d'Oreste :
Ma fille est à ce prix ; et cet effort si grand,
Ce n'est que de vous seul que ma haine l'attend.

TYDÉE.

De moi, seigneur ? de moi ? juste ciel !

ÉGISTHE.

De vous-même.
Calmez de ce transport la violence extrême.
Quelle horreur vous inspire un si juste dessein ?
Je demande un vengeur, et non un assassin.
Lorsque, pour détourner ma mort qu'il a jurée,
J'exige tout le sang du petit-fils d'Atrée,

ACTE II, SCÈNE IV.

Je n'ai point prétendu, seigneur, que votre bras
Le fît couler ailleurs qu'au milieu des combats.
Oreste voit par-tout voler sa renommée;
La Grèce en est remplie, et l'Asie alarmée;
Ses exploits seuls devroient vous en rendre jaloux :
C'est le seul ennemi qui soit digne de vous.
Courez donc l'immoler; c'est la seule victoire,
Parmi tant de lauriers, qui manque à votre gloire.
Dites un mot, seigneur; soldats et matelots
Seront prêts avec vous de traverser les flots.
Si ma fille est un bien qui vous paroisse digne
De porter votre cœur à cet effort insigne,
Pour vous associer à ce rang glorieux
Je ne consulte point quels furent vos aïeux.
Lorsqu'on a les vertus que vous faites paroître,
On est du sang des dieux, ou digne au moins d'en être[1].
Quoi qu'il en soit, seigneur, pour servir mon courroux
Je ne veux qu'un héros, et je le trouve en vous.
Me serois-je flatté d'une vaine espérance,
Quand j'ai fondé sur vous l'espoir de ma vengeance?
Vous ne répondez point! Ah! qu'est-ce que je voi?

TYDÉE.

La juste horreur du coup qu'on exige de moi.
Mais il faut aujourd'hui, par plus de confiance,
Payer de votre cœur l'affreuse confidence.
Votre fille, seigneur, est d'un prix à mes yeux

---

[1] Boileau, dans sa cinquième satire, a exprimé la même pensée :
  Voyez de quel guerrier il vous plaît de descendre...
  Et, si vous n'en sortez, vous devez en sortir.
          V. 53, 56.

Au-dessus des mortels, digne même des dieux.
Je vous dirai bien plus : j'adore Iphianasse ;
Tout mon respect n'a pu surmonter mon audace ;
Je l'aime avec transport ; mon trop sensible cœur
Peut à peine suffire à cette vive ardeur :
Mais quand, avec l'espoir d'obtenir ce que j'aime,
L'univers m'offriroit la puissance suprême,
Contre votre ennemi bien loin d'armer mon bras,
Je ne sais point quel sang je ne répandrois pas.
Revenez d'une erreur à tous les deux funeste.
Qui ? moi, grands dieux ! qui ? moi, vous immoler Oreste !
Ah ! quand vous le croyez seul digne de mes coups,
Savez-vous qui je suis, et me connoissez-vous[1] ?
Quand même ma vertu n'auroit pu l'en défendre,
N'eût-il pas eu pour lui l'amitié la plus tendre ?
Ah ! plût aux dieux cruels, jaloux de ce héros,
Aux dépens de mes jours l'avoir sauvé des flots !
Mais, hélas ! c'en est fait ; Oreste et Palamède...

ÉGISTHE.

Ils sont morts ? Quelle joie à mes craintes succède !
Grands dieux ! qui me rendez le plus heureux des rois,
Qui pourra m'acquitter de ce que je vous dois ?
Mon ennemi n'est plus ! Ce que je viens d'entendre

[1] Ce vers est la critique du caractère d'Égisthe et du rôle invraisemblable qu'il joue ici. Égisthe, il faut en convenir, est un tyran bien confiant et bien discret : il n'a pas même le desir de savoir quel est *le héros* auquel il offre sa fille avec tant de générosité. Pour l'unir à elle, il n'exige de lui que la promesse de tuer Oreste ; et, lorsqu'il le reconnoît pour le fils de Palamède et l'ami d'Oreste, il n'en redoute rien, et persiste à lui donner sa fille. Est-ce ainsi que devoit agir le meurtrier d'Agamemnon ?

Est-il bien vrai, seigneur? Daignez au moins m'apprendre
Comment le juste ciel a terminé son sort,
En quels lieux, quels témoins vous avez de sa mort.

TYDÉE.

Mes pleurs. Mais au transport dont votre ame est éprise,
Je me repens déja de vous l'avoir apprise.
Vous voulez de son sort en vain vous éclaircir :
Il me fait trop d'horreur, à vous trop de plaisir;
Je ne ressens que trop sa perte déplorable,
Sans m'imposer encore un récit qui m'accable.

ÉGISTHE.

Je ne vous presse plus, seigneur, sur ce récit.
Oreste ne vit plus; son trépas me suffit :
Votre pitié pour lui n'a rien dont je m'offense;
Et quand le ciel sans vous a rempli ma vengeance,
Puisque c'est vous du moins qui me l'avez appris,
Je crois vous en devoir toujours le même prix.
Je vous l'offre, acceptez-le; aimons-nous l'un et l'autre :
Vous fîtes mon bonheur; je veux faire le vôtre.
Sur le trône d'Argos désormais affermi,
Qu'Égisthe en vous, seigneur, trouve un gendre, un ami.
Si sur ce choix votre ame est encore incertaine,
Je vous laisse y penser, et je cours chez la reine.

TYDÉE, à part.

Et moi, de toutes parts de remords combattu,
Je vais sur mon amour consulter ma vertu.

FIN DU SECOND ACTE.

ACTE TROISIÈME.

SCÈNE I.

TYDÉE.

Électre veut me voir ! Ah ! mon ame éperdue
Ne soutiendra jamais ni ses pleurs ni sa vue.
Trop infidéle ami du fils d'Agamemnon,
Oserai-je en ces lieux lui déclarer mon nom;
Lui dire que je suis le fils de Palamède;
Qu'aux devoirs les plus saints un lâche amour succède;
Qu'Oreste me fut cher; que de tant d'amitié
L'amour me laisse à peine un reste de pitié;
Que, loin de secourir une triste victime,
J'abandonne sa sœur au tyran qui l'opprime;
Que cette même main, qui dut trancher ses jours,
Par un coupable effort en prolonge le cours;
Et que, prête à former des nœuds illégitimes,
Peut-être cette main va combler tous mes crimes;
Qu'elle n'a désormais qu'à répandre en ces lieux
Le reste infortuné d'un sang si précieux?...
Mais seroit-ce trahir les mânes de son frère
Que de vouloir d'Électre adoucir la misère?
D'Iphianasse enfin si je deviens l'époux,
Je puis dans ses malheurs lui faire un sort plus doux.

ÉLECTRE.

D'ailleurs un roi puissant m'offre son alliance :
Je n'ai pour l'obtenir dignité ni naissance.
Que me sert ma valeur, étant ce que je suis,
Si ce n'est pour jouir d'un sort... Lâche! poursuis[1].
Je ne m'étonne plus si les dieux te punissent,
A ton fatal aspect si les autels frémissent.
Ah! cesse sur l'amour d'excuser le devoir :
Pour être vertueux, on n'a qu'à le vouloir :
D'Électre en ce moment, foible cœur, cours l'apprendre.
Qu'attends-tu? que l'amour vienne encor te surprendre?
Qu'un feu... Mais quel objet se présente à mes yeux?
Dieux! quels tristes accents font retentir ces lieux!
C'est une esclave en pleurs ; hélas! qu'elle a de charmes!
Que mon ame en secret s'attendrit à ses larmes!
Que je me sens touché de ses gémissements!
Ah! que les malheureux éprouvent de tourments!

SCÈNE II.

ÉLECTRE, TYDÉE.

ÉLECTRE, à part.

Dieux puissants, qui l'avez si long-temps poursuivie,
Épargnez-vous encore une mourante vie?
Je ne le verrai plus! inexorables dieux,
D'une éternelle nuit couvrez mes tristes yeux.

---

[1] Titus se fait à-peu-près les mêmes reproches dans le beau monologue où il balance entre l'empire et Bérénice ; mais sa situation est touchante, tandis que l'amour de Tydée n'excite aucun intérêt. Voyez *Bérénice*, acte IV, sc. IV.

TYDÉE.
Je sens qu'à votre sort la pitié m'intéresse.
Ne pourrai-je savoir quelle douleur vous presse ?
ÉLECTRE.
Hélas ! qui ne connoît mon nom et mes malheurs ?
Et qui peut ignorer le sujet de mes pleurs ?
Un désespoir affreux est tout ce qui me reste.
O déplorable sang ! ô malheureux Oreste !
TYDÉE.
Ah ! juste ciel ! quel nom avez-vous prononcé !
A vos pleurs, à ce nom, que mon cœur est pressé !
Qu'il porte à ma pitié de sensibles atteintes !
Ah ! je vous reconnois à de si tendres plaintes.
Malheureuse princesse, est-ce vous que je voi ?
Électre, en quel état vous offrez-vous à moi ?
ÉLECTRE.
Et qui donc s'attendrit pour une infortunée,
A la fureur d'Égisthe, aux fers abandonnée ?
Mais Oreste, seigneur, vous étoit-il connu ?
A mes pleurs, à son nom, votre cœur s'est ému.
TYDÉE.
Dieux ! s'il m'étoit connu ! Mais dois-je vous l'apprendre,
Après avoir trahi l'amitié la plus tendre ?
Dieux ! s'il m'étoit connu ce prince généreux !
Ah ! madame, c'est moi qui de son sort affreux
Viens de répandre ici la funeste nouvelle.
ÉLECTRE.
Il est donc vrai, seigneur, et la Parque cruelle
M'a ravi de mes vœux et l'espoir et le prix ?
Mais quel étonnement vient frapper mes esprits !

ACTE III, SCÈNE II.

Vous qui montrez un cœur à mes pleurs si sensible,
N'êtes-vous pas, seigneur, ce guerrier invincible,
D'un tyran odieux trop zélé défenseur?
Qui peut donc pour Électre attendrir votre cœur?
Pouvez-vous bien encor plaindre ma destinée,
Tout rempli de l'espoir d'un fatal hyménée?

TYDÉE.

Ah! que diriez-vous donc si mon indigne cœur
De ses coupables feux vous découvroit l'horreur?
De quel œil verriez-vous l'ardeur qui me possède,
Si vous voyiez en moi le fils de Palamède?

ÉLECTRE.

De Palamède! vous? Qu'ai-je entendu, grands dieux!
Mais vous ne l'êtes point; Tydée est vertueux:
Il n'eût point fait rougir les mânes de son père;
Il n'auroit point trahi l'amitié de mon frère,
Ma vengeance, mes pleurs, ni le sang dont il sort.
Si vous étiez Tydée, Égisthe seroit mort:
Bien loin de consentir à l'hymen de sa fille[1],
Il eût de ce tyran immolé la famille.
De Tydée, il est vrai, vous avez la valeur;
Mais vous n'en avez pas la vertu ni le cœur[2].

TYDÉE.

A mes remords du moins faites grace, madame.

[1] Un père consent à l'hymen de sa fille: un amant consent à l'épouser.

[2] Électre montre ici le caractère qui lui convient: les reproches qu'elle fait à Tydée sur son alliance avec un tyran, sur sa conduite si peu digne de son nom, sont raisonnables, et ne manquent ni de noblesse ni de force. Mais la réponse de Tydée nous fait retomber aussitôt dans le romanesque et le langoureux. (LA H.)

Il est vrai, j'ai brûlé d'une coupable flamme ;
Il n'est point de devoirs plus sacrés que les miens :
Mais l'amour connoît-il d'autres droits que les siens ?
Ne me reprochez point le feu qui me dévore,
Ni tout ce que mon bras a fait dans Épidaure.
J'ai dû tout immoler à votre inimitié ;
Mais que ne peut l'amour, que ne peut l'amitié ?
Itys alloit périr, je lui devois la vie ;
Sa mort bientôt d'une autre auroit été suivie.
L'amour et la pitié confondirent mes coups ;
Tydée en ce moment crut combattre pour vous.
D'ailleurs, à la fureur de Corinthe et d'Athènes
Pouvois-je abandonner le trône de Mycènes ?

ÉLECTRE.

Juste ciel ! et pour qui l'avez-vous conservé ?
Cruel ! si c'est pour moi que vous l'avez sauvé,
Venez donc de ce pas immoler un barbare :
Il n'est point de forfaits que ce coup ne répare.
Oreste ne vit plus : achevez aujourd'hui
Tout ce qu'il auroit fait pour sa sœur et pour lui.
A l'aspect de mes fers êtes-vous sans colère ?
Est-ce ainsi que vos soins me rappellent mon frère ?
Ne m'offrirez-vous plus, pour essuyer mes pleurs,
Que la main qui combat pour mes persécuteurs ?
Cessez de m'opposer une funeste flamme.
Si je vous laissois voir jusqu'au fond de mon ame,
Votre cœur, excité par l'exemple du mien,
Détesteroit bientôt un indigne lien ;
D'un cœur que malgré lui l'amour a pu séduire,
Il apprendroit du moins comme un grand cœur soupire ;

ACTE III, SCÈNE II.

Vous y verriez l'amour, esclave du devoir,
Languir parmi les pleurs, sans force et sans pouvoir.
Occupé, comme moi, d'un soin plus légitime,
Faites-vous des vertus de votre propre crime.
Du sort qui me poursuit pour détourner les coups,
Non, je n'ai plus ici d'autre frère que vous.
Mon frère est mort; c'est vous qui devez me le rendre,
Vous, qu'un serment affreux engage à me défendre.
Ah cruel! cette main, si vous m'abandonnez,
Va trancher à vos yeux mes jours infortunés.

TYDÉE.

Moi, vous abandonner! Ah! quelle ame endurcie
Par des pleurs si touchants ne seroit adoucie?
Moi, vous abandonner! Plutôt mourir cent fois.
Jugez mieux d'un ami dont Oreste fit choix.
Je conçois, quand je vois les yeux de ma princesse,
Jusqu'où peut d'un amant s'étendre la foiblesse;
Mais quand je vois vos pleurs, je conçois encor mieux
Ce que peut le devoir sur un cœur vertueux.
Pourvu que votre haine épargne Iphianasse,
Il n'est rien que pour vous ne tente mon audace.
Je ne sais, mais je sens qu'à l'aspect de ces lieux
Égisthe à chaque instant me devient odieux.

ÉLECTRE.

A l'ardeur dont enfin ma haine est secondée,
A ce noble transport je reconnois Tydée.
Malgré tous mes malheurs, que ce moment m'est doux!
Je pourrai donc venger... Mais quelqu'un vient à nous.
Il faut que je vous quitte; on pourroit nous surprendre.
En secret chez Arcas, seigneur, daignez vous rendre.

Seul espoir que le ciel m'ait laissé dans mes maux,
Courez, en me vengeant, signaler un héros,
Pour peu qu'à ma douleur votre cœur s'intéresse.

(Elle sort.)

TYDÉE.

Mais qui venoit à nous? Ah dieux! c'est la princesse.
Quel dessein en ce lieu peut conduire ses pas?
Dans le trouble où je suis, que lui dirai-je? Hélas!
Que je crains les transports où mon ame s'égare!

SCÈNE III.

IPHIANASSE, TYDÉE, MÉLITE.

IPHIANASSE.

Quel trouble, à mon aspect, de votre cœur s'empare?
Vous ne répondez point, seigneur! je le vois bien,
J'ai troublé la douceur d'un secret entretien.
Électre, comme vous, s'offensera peut-être
Qu'ici, sans son aveu, quelqu'un ose paroître :
Elle semble à regret s'éloigner de ces lieux;
La douleur qu'elle éprouve est peinte dans vos yeux.
Interdit et confus... Quel est donc ce mystère?

TYDÉE.

Madame, vous savez qu'elle a perdu son frère,
Que c'est moi seul qui viens d'en informer le roi :
Électre a souhaité s'en instruire par moi.
Mon cœur, toujours sensible au sort des misérables,
N'a pu, sans s'attendrir à ses maux déplorables,
Après le coup affreux qui vient de la frapper...

ACTE III, SCÈNE III.

IPHIANASSE.

N'est-il que sa douleur qui vous doive occuper?
Ce n'est pas que mon cœur veuille vous faire un crime
D'un soin que ses malheurs rendent si légitime;
Mais, seigneur, je ne sais si ce soin généreux
A dû seul vous toucher, quand tout flatte vos vœux.

TYDÉE.

Non, des bontés du roi mon ame enorgueillie
Ne se méconnoît point quand lui-même il s'oublie.
S'il descend jusqu'à moi pour le choix d'un époux,
Mon respect me défend l'espoir d'un bien si doux;
Et telle est de mon sort la rigueur infinie,
Que, lorsqu'à mon destin vous devez être unie,
Votre rang, ma naissance, un barbare devoir,
Tout défend à mon cœur un si charmant espoir.

IPHIANASSE.

Je comprends la rigueur d'un devoir si barbare,
Et conçois mieux que vous tout ce qui nous sépare:
Plus que vous ne voulez j'entrevois vos raisons.
Si ma fierté pouvoit descendre à des soupçons...
Mais non, sur votre amour que rien ne vous contraigne;
Je ne vois rien en lui que mon cœur ne dédaigne.
Cependant à mes yeux, fier de cet attentat,
Gardez-vous pour jamais de montrer un ingrat.

SCÈNE IV.

TYDÉE.

Qu'ai-je fait, malheureux! y pourrai-je survivre?

Mais quoi! l'abandonner!... Non, non, il faut la suivre.
Allons. Qui peut encor m'arrêter en ces lieux?
Courons où mon amour... Que vois-je? justes dieux!
O sort! à tes rigueurs quelle douceur succède!
O mon père! est-ce vous? est-ce vous, Palamède?

SCÈNE V.

PALAMÈDE, TYDÉE.

PALAMÈDE[1].

Embrassez-moi, mon fils: après tant de malheurs,
Qu'il m'est doux de revoir l'objet de tant de pleurs!

TYDÉE.

S'il est vrai que les biens qui nous coûtent des larmes
Doivent pour un cœur tendre avoir le plus de charmes,
Hélas! après les pleurs que j'ai versés pour vous,
Que cet heureux instant me doit être bien doux!
Ah, seigneur! qui m'eût dit qu'au moment qu'un oracle
Sembloit mettre à mes vœux un éternel obstacle,
Palamède à mes yeux s'offriroit aujourd'hui,
Malgré le sort affreux dont j'ai tremblé pour lui?
Est-ce ainsi que des dieux la suprême sagesse

---

[1] J'ai toujours remarqué qu'à la vue de Palamède il s'élevoit un cri de joie; et ce n'est pas seulement parceque son rôle est plein de chaleur et d'énergie, c'est parcequ'en effet la tragédie, oubliée jusque-là, entre avec lui sur la scène; que lui seul est dans le sujet, dont tous les autres personnages se sont éloignés, et que la première chose qu'il fait, c'est de les y ramener. Il s'indigne de tout ce qui a ennuyé les spectateurs, et prescrit tout ce qu'ils attendent. (La H.)

ACTE III, SCÈNE V.

Doit braver des mortels la crédule foiblesse?
Mais, puisque enfin ici j'ai pu vous retrouver,
Je vois bien que le ciel ne veut que m'éprouver;
Qu'avec vous sa bonté va désormais me rendre
Un ami qu'avec vous je n'osois plus attendre.
Mais vous versez des pleurs! Ah! n'est-ce que pour lui
Que les dieux sans détour s'expliquent aujourd'hui?

PALAMÈDE.

N'accusons point des dieux la sagesse suprême;
Croyez, mon fils, croyez qu'elle est toujours la même!
Gardons-nous de vouloir, foibles et curieux,
Pénétrer des secrets qu'ils voilent à nos yeux¹.
Ils ont du moins parlé sans détour sur Oreste;
Un triste souvenir est tout ce qui m'en reste.
J'ai vu ses yeux couverts des horreurs du trépas;
Je l'ai tenu long-temps mourant entre mes bras.
Sa perte de la mienne alloit être suivie,
Si l'intérêt d'un fils n'eût conservé ma vie;
Si j'eusse, dans l'horreur d'un transport furieux,
Soupçonné, comme vous, la sagesse des dieux.
Conduit par elle seule au sein de la Phocide,
Cette même sagesse auprès de vous me guide;
Trop heureux désormais si le sort moins jaloux
M'eût rendu tout entier mon espoir le plus doux!
Mais, hélas! que le ciel, qui vers vous me renvoie,
Mêle dans ce moment d'amertume à ma joie!

---

¹ La même pensée se retrouve dans ces vers d'Horace :
  Prudens futuri temporis exitum
  Caliginosa nocte premit deus.
        Lyric., III, 29.

D'un fils que j'admirois que mon fils est changé !
Tydée, Oreste est mort : Oreste est-il vengé ?
Depuis quel temps, si près de l'objet de ma haine,
Arrêtez-vous vos pas à la cour de Mycène ?
Arcas ne m'a point dit que vous fussiez ici :
Mon fils, d'où vient qu'Arcas n'en est point éclairci ?
Pourquoi ne le point voir ? Vous connoissez son zèle ;
Deviez-vous vous cacher à cet ami fidéle ?
Parlez enfin, quel soin vous retient en des lieux
Où vous n'osez punir un tyran odieux ?

TYDÉE.

Prévenu des malheurs d'une tête si chère,
Ma première vengeance étoit due à mon père...
Mais, seigneur, n'est-ce point dans ces funestes lieux
Trop exposer des jours qu'ont respectés les dieux ?
N'est-ce point trop compter sur une longue absence,
Que d'oser s'y montrer avec tant d'assurance ?

PALAMÈDE.

Mon fils, j'ai tout prévu ; calmez ce vain effroi :
C'est à mes ennemis à trembler, non à moi.
Eh ! comment en ces lieux craindrois-je de paroître,
Moi que d'abord Arcas a paru méconnoître,
Moi que devance ici le bruit de mon trépas,
Moi dont enfin le ciel semble guider les pas ?
D'ailleurs un sang si cher m'appelle à sa défense,
Que tout cède en mon cœur au soin de sa vengeance.
La sœur d'Oreste, en proie à ses persécuteurs,
Doit, ce jour, éprouver le comble des horreurs.
Je viens, contre un tyran prêt à tout entreprendre,
Reconnoître les lieux où je veux le surprendre.

ACTE III, SCÈNE V.

Puisqu'il faut l'immoler ou périr cette nuit,
Qu'importe à mes desseins le péril qui me suit?
Mon fils, si même ardeur eût guidé votre audace,
Vous n'auriez pas pour moi ce souci qui vous glace.
Comment dois-je expliquer vos regards interdits?
Je ne trouve par-tout que des cœurs attiédis,
Que des amis troublés, sans force et sans courage,
Accoutumés au joug d'un honteux esclavage.
Par ma présence en vain j'ai cru les rassembler;
Un guerrier les retient, et les fait tous trembler.
Mais moi, seul au-dessus d'une crainte si vaine,
Je prétends immoler ce guerrier à ma haine;
C'est par-là que je veux signaler mon retour.
Un défenseur d'Égisthe est indigne du jour
Parlez, connoissez-vous ce guerrier redoutable,
Pour le tyran d'Argos rempart impénétrable?
Pourquoi sous vos efforts n'a-t-il pas succombé?
Parlez, mon fils; qui peut vous l'avoir dérobé?
Votre haute valeur, désormais ralentie,
Pour lui seul aujourd'hui s'est-elle démentie?
Vous rougissez, Tydée! Ah! quel est mon effroi!
Je vous l'ordonne enfin, parlez, répondez-moi:
D'un désordre si grand que faut-il que je pense?

TYDÉE.

Ne pénétrez-vous point un si triste silence?

PALAMÈDE.

Qu'entends-je? quel soupçon vient s'offrir à mon cœur!
Quoi! mon fils... Dieux puissants, laissez-moi mon erreur;
Ah! Tydée, est-ce vous qui prenez la défense
De l'indigne ennemi que poursuit ma vengeance?

Puis-je croire qu'un fils ait prolongé les jours
Du cruel qui des miens cherche à trancher le cours?
Falloit-il vous revoir, pour vous voir si coupable?
TYDÉE.
N'irritez point, seigneur, la douleur qui m'accable.
Votre vertu, toujours constante en ses projets,
Ne fait que redoubler l'horreur de mes forfaits.
Il suffit qu'à vos yeux la honte m'en punisse;
Ne m'en souhaitez pas un plus cruel supplice.
D'un malheureux amour ayez pitié, seigneur:
Le ciel, qui m'en punit avec tant de rigueur,
Sait les tourments affreux où mon ame est en proie.
Mais vainement sur moi son courroux se déploie;
Je sens que les remords d'un cœur né vertueux
Souvent, pour le punir, vont plus loin que les dieux.
PALAMÈDE.
Qu'importe à mes desseins le remords qui l'agite?
Croyez-vous qu'envers moi le remords vous acquitte?
Perfide! il est donc vrai, je n'en puis plus douter,
Ni de votre innocence un moment me flatter.
Quoi! pour le sang d'Égisthe, aux yeux de Palamède,
Tydée ose avouer l'amour qui le possède!
S'il vous rend malgré moi criminel aujourd'hui,
Cette main vous rendra vertueux malgré lui.
Fils ingrat, c'est du sang de votre indigne amante
Qu'à vos yeux trop charmés je veux l'offrir fumante.
TYDÉE.
Il faudra donc, avant que de verser le sien,
Commencer aujourd'hui par répandre le mien.
Puisqu'à votre courroux il faut une victime,

Frappez, seigneur, frappez : voilà l'auteur du crime[1].

PALAMÈDE.

Juste ciel ! se peut-il qu'à l'aspect de ces lieux,
Fumants encor d'un sang pour lui si précieux,
Dans le fond de son cœur la voix de la nature
N'excite en ce moment ni trouble ni murmure?

TYDÉE.

Et que m'importe à moi le sang d'Agamemnon?
Quel intérêt si saint m'attache à ce grand nom,
Pour lui sacrifier les transports de mon ame,
Et le prix glorieux qu'on propose à ma flamme?
Et pourquoi votre fils lui doit-il immoler?...

PALAMÈDE.

Si je disois un mot, je vous ferois trembler.
Vous n'êtes point mon fils, ni digne encor de l'être :
Par d'autres sentiments vous le feriez connoître.
Mon fils, infortuné, soumis, respectueux,
N'offroit à mon amour qu'un héros vertueux ;
Il n'auroit point brûlé pour le sang de Thyeste :
Un si coupable amour n'est digne que d'Oreste.
Mon fils de son devoir eût été plus jaloux.

TYDÉE.

Et quel est donc, seigneur, cet Oreste?

PALAMÈDE.

C'est vous.

---

[1] Cette situation rappelle celle d'Achille, lorsqu'il dit à Agamemnon :

> J'ai votre fille ensemble et ma gloire à défendre ;
> Pour aller jusqu'au cœur que vous voulez percer,
> Voilà par quels chemins vos coups doivent passer.
> *Iphigénie*, acte IV, sc. VI.

ORESTE.
Oreste, moi, seigneur! Dieux! qu'entends-je?
PALAMÈDE.
Oui, vous-même,
Qui ne devez vos jours qu'à ma tendresse extrême.
Le traître dont ici vous protégez le sang
Auroit, sans moi, du vôtre épuisé votre flanc.
Ingrat! si désormais ma foi vous paroît vaine,
Retournez à Samos interroger Thyrrhène.
Instruit de votre sort, sa constante amitié
A secondé pour vous mes soins et ma pitié :
Il sait, pour conserver une si chère vie,
Par le tyran d'Argos sans cesse poursuivie,
Que, sous le nom d'Oreste, à des traits ennemis
J'offris, sans balancer, la tête de mon fils.
C'est sous un nom si grand que, de vengeance avide,
Il venoit en ces lieux punir un parricide.
Je l'ai vu, ce cher fils, triste objet de mes vœux,
Mourir entre les bras d'un père malheureux :
J'ai perdu pour vous seul cette unique espérance.
Il est mort; j'en attends la même récompense.
Sacrifiez ma vie au tyran odieux
A qui vous immolez des noms plus précieux :
Qu'à votre lâche amour tout autre intérêt cède.
Il ne vous reste plus qu'à livrer Palamède :
Il vivoit pour vous seul, il seroit mort pour vous ;
C'en est assez, cruel, pour exciter vos coups.
ORESTE.
Poursuivez; ce transport n'est que trop légitime :

Égalez, s'il se peut, le reproche à mon crime ;
Accablez-en, seigneur, un amour odieux,
Trop digne du courroux des hommes et des dieux.
Qui ? moi, j'ai pu brûler pour le sang de Thyeste !
A quels forfaits, grands dieux ! réservez-vous Oreste ?
Ah ! seigneur, je frémis d'une secrète horreur ;
Je ne sais quelle voix crie au fond de mon cœur.
Hélas ! malgré l'amour qui cherche à le surprendre,
Mon père mieux que vous a su s'y faire entendre.
Courons, pour apaiser son ombre et mes remords,
Dans le sang d'un barbare éteindre mes transports.
Honteux de voir encor le jour qui nous éclaire,
Je m'abandonne à vous ; parlez, que faut-il faire ?

PALAMÈDE.

Arracher votre sœur à mille indignités :
Apaiser d'un grand roi les mânes irrités,
Les venger des fureurs d'une barbare mère :
Venir sur son tombeau jurer à votre père
D'immoler son bourreau, d'expier aujourd'hui
Tout ce que votre père osa tenter pour lui :
Rassurer votre sœur, mais lui cacher son frère ;
Ses craintes, ses transports, trahiroient ce mystère :
Vous offrir à ses yeux sous le nom de mon fils ;
Sous le vôtre, seigneur, assembler nos amis :
Que vous dirai-je enfin ? contre un amour funeste
Reprendre avec le nom des soins dignes d'Oreste.

ORESTE.

Ne craignez point qu'Oreste, indigne de ce nom,
Démente la fierté du sang d'Agamemnon.

Venez, si vous doutez qu'il méritât d'en être,
Voir couler tout le mien pour le mieux reconnoître¹.

¹ Assurément cette scène est théâtrale ; mais dans l'ensemble et le sujet elle a de grands défauts, et ces défauts tiennent tous à la malheureuse ressource de ce roman si compliqué, sans lequel l'auteur n'a pas cru pouvoir remplir la carrière de cinq actes. (La H.)

FIN DU TROISIÈME ACTE.

ACTE QUATRIÈME.

SCÈNE I.

ÉLECTRE.

Où laissé-je égarer mes vœux et mes esprits [1] ?
Juste ciel ! qu'ai-je vu ? mais, hélas ! qu'ai-je appris ?
Oreste ne vit plus ; tout veut que je le croie,
Le trouble de mon cœur, les pleurs où je me noie ;
Il est mort : cependant, si j'en crois à [2] mes yeux,
Oreste vit encore, Oreste est en ces lieux.
Ma douleur m'entraînoit au tombeau de mon père,
Pleurer [3] auprès de lui mes malheurs et mon frère :
Qu'ai-je vu ? quel spectacle à mes yeux s'est offert ?
Son tombeau de présents et de larmes couvert ;
Un fer, signe certain qu'une main se prépare
A venger ce grand roi des fureurs d'un barbare.
Quelle main s'arme encor contre ses ennemis ?
Qui jure ainsi leur mort, si ce n'est pas son fils ?
Ah ! je le reconnois à sa noble colère [4] ;

---

[1] Racine avoit dit :

Où laissé-je égarer mes vœux et mon esprit ?
Phèdre, acte I, sc. III.

[2] Il falloit : *si j'en crois mes yeux.*

[3] *M'entraînoit pleurer* n'est pas françois. (LA H.)

[4] Je reconnois mon sang à ce noble courroux.
Le Cid, acte I, sc. V.

Et c'est du moins ainsi qu'auroit juré mon frère[1].
Quelque ardent qu'il paroisse à venger nos malheurs,
Tydée eût-il couvert ce tombeau de ses pleurs?
Ce ne sont point non plus les pleurs d'une adultère
Qui ne veut qu'insulter aux mânes de mon père:
Ce n'est que pour braver son époux et les dieux
Qu'elle élève à sa cendre un tombeau dans ces lieux.
Non, elle n'a dressé ce monument si triste
Que pour mieux signaler son amour pour Égisthe,
Pour lui rendre plus chers son crime et ses fureurs,
Et pour mettre le comble à mes vives douleurs.
Qu'ils tremblent cependant, ces meurtriers impies
Qu'il semble que déjà poursuivent les Furies.
J'ai vu le fer vengeur: Égisthe va périr;
Mon frère ne revient que pour me secourir...
Flatteuse illusion à qui l'effroi succède!
Puis-je encor soupçonner le fils de Palamède?
Un témoin si sacré peut-il m'être suspect?
On vient: c'est lui. Mon cœur s'émeut à son aspect.
Mon frère... Quel transport s'empare de mon ame!
Mais, hélas! il est seul.

SCÈNE II.

ORESTE, ÉLECTRE.

ORESTE.
Je vous cherche, madame.

[1] Ce vers est d'une grande beauté. (L. B.)

Tout semble désormais servir votre courroux ;
Votre indigne ennemi va tomber sous nos coups.
Savez-vous quel héros vient à votre défense,
Quelle main avec nous frappe d'intelligence ?
Le ciel à vos amis vient de joindre un vengeur
Que nous n'attendions plus.
ÉLECTRE.
Et quel est-il, seigneur ?
Que dis-je ? puis-je encor méconnoître mon frère ?
N'en doutons plus, c'est lui.
ORESTE.
Madame, c'est mon père.
ÉLECTRE.
Votre père, seigneur ! et d'où vient qu'aujourd'hui
Oreste à mon secours ne vient point avec lui ?
Peut-il abandonner une triste princesse ?
Est-ce ainsi qu'à me voir son amitié s'empresse ?
ORESTE.
Vous le savez, Oreste a vu les sombres bords ;
Et l'on ne revient point de l'empire des morts[1].
ÉLECTRE.
Et n'avez-vous pas cru, seigneur, qu'avec Oreste
Palamède avoit vu cet empire funeste ?
Il revoit cependant la clarté qui nous luit :
Mon frère est-il le seul que le destin poursuit ?
Vous-même, sans espoir de revoir le rivage,
Ne trouvâtes-vous pas un port dans le naufrage ?

---

[1] On ne voit point deux fois le rivage des morts,
Seigneur ; puisque Thésée a vu les sombres bords...
Phèdre, acte II, sc. v.

Oreste, comme vous, peut en être échappé.
Il n'est point mort, seigneur, vous vous êtes trompé.
J'ai vu dans ce palais une marque assurée
Que ces lieux ont revu le petit-fils d'Atrée,
Le tombeau de mon père encor mouillé de pleurs.
Qui les auroit versés? qui l'eût couvert de fleurs?
Qui l'eût orné d'un fer? quel autre que mon frère
L'eût osé consacrer aux mânes de mon père?
Mais quoi! vous vous troublez! Ah! mon frère est ici.
Hélas! qui mieux que vous en doit être éclairci?
Ne me le cachez point, Oreste vit encore.
Pourquoi me fuir? pourquoi vouloir que je l'ignore?
J'aime Oreste, seigneur; un malheureux amour
N'a pu de mon esprit le bannir un seul jour[1] :
Rien n'égale l'ardeur qui pour lui m'intéresse.
Si vous saviez pour lui jusqu'où va ma tendresse[2],
Votre cœur frémiroit de l'état où je suis,
Et vous termineriez mon trouble et mes ennuis.
Hélas! depuis vingt ans que j'ai perdu mon père,
N'ai-je donc pas assez éprouvé de misère?
Esclave dans les lieux d'où le plus grand des rois
A l'univers entier sembloit donner des lois,

---

[1] Faut-il qu'une sœur, dans la situation d'Électre, ait besoin de nous assurer que *l'amour n'a pu bannir son frère de son esprit?* Mais, si ces deux vers sont faux dans le sujet, ils sont vrais dans le plan; ils tiennent à ce qui précède, et se perdent dans l'intérêt de cette scène, d'autant plus touchante qu'elle est bien graduée. (LA H.)

[2] Rhadamiste dit de même à Arsame :

Si vous saviez pour vous jusqu'où je m'intéresse.
Rhadamiste, acte III, sc. II.

ACTE IV, SCÈNE II.

Qu'a fait aux dieux cruels sa malheureuse fille?
Quel crime contre Électre arme enfin sa famille?
Une mère en fureur la hait et la poursuit;
Ou son frère n'est plus, ou le cruel la fuit.
Ah! donnez-moi la mort, ou me rendez Oreste;
Rendez-moi, par pitié, le seul bien qui me reste.

ORESTE.

Eh bien! il vit encore; il est même en ces lieux.
Gardez-vous cependant...

ÉLECTRE.

Qu'il paroisse à mes yeux.
Oreste, se peut-il qu'Électre te revoie?
Montrez-le-moi, dussé-je en expirer de joie.
Mais, hélas! n'est-ce point lui-même que je vois?
C'est Oreste, c'est lui, c'est mon frère et mon roi.
Aux transports qu'en mon cœur son aspect a fait naître,
Eh! comment si long-temps l'ai-je pu méconnoître?...
Je vous revois enfin, cher objet de mes vœux!
Moments tant souhaités! ô jour trois fois heureux!...
Vous vous attendrissez; je vois couler vos larmes.
Ah, seigneur! que ces pleurs pour Électre ont de charmes!
Que ces traits, ces regards, pour elle ont de douceur!
C'est donc vous que j'embrasse, ô mon frère!

ORESTE.

Ah, ma sœur[1]!

---

[1] Presque toutes les pièces de Crébillon sont fondées sur ce moyen (les reconnoissances), qui produit de la terreur dans une scène d'*Atrée*, de l'intérêt dans le quatrième acte d'*Électre*, et un grand effet tragique dans *Rhadamiste*. On a réprouvé ce moyen comme trop petit, parceque, a-t-on dit, Racine et Corneille n'y ont point eu

ÉLECTRE.

Mon amitié trahit un important mystère.
Mais, hélas! que ne peut Électre sur son frère?
ÉLECTRE.
Est-ce de moi, cruel, qu'il faut vous défier,
D'une sœur qui voudroit tout vous sacrifier?
Et quelle autre amitié fut jamais si parfaite?
ORESTE.
Je n'ai craint que l'ardeur d'une joie indiscrète.
Dissimulez des soins quoique pour moi si doux :
Ma sœur, à me cacher j'ai souffert plus que vous.
D'ailleurs, jusqu'à ce jour je m'ignorois moi-même.
Palamède, pour moi rempli d'un zèle extrême,
Pour conserver des jours à sa garde commis,
M'élevoit à Samos sous le nom de son fils.
Le sien est mort, ma sœur; la colère céleste
A fait périr l'ami le plus chéri d'Oreste;
Et peut-être, sans vous, moins sensible à vos maux,
Envierois-je le sort qu'il trouva dans les flots.
ÉLECTRE.
Se peut-il qu'en regrets votre cœur se consume?
Ah! seigneur, laissez-moi jouir sans amertume
Du plaisir de revoir un frère tant aimé.
Quel entretien pour moi! Que mon cœur est charmé!

---

recours. D'abord c'est précisément pour ouvrir de nouvelles sources de beautés qu'il convenoit de faire ce que Corneille et Racine n'avoient pas fait; ensuite ces sources ne sont pas à dédaigner, puisque les meilleures pièces du théâtre grec y sont puisées, et qu'Aristote désigne les pièces à reconnoissance par le nom de pièces *implexes*, comme celles dont le sujet est plus théâtral. (LA H.)

ACTE IV, SCÈNE II.

J'oublie, en vous voyant[1], qu'ailleurs peut-être on m'aime;
J'oublie auprès de vous jusques à l'amant même.
Surmontez, comme moi, ce penchant trop flatteur
Qui semble malgré vous entraîner votre cœur.
Quel que soit votre amour, les traits d'Iphianasse
N'ont rien de si charmant que la vertu n'efface.

ORESTE.

La vertu sur mon cœur n'a que trop de pouvoir,
Ma sœur; et mon nom seul suffit à mon devoir[2].
Non, ne redoutez rien du feu qui me possède.
On vient: séparons-nous. Mais non, c'est Palamède.

SCÈNE III.

ORESTE, ÉLECTRE, PALAMÈDE, ANTÉNOR.

PALAMÈDE.

Anténor, demeurez; observez avec soin
Que de notre entretien quelqu'un ne soit témoin.

ORESTE.

Vous revoyez, ma sœur, cet ami si fidèle,
Dont nos malheurs, les temps, n'ont pu lasser le zèle.

ÉLECTRE, à Palamède.

Qu'avec plaisir, seigneur, je revois aujourd'hui
D'un sang infortuné le généreux appui!

---

[1] J'oublie, en le voyant, ce que je viens lui dire.
Phèdre, acte II, sc. v.

[2] Crébillon a voulu dire: mon nom *suffit pour m'apprendre* mon devoir.

Ne soyez point surpris ; attendri par mes larmes,
Mon frère a dissipé mes mortelles alarmes :
De cet heureux secret mon cœur est éclairci.

PALAMÈDE.

Je rends graces au ciel qui vous rejoint ici.
Oreste m'est témoin avec quelle tendresse
J'ai déploré le sort d'une illustre princesse ;
Avec combien d'ardeur j'ai toujours souhaité
Le bienheureux[1] instant de votre liberté.
Je vous rassemble enfin, famille infortunée,
A des malheurs si grands trop long-temps condamnée !
Qu'il m'est doux de vous voir où régnoit autrefois
Ce père vertueux[2], ce chef de tant de rois,
Que fit périr le sort trop jaloux de sa gloire !
O jour que tout ici rappelle à ma mémoire,
Jour cruel qu'ont suivi tant de jours malheureux,
Lieux terribles, témoins d'un parricide affreux,
Retracez-nous sans cesse un spectacle si triste[3] !
Oreste, c'est ici que le barbare Égisthe,
Ce monstre détesté, souillé de tant d'horreurs,
Immola votre père à ses noires fureurs.
Là, plus cruelle encor, pleine des Euménides,
Son épouse sur lui porta ses mains perfides[4].

---

[1] Voltaire a remarqué que ce mot appartenoit exclusivement au langage ascétique.

[2] On n'a jamais donné ce titre à Agamemnon ; et, en effet, il ne convenoit point à celui qui amena Cassandre dans le palais et dans le lit de Clytemnestre. (La H.)

[3] Expression foible après *parricide affreux*. (La H.)

[4] Ce tableau a de la couleur et de l'effet. Ces circonstances lo-

ACTE IV, SCÈNE III.

C'est ici que sans force, et baigné dans son sang,
Il fut long-temps traîné le couteau dans le flanc.
Mais c'est là que, du sort lassant la barbarie,
Il finit dans mes bras ses malheurs et sa vie.
C'est là que je reçus, impitoyables dieux !
Et ses derniers soupirs, et ses derniers adieux.
« A mon triste destin puisqu'il faut que je cède,
« Adieu, prends soin de toi, fuis, mon cher Palamède ;
« Cesse de m'immoler d'odieux ennemis ;
« Je suis assez vengé si tu sauves mon fils.
« Va, de ces inhumains sauve mon cher Oreste :
« C'est à lui de venger une mort si funeste. »
Vos amis sont tout prêts ; il ne tient plus qu'à vous ;
Une indigne terreur ne suspend plus leurs coups ;
Chacun, à votre nom, et s'excite et s'anime ;
On n'attend, pour frapper, que vous et la victime.

(à Électre.)

De votre part, madame, on croit que votre cœur
Voudra bien seconder une si noble ardeur.
C'est parmi les flambeaux d'un coupable hyménée
Que le tyran doit voir trancher sa destinée.
Princesse, c'est à vous d'assurer nos projets.
Flattez-le d'un hymen si doux à ses souhaits :
C'est sous ce faux espoir qu'il faut que votre haine

---

cales *c'est ici*, *c'est là*, ont du mouvement ; et il faut bien que Voltaire en ait jugé ainsi, puisqu'il a imité cette tournure dans le discours de Lusignan à Zaïre (acte II, sc. III). (La H.) — C'est absolument le même fond, le même cadre, et Voltaire n'a pas même ici l'avantage du style : le discours de Lusignan est diffus et lâche ; celui de Palamède est serré et vigoureux. (Geoffroy.)

Au temple où je l'attends ce jour même l'entraîne.
Mais, en flattant ses vœux, dissimulez si bien,
Que de tous nos desseins il ne soupçonne rien.

ÉLECTRE.

L'entraîner aux autels ! Ah ! projet qui m'accable !
Itys y périroit ; Itys n'est point coupable.

PALAMÈDE.

Il ne l'est point, grands dieux ! Né du sang dont il sort,
Il l'est plus qu'il ne faut pour mériter la mort.
Juste ciel ! est-ce ainsi que vous vengez un père [1] ?
L'un tremble pour la sœur, et l'autre pour le frère !
L'amour triomphe ici ! Quoi ! dans ces lieux cruels
Il fera donc toujours d'illustres criminels !
Est-ce donc sur des cœurs livrés à la vengeance
Qu'il doit un seul moment signaler sa puissance ?
Rompez l'indigne joug qui vous tient enchaînés :
Eh ! l'amour est-il fait pour les infortunés ?
Il a fait les malheurs de toute votre race :
Jugez si c'est à vous d'oser lui faire grâce.
Songez, pour mieux dompter le feu qui vous surprend,
Que le crime qui plaît est toujours le plus grand ;
Faites voir qu'un grand cœur que l'amour peut séduire
Ne manque à son devoir que pour mieux s'en instruire ;
Ne vous attirez point le reproche honteux
D'avoir pu mériter d'être si malheureux.
Peut-être sans l'amour seriez-vous plus sévères.

[1] Voilà la critique de la pièce. Il semble que les foiblesses d'Électre et d'Oreste soient faites pour relever et agrandir le rôle de Palamède : il est évident que le poëte lui a tout sacrifié. (La H.)

ACTE IV, SCÈNE III.

Vous savez sur les fils si l'on poursuit les pères.
Songez, si le supplice en est trop odieux,
Que c'est du moins punir à l'exemple des dieux.
Mais je vois que l'honneur, qui vous en sollicite,
De nos amis en vain rassemble ici l'élite :
C'en est fait ; de ce pas je vais les disperser,
Et conserver ce sang que vous n'osez verser.
En effet, que m'importe à moi de le répandre ?
Ce n'est point malgré vous que je dois l'entreprendre.
Pour venger vos affronts j'ai fait ce que j'ai pu ;
Mais vous n'avez point fait ce que vous avez dû.

ÉLECTRE.

Ah ! seigneur, arrêtez ; remplissez ma vengeance :
Je sens de vos soupçons que ma vertu s'offense.
Percez le cœur d'Itys, mais respectez le mien :
Il n'est point retenu par un honteux lien ;
Et quoique ma pitié fasse pour le défendre
Tout ce qu'eût fait l'amour sur le cœur le plus tendre,
Ce feu, ce même feu dont vous me soupçonnez,
Loin d'arrêter, seigneur...

PALAMÈDE.

Madame, pardonnez ;
J'ai peut-être à vos yeux poussé trop loin mon zèle :
Mais tel est de mon cœur l'empressement fidèle.
Je ne hais point Itys, et sa fière valeur
Pourra seule aujourd'hui faire tout son malheur.
Oreste est généreux ; il peut lui faire grace,
J'y consens : mais d'Itys vous connoissez l'audace ;
Il défendra le sang qu'on va faire couler :

Cependant il nous faut périr ou l'immoler,
Et ce n'est qu'aux autels qu'avec quelque avantage
On peut jusqu'au tyran espérer un passage.
La garde qui le suit, trop forte en ce palais,
Rend le combat douteux, encor plus le succès,
Puisque votre ennemi pourroit encor sans peine,
Quoique vaincu, sauver ses jours de votre haine :
Mais ailleurs, malgré lui par la foule pressé,
Vous le verrez bientôt à vos pieds renversé.

ORESTE.

Venez, seigneur, venez : si l'amour est un crime,
Vous verrez que mon cœur en est seul la victime ;
Qu'il peut bien quelquefois toucher les malheureux,
Mais qu'il est sans pouvoir sur les cœurs généreux.

PALAMÈDE.

Il est vrai, j'ai tout craint du feu qui vous anime ;
Mais j'ai tout espéré d'un cœur si magnanime ;
Et je connois trop bien le sang d'Agamemnon,
Pour soupçonner qu'Oreste en démente le nom.
Mon cœur, quoique alarmé des sentiments du vôtre,
N'en présumoit pas moins et de l'un et de l'autre.
Si de votre vertu ce cœur a pu douter,
Mes soupçons n'ont servi qu'à la faire éclater.
Mais, pour mieux signaler ce que j'en dois attendre,
Après moi chez Arcas, seigneur, daignez vous rendre :
Vous me verrez bientôt expirer à vos yeux,
Ou venger d'un cruel, vous, Électre, et les dieux.

ORESTE.

Adieu, ma sœur ; calmez la douleur qui vous presse :

ACTE IV, SCÈNE III.

Vous savez à vos pleurs si mon cœur s'intéresse.
ÉLECTRE.
Allez, seigneur, allez ; vengez tous nos malheurs ;
Et que bientôt le ciel vous redonne à mes pleurs !

FIN DU QUATRIÈME ACTE.

ACTE CINQUIÈME.

SCÈNE I.

ÉLECTRE[1].

Tandis qu'en ce palais mon hymen se prépare,
Dieux! quel trouble secret de mon ame s'empare!
Le sévère devoir qui m'y fait consentir
Est-il si tôt suivi d'un honteux repentir?
Croirai-je qu'un amour proscrit par tant de larmes
Puisse encor me causer de si vives alarmes?
Non, ce n'est point l'amour; l'amour seul dans un cœur
Ne pourroit exciter tant de trouble et d'horreur:
Non, ce n'est point un feu dont ma fierté s'irrite...
Ah! si ce n'est l'amour, qu'est-ce donc qui m'agite?
Un amour si long-temps sans succès combattu
Voudroit-il[2] d'aujourd'hui respecter ma vertu?
Festins cruels, et vous, criminelles ténèbres,
Plaintes d'Agamemnon, cris perçants, cris funèbres,
Sang que j'ai vu couler, pitoyables[3] adieux,

[1] Ce dernier acte s'ouvre encore par un monologue d'Électre: c'est le troisième. Non seulement cette multiplicité est blâmable en elle-même; mais il s'y joint une espèce d'uniformité dans la marche de la pièce, ce qui est un défaut plus grand encore. (LA H.)

[2] *Voudroit-il aujourd'hui respecter ma vertu?*
(Premières éditions, 1709-1715.)

[3] *Pitoyable* avoit autrefois deux significations: *digne de pitié,*

Soyez à ma fureur plus qu'Oreste et les dieux :
Échauffez des transports que mon devoir anime :
Peignez à mon amour un héros magnanime...
Non, ne me peignez rien ; effacez seulement
Les traits trop bien gravés d'un malheureux amant,
D'une injuste fierté trop constante victime,
Dont un père inhumain fait ici tout le crime,
Toujours prêt à défendre un sang infortuné,
Aux caprices du sort long-temps abandonné.
On vient. Hélas ! c'est lui. Que mon ame éperdue
S'attendrit et s'émeut à cette chère vue !
Dieux, qui voyez mon cœur dans ce triste moment,
Ai-je assez de vertu pour perdre mon amant ?

SCÈNE II.

ÉLECTRE, ITYS.

ITYS.

Pénétré d'un malheur où mon cœur s'intéresse,
M'est-il enfin permis de revoir ma princesse ?
Si j'en crois les apprêts qui se font en ces lieux,
Je puis donc sans l'aigrir m'offrir à ses beaux yeux !
Quelque prix qu'on prépare au feu qui me dévore,
Malgré tout mon espoir, que je les crains encore !
Dieux ! se peut-il qu'Électre, après tant de rigueurs,
Daigne choisir ma main pour essuyer ses pleurs ?

sensible à la pitié. L'usage ne lui a laissé ni l'une ni l'autre, et *pitoyable* n'est plus qu'un terme de mépris. Toutefois les bons écrivains, à l'exemple de La Bruyère, devroient lui conserver au moins le premier sens. (MARMONTEL, sur le *Scévola* de Du Ryer.)

Est-ce elle qui m'éléve à ce comble de gloire?
Mon bonheur est si grand, que je ne le puis croire.
Ah! madame, à qui dois-je un bien si doux pour moi?
(Amour, fais, s'il se peut, qu'il ne soit dû qu'à toi!)
Électre, s'il est vrai que tant d'ardeur vous touche,
Confirmez notre hymen d'un mot de votre bouche;
Laissez-moi, dans ces yeux de mon bonheur jaloux,
Lire au moins un aveu qui me fait votre époux.
Quoi! vous les détournez! Dieux! quel affreux silence!
Ma princesse, parlez : vous fait-on violence?
De tout ce que je vois que je me sens troubler!
Ah! ne me cachez point vos pleurs prêts à couler.
Confiez à ma foi le secret de vos larmes;
N'en craignez rien : ce cœur, quoique épris de vos charmes,
N'abusera jamais d'un pouvoir odieux.
Madame, par pitié, tournez vers moi les yeux.
C'en est trop : je pénétre un mystère funeste;
Vous cédez au destin qui vous enléve Oreste;
Vous croyez désormais que pour vous aujourd'hui
L'univers tout entier doit périr avec lui.
Votre cœur cependant, à sa haine fidéle,
Accablé des rigueurs d'une mère cruelle,
Au moment que je crois qu'il s'attendrit pour moi,
M'abhorre, et ne se rend qu'aux menaces du roi.

ÉLECTRE.

Fils d'Égisthe, reviens d'un soupçon qui me blesse :
Électre ne connoît ni crainte ni foiblesse;
Son cœur, dont rien ne peut abaisser la fierté,
Même au milieu des fers agit en liberté.
Quelque appui que le sort m'enléve dans mon frère,

Je crains plus tes vertus que les fers ni ton père.
Ne crois pas qu'un tyran pour toi puisse en ce jour
Ce que ne pourroit pas ou l'estime, ou l'amour.
Non, quel que soit le sang qui coule dans tes veines,
Je ne t'impute rien de l'horreur de mes peines ;
Je ne puis voir en toi qu'un prince généreux
Que de tout mon pouvoir je voudrois rendre heureux.
Non, je ne te hais point : je serois inhumaine,
Si je pouvois payer tant d'amour de ma haine.

ITYS.

Je ne suis point haï ! Comblez donc tous les vœux
Du cœur le plus fidèle et le plus amoureux.
Vous n'avez plus de haine ! Eh bien ! qui vous arrête ?
Les autels sont parés, et la victime est prête :
Venez sans différer, par des nœuds éternels,
Vous unir à mon sort aux pieds des immortels.
Égisthe doit bientôt y conduire la reine ;
Souffrez que sur leurs pas mon amour vous entraîne :
On n'attend plus que vous.

ÉLECTRE, à part.

On n'attend plus que moi !
Dieux cruels ! que ce mot redouble mon effroi !

(haut.)

Quoi ! tout est prêt, seigneur ?

ITYS.

Oui, ma chère princesse.

ÉLECTRE.

Hélas !

ITYS.

Ah ! dissipez cette sombre tristesse.

Vos yeux d'assez de pleurs ont arrosé ces lieux :
Livrez-vous à l'époux que vous offrent les dieux.
Songez que cet hymen va finir vos misères ;
Qu'il vous fait remonter au trône de vos pères ;
Que lui seul peut briser vos indignes liens,
Et terminer les maux qui redoublent les miens.
Le plus grand de mes soins, dans l'ardeur qui m'anime,
Est de vous arracher au sort qui vous opprime.
Mycènes vous déplaît : eh bien ! j'en sortirai ;
Content du nom d'époux, par-tout je vous suivrai,
Trop heureux, pour tout prix du feu qui me consume,
Si je puis de vos pleurs adoucir l'amertume !
Aussi touché que vous du destin d'un héros...

ÉLECTRE.

Hélas ! que ne sait-il le plus grand de mes maux !
Et que ce triste hymen où ton amour aspire...
Cet hymen... Non, Itys, je ne puis y souscrire.
J'ai promis ; cependant je ne puis l'achever.
Ton père est aux autels, je m'en vais l'y trouver ;
Attends-moi dans ces lieux.

ITYS.

    Et vous êtes sans haine !
Aux autels, quoi ! sans moi ? Demeurez, inhumaine :
Demeurez, ou bientôt d'un amant odieux
Ma main fera couler tout le sang à vos yeux.
Vous gardiez donc ce prix à ma persévérance[1] ?

ÉLECTRE.

Ah ! plus tu m'attendris, moins notre hymen s'avance.

---

[1] Réserviez-vous ce prix à ma fidélité ?
  Phèdre, acte I, sc. III.

ACTE V, SCÈNE II.

ITYS, se jetant à ses genoux.

Quoi ! vous m'abandonnez à mes cruels transports !

ÉLECTRE.

Que fais-tu, malheureux ! Laisse-moi mes remords ;
Lève-toi : ce n'est point la haine qui me guide.

SCÈNE III.

ÉLECTRE, ITYS, IPHIANASSE.

IPHIANASSE.

Que faites-vous, mon frère, aux pieds d'une perfide ?
On assassine Égisthe ; et, sans un prompt secours,
D'une si chère vie on va trancher le cours.

ITYS.

On assassine Égisthe ! Ah, cruelle princesse !

SCÈNE IV.

ÉLECTRE, IPHIANASSE.

ÉLECTRE.

Quoi ! malgré la pitié qui pour toi m'intéresse,
Ta mort de tant d'amour va donc être le fruit !
Je n'ai pu t'arracher au sort qui te poursuit,
Prince trop généreux !

IPHIANASSE.

Cessez, cessez de feindre,
Ingrate ; c'est plutôt l'insulter que le plaindre.
La pitié vous sied bien, au moment que c'est vous
Qui le faites tomber sous vos barbares coups !
J'entends par-tout voler le nom de votre frère.

Quel autre que ce traître, ennemi de mon père..
ÉLECTRE.
Respectez un héros qui ne fait en ces lieux
Que son devoir, le mien, et que celui des dieux.
Le crime n'a que trop triomphé dans Mycène :
Il est temps qu'un barbare en reçoive la peine ;
Qu'il éprouve ces dieux qu'il bravoit, l'inhumain !
Quoique lents à punir, ils punissent enfin.
Si le ciel indigné n'eût hâté son supplice,
Il eût fait à la fin soupçonner sa justice.
Entendez-vous ces cris, et ce tumulte affreux,
Ce bruit confus de voix de tant de malheureux?
Tels furent les apprêts de ce festin impie
Qu'Égisthe par sa mort dans ce moment expie.
Mais ce que j'ai souffert de nos cruels malheurs
M'apprend, en les vengeant, à respecter vos pleurs.
Je ne vous offre point une pitié suspecte ;
Un intérêt sacré veut que je les respecte.
Vous insultiez mon frère, et ma juste fierté
Avec trop de rigueur a peut-être éclaté.
D'ailleurs c'est un héros que vous devez connoître :
A vos yeux comme aux miens tel il a dû paroître.

SCÈNE V.
ÉLECTRE, IPHIANASSE, ARCAS.
ARCAS.
Madame, c'en est fait : tout cède à nos efforts[1] ;

---

[1] Madame, c'en est fait, et vous êtes servie.
Andromaque, acte V, sc. III.

ACTE V, SCÈNE V.

Ce palais se remplit de mourants et de morts.
Vous savez qu'aux autels notre chef intrépide
Devoit d'Agamemnon punir le parricide ;
Mais les soupçons d'Égisthe, et des avis secrets,
Ont hâté ce grand jour si cher à nos souhaits.
Oreste règne enfin : ce héros invincible
Semble armé de la foudre en ce moment terrible.
Tout fuit à son aspect, ou tombe sous ses coups :
De longs ruisseaux de sang signalent son courroux.
J'ai vu prêt à périr le fier Itys lui-même
Désarmé par Oreste en ce désordre extrême.
Ce prince au désespoir, cherchant le seul trépas,
Portant par-tout la mort et ne la trouvant pas,
A son père peut-être eût ouvert un passage ;
Mais sa main désarmée a trompé son courage.
Ainsi, de ses exploits interrompant le cours,
Le sort, malgré lui-même, a pris soin de ses jours.
Oreste, qu'irritoit une fureur si vaine,
A sa valeur bientôt fait tout céder sans peine.
J'ai cru de ce succès devoir vous avertir.
De ces lieux cependant gardez-vous de sortir,
Madame : la retraite est pour vous assurée[1] ;
Des amis affidés en défendent l'entrée.
Votre ennemi d'ailleurs, au gré de vos desirs,
Aux pieds de son vainqueur rend les derniers soupirs.

IPHIANASSE.

O mon père ! à ta mort je ne veux point survivre :
Je ne puis la venger, je vais du moins te suivre.

---

[1] Arcas vient de dire à Électre de *se garder de sortir*. Ces deux vers renferment une contradiction, du moins en apparence.

(à Électre.)
Cruelle, redoutez, malgré tout mon malheur,
Que l'amour n'arme encor pour moi plus d'un vengeur.

SCÈNE VI.

ORESTE, ÉLECTRE, IPHIANASSE, ARCAS, GARDES.

ORESTE.

Amis, c'en est assez; qu'on épargne le reste.
Laissez, laissez agir la clémence d'Oreste:
Je suis assez vengé.

IPHIANASSE.

Dieux! qu'est-ce que je vois?
Sort cruel! c'en est fait; tout est perdu pour moi;
Celui que j'implorois est Oreste.

ORESTE.

Oui, madame,
C'est lui; c'est ce guerrier que la plus vive flamme
Vouloit en vain soustraire aux devoirs de ce nom,
Et qui vient de venger le sang d'Agamemnon.
Quel que soit le courroux que ce nom vous inspire,
Mon devoir parle assez; je n'ai rien à vous dire:
Votre père en ces lieux m'avoit ravi le mien.

IPHIANASSE.

Oui; mais je n'eus point part à la perte du tien.

SCÈNE VII.

ORESTE, ÉLECTRE, PALAMÈDE, ARCAS,
GARDES.

ORESTE, à ses gardes.

Suivez-la. Dieux! quels cris se font encore entendre!
D'un trouble affreux mon cœur a peine à se défendre.
Palamède, venez rassurer mes esprits.
Que vous calmez l'horreur qui les avoit surpris!
Ami trop généreux, mon défenseur, mon père,
Ah! que votre présence en ce moment m'est chère!...
Quel triste et sombre accueil! Seigneur, qu'ai-je donc fait?
Vos yeux semblent sur moi ne s'ouvrir qu'à regret :
N'ai-je pas assez loin étendu la vengeance?

PALAMÈDE.

On la porte souvent bien plus loin qu'on ne pense.
Oui, vous êtes vengé, les dieux le sont aussi;
Mais, si vous m'en croyez, éloignez-vous d'ici.
Ce palais n'offre plus qu'un spectacle funeste;
Ces lieux souillés de sang sont peu dignes d'Oreste :
Suivez-moi l'un et l'autre.

ORESTE.

                Ah! que vous me troublez!
Pourquoi nous éloigner? Palamède, parlez :
Craint-on quelque transport de la part de la reine[1]?

---

[1] Clytemnestre n'a pas reparu depuis le premier acte. Le songe qu'elle a eu faisoit pourtant espérer qu'elle prendroit plus de part à l'action. Crébillon n'auroit pas dû peut-être laisser si long-temps

PALAMÈDE.
Non, vous n'avez plus rien à craindre de sa haine.
De son triste destin laissez le soin aux dieux :
Mais pour quelques moments abandonnez ces lieux ;
Venez.

ORESTE.
   Non, non, ce soin cache trop de mystère ;
Je veux en être instruit. Parlez, que fait ma mère ?
PALAMÈDE.
Eh bien ! un coup affreux...
ORESTE.
      Ah dieux ! quel inhumain
A donc jusque sur elle osé porter la main ?
Qu'a donc fait Anténor, chargé de la défendre ?
Et comment et par qui s'est-il laissé surprendre ?
Ah ! j'atteste les dieux que mon juste courroux...
PALAMÈDE.
Ne faites point, seigneur, de serment contre vous.
ORESTE.
Qui ? moi, j'aurois commis une action si noire !
Oreste parricide !... Ah ! pourriez-vous le croire ?
De mille coups plutôt j'aurois percé mon sein.
Juste ciel ! et qui peut imputer à ma main...
PALAMÈDE.
J'ai vu, seigneur, j'ai vu : ce n'est point l'imposture
Qui vous charge d'un coup dont frémit la nature.
De vos soins généreux plus irritée encor,
Clytemnestre a trompé le fidèle Anténor,

dans l'oubli un personnage qui s'étoit annoncé sous des couleurs si tragiques.

Et, remplissant ces lieux et de cris et de larmes,
S'est jetée à travers le péril et les armes.
Au moment qu'à vos pieds son parricide époux
Étoit près d'éprouver un trop juste courroux,
Votre main redoutable alloit trancher sa vie :
Dans ce fatal instant la reine l'a saisie.
Vous, sans considérer qui pouvoit retenir
Une main que les dieux armoient pour le punir,
Vous avez d'un seul coup, qu'ils conduisoient peut-être [1],
Fait couler tout le sang dont ils vous firent naître.

ORESTE.

Sort, ne m'as-tu tiré de l'abyme des flots
Que pour me replonger dans ce gouffre de maux,
Pour me faire attenter sur les jours de ma mère!...
Elle vient : quel objet ! où fuirai-je ?

ÉLECTRE.

Ah, mon frère !

SCÈNE VIII.

CLYTEMNESTRE, ORESTE, ÉLECTRE,
PALAMÈDE, ARCAS, ANTÉNOR, MÉLITE,
GARDES.

CLYTEMNESTRE.

Ton frère ! quoi ! je meurs de la main de mon fils [2] !

---

[1] On ne peut ménager ni présenter un événement atroce d'une manière plus conforme à toutes les convenances théâtrales ; et cet hémistiche, *qu'ils conduisoient peut-être*, est admirable. (La H.)

[2] Un fils qui tue sa mère pour la punir d'avoir tué son père ! un fils qui tue sa mère pour faire une bonne œuvre et pour obéir aux

308 ÉLECTRE.

Dieux justes! mes forfaits sont-ils assez punis?
Je ne te revois donc, fils digne des Atrides,
Que pour trouver la mort dans tes mains parricides?
Jouis de tes fureurs, vois couler tout ce sang
Dont le ciel irrité t'a formé dans mon flanc.
Monstre que bien plutôt forma quelque Furie,
Puisse un destin pareil payer ta barbarie!
Frappe encor, je respire, et j'ai trop à souffrir
De voir qui je fis naître, et qui me fait mourir.
Achève, épargne-moi ce tourment qui m'accable.

ORESTE.

Ma mère!

CLYTEMNESTRE.

Quoi! ce nom qui te rend si coupable,

dieux! Rien n'est plus horrible et plus absurde tout à-la-fois dans nos idées et dans nos mœurs. Notre esprit n'admet point de dieux qui ordonnent un parricide, et qui punissent un crime par un autre crime plus grand. Le fanatique qui obéit à de tels dieux nous paroit plus odieux, plus méprisable qu'intéressant. Les Grecs, élevés dans le respect pour ces traditions effroyables, accoutumés à les confondre avec la religion, apportoient au théâtre les plus grandes dispositions à la terreur; lorsqu'on y représentoit ces fables monstrueuses, ils frémissoient comme des enfants à qui on fait des contes de sorciers et de revenants; leur système tragique tiroit de sa liaison avec le système religieux une force invincible absolument nulle aujourd'hui pour nous: c'est même à présent cette misérable superstition qui choque les gens sensés dans les tragédies grecques. Mais rien n'est plus opposé à l'esprit tragique que l'esprit philosophique. Le théâtre vit de sentiments, de passions, de préjugés, et non de raisonnement. Si l'on veut lire avec plaisir Sophocle et Euripide, il faut se prêter aux erreurs, aux foiblesses de leur siècle. Ce sont ces erreurs et ces foiblesses qui forment ce qu'on appelle l'intérêt local et les beautés arbitraires d'un ouvrage. (GEOFFROY.)

Tu l'oses prononcer! N'affecte rien, cruel!
La douleur que tu feins te rend plus criminel
Triomphe, Agamemnon; jouis de ta vengeance:
Ton fils ne dément point ton nom, ni sa naissance.
Pour l'en voir digne au gré de mes vœux et des tiens,
Je lui laisse un forfait qui passe tous les miens.

SCÈNE IX.

ORESTE, ÉLECTRE, PALAMÈDE, ANTÉNOR, ARCAS, gardes.

ORESTE.

Frappez, dieux tout-puissants que ma fureur implore;
Dieux vengeurs, s'il en est, puisque je vis encore,
Frappez: mon crime affreux ne regarde que vous.
Le ciel n'a-t-il pour moi que des tourments trop doux?
Je vois ce qui retient un courroux légitime;
Dieux, vous ne savez point comme on punit mon crime.

ÉLECTRE.

Ah! mon frère, calmez cette aveugle fureur:
N'ai-je donc pas assez de ma propre douleur?
Voulez-vous me donner la mort, mon cher Oreste?

ORESTE.

Ah! ne prononcez plus ce nom que je déteste.
Et toi que fait frémir mon aspect odieux,
Nature, tant de fois outragée en ces lieux,
Je viens de te venger du meurtre de mon père;
Mais qui te vengera du meurtre de ma mère?
Ah! si pour m'en punir le ciel est sans pouvoir,

Prêtons-lui les fureurs d'un juste désespoir.
O dieux! que mes remords, s'il se peut, vous fléchissent!
Que mon sang, que mes pleurs, s'il se peut, t'attendrissent,
Ma mère! vois couler...

(Il veut se tuer.)

PALAMÈDE, *le désarmant.*
Ah, seigneur!

ORESTE.
Laisse-moi:
Je ne veux rien, cruel, d'Électre ni de toi:
Votre cœur, affamé de sang et de victimes,
M'a fait souiller ma main du plus affreux des crimes...
Mais quoi! quelle vapeur vient obscurcir les airs?
Grace au ciel, on m'entr'ouvre un chemin aux enfers:
Descendons, les enfers n'ont rien qui m'épouvante;
Suivons le noir sentier que le sort me présente;
Cachons-nous dans l'horreur de l'éternelle nuit.
Quelle triste clarté dans ce moment me luit?
Qui ramène le jour dans ces retraites sombres?
Que vois-je? mon aspect épouvante les ombres!
Que de gémissements! que de cris douloureux!
« Oreste! » Qui m'appelle en ce séjour affreux [1]?
Égisthe! Ah! c'en est trop, il faut qu'à ma colère...
Que vois-je? dans ses mains la tête de ma mère!

---

[1] Quoi de plus terrible et de plus vrai que le désordre de ce parricide, effrayé d'entendre son nom qu'il a prononcé lui-même! On dit que l'auteur dut ce beau trait à la rencontre d'un homme ivre qui s'appeloit et se répondoit à haute voix. Cette anecdote prouve que le génie sait tirer parti des moindres observations. (M. LEMERCIER, *Cours anal. de litt.*)

ACTE V, SCÈNE IX.

Quels regards! Où fuirai-je? Ah! monstre furieux,
Quel spectacle oses-tu présenter à mes yeux?
Je ne souffre que trop: monstre cruel, arrête;
A mes yeux effrayés dérobe cette tête.
Ah! ma mère, épargnez votre malheureux fils.
Ombre d'Agamemnon, sois sensible à mes cris;
J'implore ton secours, chère ombre de mon père;
Viens défendre ton fils des fureurs de sa mère;
Prends pitié de l'état où tu me vois réduit.
Quoi! jusque dans tes bras la barbare me suit!...
C'en est fait! je succombe à cet affreux supplice.
Du crime de ma main mon cœur n'est point complice;
J'éprouve cependant des tourments infinis.
Dieux! les plus criminels seroient-ils plus punis[1]?

[1] On est surpris, il faut l'avouer, qu'une pièce où l'on a si souvent oublié l'esprit de la tragédie, en offre, en finissant, les teintes les plus sombres. Cette scène terrible a encore l'avantage de préparer les fureurs d'Oreste, morceau de la plus grande force, quoique mêlé de quelques vers foibles, mais qui sont rachetés par des traits sublimes, tels que celui-ci, lorsque Oreste croit voir le fantôme d'Égisthe:

Que vois-je? dans ses mains la tête de ma mère!

On reconnoît le génie de Crébillon à ces lueurs funèbres qu'il faisoit briller dans la nuit tragique; on sent que l'horreur étoit son élément. Quel dommage qu'avec un talent si mâle et si vigoureux il ait eu si peu de goût! (La H.) — Un critique minutieux a remarqué que, dans tout le cours de la pièce, Électre n'est pas nommée une seule fois. Il a dit encore que Crébillon n'a pas été bien inspiré dans le choix de ses personnages, et que leurs noms, presque tous historiques, réveillent des souvenirs peu d'accord avec le rôle qu'il leur fait jouer.

FIN.

RHADAMISTE ET ZÉNOBIE,

TRAGÉDIE,

REPRÉSENTÉE POUR LA PREMIÈRE FOIS
LE 23 JANVIER 1711.

A SON A. S. MONSEIGNEUR

LE PRINCE

DE VAUDEMONT[1].

MONSEIGNEUR,

Je n'ai jamais douté du succès de *Rhadamiste*. Une tragédie qui vous avoit plu pouvoit-elle n'être pas approuvée? Le public l'a

[1] Souverain de Commercy. (Première édition.)

applaudie en effet ; et ce sont ces mêmes applaudissements qui me donnent aujourd'hui la hardiesse de la dédier à V. A. S. Ne craignez pas, MONSEIGNEUR, que cette liberté soit suivie d'aucune autre. Votre modestie n'aura rien à souffrir avec moi. Tel affronte la mort avec intrépidité ; tel, par son habileté à la guerre, échappe à des périls certains, et sait se couvrir de gloire dans le temps qu'il paroît le plus près de sa perte, qui ne soutiendroit pas la plus petite louange sans se déconcerter. Accoutumé d'ailleurs à peindre des héros de mon imagination, peut-être réussirois-je mal en peignant d'après le plus parfait modèle. Et quels éloges encore que ceux d'une épître, pour un prince consacré à l'histoire et à la tradition ! L'histoire, sans se charger d'un encens superflu, par le simple récit des faits, loue avec plus de noblesse que les traits les plus recherchés ; ainsi le lecteur trouvera bon que je l'y renvoie : c'est là où, mieux que dans une épître, souvent suspecte de flatterie, il verra quel prix étoit réservé aux grandes actions de V. A. S. Tropheureux que la permission que vous avez eu la bonté de me donner de placer votre nom à la tête de cet ouvrage me mette à portée de vous assurer que personne au monde n'est avec plus de vénération et un plus profond respect que moi,

MONSEIGNEUR,

DE VOTRE ALTESSE SÉRÉNISSIME,

Le très humble et très obéissant serviteur,
JOLYOT DE CRÉBILLON.

AVIS DE L'ÉDITEUR.

Voltaire a dit, et on a souvent répété après lui, que Crébillon avoit pris le sujet de cette tragédie dans un roman peu connu, intitulé *Bérénice*. Il eût été plus vrai et plus équitable de dire que *Rhadamiste* est presque tout entier dans Tacite, qui a fourni à Crébillon les traits les plus marquants de ses personnages, et les principaux faits sur lesquels son drame est fondé. On en jugera par l'extrait suivant :

« Erat Pharasmani filius nomine Rhadamistus, decora proceritate, vi corporis insignis, et patrias artes edoctus, claraque inter accolas fama. Is modicum Iberiæ regnum senecta patris detineri ferocius crebriusque jactabat, quam ut cupidinem occultaret. Igitur Pharasmanes juvenem potentiæ promptæ, et studio popularium accinctum, vergentibus jam annis suis metuens, aliam ad spem trahere, et Armeniam ostentare, pulsis Parthis datam Mithridati a semet memorando; sed vim differendam, et potiorem dolum, quo incautum opprimerent. Ita Rhadamistus, simulata adversus patrem discordia, tanquam novercæ odiis impar, pergit ad patruum : multaque ab eo comitate in speciem liberum cultus, primores Armeniorum ad res novas illicit, ignaro et ornante insuper Mithridate...... Quod ipse Rhadamisto socer esset...... Atque illi (Armenii), quamvis servitio sueti, patientiam abrumpunt, armisque regiam circumveniunt. Nec aliud Rhadamisto subsidium fuit, quam pernicitas equorum, quis seque et conjugem abstulit. Sed conjux gravida primam utcunque fugam ob metum hostilem et mariti caritatem toleravit : post festinatione continua, ubi quati uterus, et viscera vibrantur, orare ut morte honesta contumeliis captivitatis eximeretur. Ille primo amplecti, allevare, adhortari, modo virtutem admirans, modo timore æger, ne quis relicta potiretur. Postremo violentia amoris, et facinorum non rudis, distringit acinacem, vulneratamque ad ripam Araxis trahit, flumini tradit ne corpus etiam auferretur. Ipse præceps Iberos ad patrium regnum pervadit. Interim Zenobiam (id mulieri nomen) placida illuvie, spirantem ac vitæ manifestam advertere pastores, et dignitate formæ haud degenerem reputantes, obligant vulnus, agrestia medicamina adhibent, cognitoque nomine et casu in urbem Artaxata ferunt : unde publica cura deducta ad Tiridatei, comiterque excepta, cultu regio habita est. » (*Annal.*, lib. XII, § 44, 46 et 51.)

ACTEURS.

PHARASMANE, roi d'Ibérie.
RHADAMISTE, roi d'Arménie, fils de Pharasmane.
ZÉNOBIE, femme de Rhadamiste, sous le nom d'Isménie.
ARSAME, frère de Rhadamiste.
HIÉRON, ambassadeur d'Arménie, et confident de Rhadamiste.
MITRANE, capitaine des gardes de Pharasmane.
HYDASPE, confident de Pharasmane.
PHÉNICE, confidente de Zénobie.
Gardes.

La scène est dans Artanisse, capitale de l'Ibérie, dans le palais de Pharasmane.

RHADAMISTE ET ZÉNOBIE,

TRAGÉDIE[1].

ACTE PREMIER.

SCÈNE I.

ZÉNOBIE, sous le nom d'ISMÉNIE; PHÉNICE.

ZÉNOBIE.

Ah! laisse-moi, Phénice, à mes mortels ennuis;
Tu redoubles l'horreur de l'état où je suis:

---

[1] Représentée pour la première fois le vendredi 23 janvier 1711; la vingt-troisième représentation eut lieu le 19 mars suivant. Reprise le jeudi 15 mai, et jouée sept fois, en tout trente représentations : honoraires de l'auteur, 2918 liv. 2 s. (Les frères PARFAIT.) — Nous ne transcrivons ces lignes que pour bien fixer la date de la première représentation de *Rhadamiste*. Cette date est importante; et Geoffroy, qui s'est trompé en la plaçant au 14 décembre 1711, en a tiré de fausses inductions pour réfuter l'anecdote de Boileau[2]. Nous ajouterons que le privilège pour l'impression de *Rhadamiste* est du 8 février de la même année.

[2] Voyez la dernière note sur *Rhadamiste*.

Laisse-moi. Ta pitié, tes conseils et la vie,
Sont le comble des maux pour la triste Isménie[1].
Dieux justes! ciel vengeur, effroi des malheureux!
Le sort qui me poursuit est-il assez affreux?

PHÉNICE.

Vous verrai-je toujours, les yeux baignés de larmes,
Par d'éternels transports remplir mon cœur d'alarmes?
Le sommeil en ces lieux verse en vain ses pavots;
La nuit n'a plus pour vous ni douceur ni repos.
Cruelle! si l'amour vous éprouve inflexible[2],
A ma triste amitié soyez du moins sensible.
Mais quels sont vos malheurs? Captive dans des lieux
Où l'amour soumet tout au pouvoir de vos yeux,
Vous ne sortez des fers où vous fûtes nourrie,
Que pour vous asservir le grand roi d'Ibérie.

---

[1] Comment la pitié et les conseils d'une confidente peuvent-ils être pour sa maîtresse le *comble des maux*? et, de plus, comment la vie elle-même est-elle le *comble des maux*? Elle peut être un malheur, sans lequel sûrement il n'y en a pas d'autre; mais elle n'est pas le *comble des malheurs*. Tout cela n'a pas de sens, et il n'y en a pas davantage dans ce vers:

Ciel vengeur, effroi des malheureux!

Le ciel vengeur est au contraire l'espoir et la consolation des malheureux, et l'effroi des coupables. (La H.)

[2] Il n'y a là aucune suite, aucune liaison. *L'amour vous éprouve inflexible* n'est pas françois; et puis qu'est-ce que cet amour? Isménie n'en a pas encore parlé, et Phénice ne répond qu'à son idée, et non pas à ce qu'on lui a dit. Ce n'est pas le moyen d'éclairer le spectateur; et le premier principe de toute exposition, c'est qu'on n'ait jamais besoin de ce qui suit pour entendre ce qui précède: il faut que tout procède clairement, et s'explique de soi-même. (La H.)

ACTE I, SCÈNE I.

Et que demande encor ce vainqueur des Romains[1] ?
D'un sceptre redoutable il veut orner vos mains.
Si, rebuté des soins où son amour l'engage,
Il s'est enfin lassé d'un inutile hommage,
Par combien de mépris, de tourments, de rigueur,
N'avez-vous pas vous-même allumé sa fureur !
Flattez, comblez ses vœux, loin de vous en défendre ;
Vous le verrez bientôt plus soumis et plus tendre.

ZÉNOBIE.

Je connois mieux que toi ce barbare vainqueur,
Pour qui, mais vainement, tu veux fléchir mon cœur.
Quels que soient les grands noms qu'il tient de la victoire,
Et ce front si superbe où brille tant de gloire ;
Malgré tous ses exploits, l'univers à mes yeux
N'offre rien qui me doive être plus odieux.
J'ai trahi trop long-temps ton amitié fidèle :
Il faut d'un autre prix reconnoître ton zèle,
Me découvrir. Du moins, quand tu sauras mon sort,
Je ne te verrai plus t'opposer à ma mort[2].

---

[1] Que d'embarras dans tout ce discours ! Que fait là ce vainqueur des Romains ? Est-il question des Romains entre Isménie et le roi d'Ibérie ? Ce vers le feroit croire, et voilà ce que produit un hémistiche fait pour la rime. (L A H.)

[2] Il ne faut point parler si décidément de sa mort, à moins d'en parler comme Phèdre, c'est-à-dire avec le désespoir le plus vrai, et un dessein très formé de mourir ; sans cela ce n'est qu'un lieu commun. (L A H.) — Remarque appuyée sur ces deux vers de Racine, que nous avons déjà cités dans *Idoménée* :

Quand tu sauras mon crime et le sort qui m'accable,
Je n'en mourrai pas moins ; j'en mourrai plus coupable.
Phèdre, acte I, sc. III.

Phénice, tu m'as vue aux fers abandonnée,
Dans un abaissement où je ne suis point née.
Je compte autant de rois que je compte d'aïeux,
Et le sang dont je sors ne le cède qu'aux dieux.
Pharasmane, ce roi qui fait trembler l'Asie,
Qui brave des Romains la vaine jalousie,
Ce cruel dont tu veux que je flatte l'amour,
Est frère de celui qui me donna le jour.
Plût aux dieux qu'à son sang le destin qui me lie
N'eût point par d'autres nœuds attaché Zénobie[1] !
Mais, à ces nœuds sacrés joignant des nœuds plus doux[2],
Le sort l'a fait encor père de mon époux,
De Rhadamiste enfin.

PHÉNICE.
            Ma surprise est extrême :
Vous Zénobie ! ô dieux !

ZÉNOBIE.
            Oui, Phénice, elle-même,
Fille de tant de rois, reste d'un sang fameux[3],

[1] Comment construire cette phrase ? Est-ce *plût aux dieux que le destin qui me lie à son sang ne m'eût point attachée par d'autres nœuds* ; ou bien, *plût aux dieux que le destin qui me lie ne m'eût point attachée à son sang par d'autres nœuds* ? Dans les deux cas, l'un des deux verbes manque de régime, et la phrase manque d'exactitude et de clarté. (La H.)

[2] Elle parle de son mariage avec Rhadamiste, et jamais nœuds ne furent plus funestes : c'est ainsi qu'elle doit les voir. Elle veut dire : *joignant aux liens du sang des nœuds qui devoient m'être encore plus chers* ; mais le dit-elle ? (La H.)

[3] Zénobie n'est point le reste de ce sang, puisque Pharasmane a un fils : d'ailleurs *illustre*, après *fameux*, est une cheville. (La H.)

Illustre, mais, hélas! encor plus malheureux.
Après de longs débats, Mithridate mon père
Dans le sein de la paix vivoit avec son frère.
L'une et l'autre Arménie, asservie à nos lois,
Mettoit cet heureux prince au rang des plus grands rois.
Trop heureux en effet, si son frère perfide
D'un sceptre si puissant eût été moins avide!
Mais le cruel, bien loin d'appuyer sa grandeur,
Le dévora bientôt dans le fond de son cœur.
Pour éblouir mon père, et pour mieux le surprendre,
Il lui remit son fils dès l'âge le plus tendre.
Mithridate charmé l'éleva parmi nous,
Comme un ami pour lui, pour moi comme un époux.
Je l'avouerai, sensible à sa tendresse extrême,
Je me fis un devoir d'y répondre de même[1],
Ignorant qu'en effet, sous des dehors heureux,
On pût cacher au crime un penchant dangereux.

PHÉNICE.

Jamais roi cependant ne se fit dans l'Asie
Un nom plus glorieux et plus digne d'envie.
Déjà des autres rois devenu la terreur...

ZÉNOBIE.

Phénice, il n'a que trop signalé sa valeur.
A peine je touchois à mon troisième lustre,
Lorsque tout fut conclu pour cet hymen illustre.
Rhadamiste déjà s'en croyoit assuré,
Quand son père cruel, contre nous conjuré,
Entra dans nos états, suivi de Tiridate,

[1] *De même* est une cheville. (La H.)

Qui brûloit de s'unir au sang de Mithridate ;
Et ce Parthe, indigné qu'on lui ravit ma foi,
Sema par-tout l'horreur, le désordre et l'effroi [1].
Mithridate, accablé par son perfide frère,
Fit tomber [2] sur le fils les cruautés du père ;
Et, pour mieux se venger de ce frère inhumain,
Promit à Tiridate et son sceptre et ma main.
Rhadamiste, irrité d'un affront si funeste,
De l'état à son tour embrasa tout le reste,
En dépouilla mon père, en repoussa le sien ;
Et, dans son désespoir ne ménageant plus rien,
Malgré Numidius et la Syrie entière,
Il força Pollion de lui livrer mon père.
Je tentai, pour sauver un père malheureux,
De fléchir un amant que je crus généreux.
Il promit d'oublier sa tendresse offensée,
S'il voyoit de ma main sa foi récompensée ;
Qu'au moment que l'hymen l'engageroit à moi,
Il remettroit l'état sous sa première loi.
Sur cet espoir charmant [3] aux autels entraînée,
Moi-même je hâtois ce fatal hyménée ;

---

[1] Combien l'auteur est embarrassé ! Rien de plus simple cependant que ce qu'il avoit à dire : que Tiridate, prince des Parthes, avoit demandé la main de Zénobie, et qu'indigné qu'on lui eût préféré Rhadamiste, il s'étoit joint à Pharasmane pour accabler Mithridate. Voilà ce qu'il falloit énoncer dans des vers aussi clairs que cette phrase, et plus élégants : c'est le devoir du poëte. (La H.)

[2] Cette expression manque de clarté. Crébillon a voulu dire : punit le fils des cruautés du père. (La H.)

[3] Charmant est déplacé au milieu de tant d'horreurs : cet espoir étoit consolant, et non pas charmant. (La H.)

Et mon parjure amant osa bien l'achever,
Teint du sang qu'à ce prix je prétendois sauver.
Mais le ciel, irrité contre ces nœuds impies,
Éclaira notre hymen du flambeau des Furies.
Quel hymen, justes dieux ! et quel barbare époux !
PHÉNICE.
Je sais que tout un peuple indigné contre vous,
Vous imputant du roi la triste destinée,
Ne vit qu'avec horreur ce coupable hyménée.
ZÉNOBIE.
Les cruels, sans savoir qu'on me cachoit son sort,
Osèrent bien sur moi vouloir venger sa mort.
Troublé de ses forfaits, dans ce péril extrême,
Rhadamiste en parut comme accablé lui-même.
Mais ce prince, bientôt rappelant sa fureur,
Remplit tout, à son tour, de carnage et d'horreur.
« Suivez-moi, me dit-il : ce peuple qui m'outrage
« En vain à ma valeur croit fermer un passage :
« Suivez-moi. » Des autels s'éloignant à grands pas,
Terrible et furieux, il me prit dans ses bras,
Fuyant parmi les siens à travers Artaxate,
Qui vengeoit, mais trop tard, la mort de Mithridate.
Mon époux cependant, pressé de toutes parts,
Tournant alors sur moi de funestes regards...
Mais, loin de retracer une action si noire,
D'un époux malheureux respectons la mémoire :
Épargne à ma vertu cet odieux récit.
Contre un infortuné je n'en ai que trop dit.
Je ne puis rappeler un souvenir si triste,
Sans déplorer encor le sort de Rhadamiste.

Qu'il te suffise enfin, Phénice, de savoir,
Victime d'un amour réduit au désespoir [1],
Que par une main chère, et de mon sang fumante,
L'Araxe dans ses eaux me vit plonger mourante.

PHÉNICE.

Quoi! ce fut votre époux... Quel inhumain, grands dieux!

ZÉNOBIE.

Les horreurs de la mort couvroient déja mes yeux,
Quand le ciel, par les soins d'une main secourable,
Me sauva d'un trépas sans elle inévitable.
Mais, à peine échappée à des périls affreux,
Il me fallut pleurer un époux malheureux.
J'appris, non sans frémir, que son barbare père,
Prétextant sa fureur sur la mort de son frère [2],
De la grandeur d'un fils en effet trop jaloux,
Lui seul avoit armé nos peuples contre nous;
Qu'introduit en secret au sein de l'Arménie,
Lui-même de son fils avoit tranché la vie.
A ma douleur alors laissant un libre cours [3],
Je détestai les soins qu'on prenoit de mes jours,
Et, quittant sans regret mon rang et ma patrie,

---

[1] Ce vers reste comme isolé et ne tenant à rien dans la phrase, parceque la mesure n'a pas permis à l'auteur de suivre la construction naturelle et grammaticale. (La H.)

[2] *Prétexter* signifie *alléguer pour prétexte*. Pour être correct, il falloit dire : *prétextant la mort de son frère pour justifier sa fureur*. (La H.)

[3] Quand nous laissons un libre cours à notre douleur, c'est que nous voulons la soulager, et ce n'est point alors que nous détestons les soins qu'on prend de nos jours. D'ailleurs on n'erre point sous un nom *déguisé*, mais *déguisé sous un faux nom*. (La H.)

Sous un nom déguisé j'errai dans la Médie.
Enfin, après dix ans d'esclavage et d'ennui,
Étrangère par-tout, sans secours, sans appui,
Quand j'espérois goûter un destin plus tranquille,
La guerre en un moment détruisit mon asile.
Arsame, conduisant la terreur sur ses pas,
Vint, la foudre à la main, ravager ces climats :
Arsame, né d'un sang à mes yeux si coupable,
Arsame cependant à mes yeux trop aimable,
Fils d'un père perfide, inhumain et jaloux,
Frère de Rhadamiste, enfin de mon époux.

PHÉNICE.

Quel que soit le devoir du nœud qui vous engage,
Aux mânes d'un époux est-ce faire un outrage
Que de céder aux soins d'un prince généreux
Qui par tant de bienfaits a signalé ses feux ?

ZÉNOBIE.

Encor si dans nos maux une cruelle absence
Ne nous ravissoit point notre unique espérance !...
Mais Arsame, éloigné par un triste devoir,
Dans mon cœur éperdu ne laisse plus d'espoir ;
Et, pour comble de maux, j'apprends que l'Arménie,
Qu'un droit si légitime accorde à Zénobie,
Va tomber au pouvoir du Parthe ou des Romains,
Ou peut-être passer en de moins dignes mains.
Dans son barbare cœur, flatté de sa conquête,
A quitter ces climats Pharasmane s'apprête.

PHÉNICE.

Eh bien ! dérobez-vous à ses injustes lois.
N'avez-vous pas pour vous les Romains et vos droits ?

Par un ambassadeur parti de la Syrie,
Rome doit décider du sort de l'Arménie.
Reine de ces états, contre un prince inhumain
Faites agir pour vous l'ambassadeur romain :
On l'attend aujourd'hui dans les murs d'Artanisse.
Implorez de César le secours, la justice ;
De son ambassadeur faites-vous un appui ;
Forcez-le à vous défendre, ou fuyez avec lui.

ZÉNOBIE.

Comment briser les fers où je suis retenue ?
M'en croira-t-on d'ailleurs, fugitive, inconnue ?
Comment... Mais quel objet ! Arsame dans ces lieux !

SCÈNE II.

ZÉNOBIE, sous le nom d'ISMÉNIE ; ARSAME, PHÉNICE.

ARSAME.

M'est-il encor permis de m'offrir à vos yeux ?

ZÉNOBIE.

C'est vous-même, seigneur ! Quoi ! déja l'Albanie...

ARSAME.

Tout est soumis, madame ; et la belle Isménie,
Quand la gloire paroît me combler de faveurs,
Semble seule vouloir m'accabler de rigueurs.
Trop sûr que mon retour d'un inflexible père
Va sur un fils coupable attirer la colère ;
Jaloux, désespéré, j'ose, pour vous revoir,
Abandonner des lieux commis à mon devoir.

Ah! madame, est-il vrai qu'un roi fier et terrible
Aux charmes de vos yeux soit devenu sensible?
Que l'hymen aujourd'hui doive combler ses vœux?
Pardonnez aux transports d'un amant malheureux.
Ma douleur vous aigrit : je vois qu'avec contrainte
D'un amour alarmé vous écoutez la plainte.
Ce n'est pas sans raison que vous la condamnez :
Le reproche ne sied qu'aux amants fortunés.
Mais moi, qui fus toujours à vos rigueurs en butte,
Qu'un amour sans espoir dévore et persécute;
Mais moi, qui fus toujours à vos lois si soumis,
Qu'ai-je à me plaindre, hélas ! et que m'a-t-on promis?
Indigné cependant du sort qu'on vous prépare,
Je me plains et de vous et d'un rival barbare.
L'amour, le tendre amour qui m'anime pour vous,
Tout malheureux qu'il est, n'en est pas moins jaloux.

ZÉNOBIE.

Seigneur, il est trop vrai qu'une flamme funeste
A fait parler ici des feux que je déteste :
Mais, quel que soit le rang et le pouvoir du roi [1],
C'est en vain qu'il prétend disposer de ma foi.
Ce n'est pas que, sensible à l'ardeur qui vous flatte,
J'approuve ces transports où votre amour éclate.

ARSAME.

Ah! malgré tout l'amour dont je brûle pour vous,
Faites-moi seul l'objet d'un injuste courroux :

---

[1] On ne peut pas dire *quel que soit le rang*, quand on détermine ce rang dans la phrase même. Ainsi on ne diroit pas *quel que soit le rang du roi de France*, à moins qu'il ne s'agît du rang qu'il doit avoir entre les rois. (LA H.)

Imposez à mes feux la loi la plus sévère,
Pourvu que votre main se refuse à mon père.
Si pour d'autres que moi votre cœur doit brûler,
Donnez-moi des rivaux que je puisse immoler,
Contre qui ma fureur agisse sans murmure[1].
L'amour n'a pas toujours respecté la nature :
Je ne le sens que trop à mes transports jaloux.
Que sais-je, si le roi devenoit votre époux,
Jusqu'où m'emporteroit sa cruelle injustice ?
Ce n'est pas le seul bien que sa main me ravisse.
L'Arménie, attentive à se choisir un roi,
Par les soins d'Hiéron se déclare pour moi.
Ardent à terminer un honteux esclavage,
Je venois à mon tour vous en faire un hommage ;
Mais un père jaloux, un rival inhumain,
Veut me ravir encor ce sceptre et votre main.
Qu'il m'enléve à son gré l'une et l'autre Arménie,
Mais qu'il laisse à mes vœux la charmante Isménie.
Je faisois mon bonheur de plaire à ses beaux yeux,
Et c'est l'unique bien que je demande aux dieux.

ZÉNOBIE.

Et pourquoi donc ici m'avez-vous amenée ?
Quelle que fût ailleurs ma triste destinée,
Elle couloit du moins dans l'ombre du repos.
C'est vous, par trop de soins, qui comblez tous mes maux.
D'ailleurs, qu'espérez-vous d'une flamme si vive ?
Tant d'amour convient-il au sort d'une captive ?
Vous ignorez encor jusqu'où vont mes malheurs.

[1] L'auteur veut dire *sans scrupule*, ou *sans que le devoir en murmure*. (La H.)

Rien ne sauroit tarir la source de mes pleurs.
Ah! quand même l'amour uniroit l'un et l'autre,
L'hymen n'unira point mon sort avec le vôtre.
Malgré tout son pouvoir, et son amour fatal,
Le roi n'est pas, seigneur, votre plus fier rival :
Un devoir rigoureux, dont rien ne me dispense,
Doit forcer pour jamais votre amour au silence.
J'entends du bruit : on ouvre. Ah, seigneur! c'est le roi.
Que je crains son abord et pour vous et pour moi !

SCÈNE III.

PHARASMANE, ZÉNOBIE, sous le nom d'ISMÉNIE ; ARSAME, MITRANE, HYDASPE, PHÉNICE, GARDES.

PHARASMANE.

Que vois-je? c'est mon fils ! Dans Artanisse Arsame[1] !
Quel dessein l'y conduit? Vous vous taisez, madame !
Arsame près de vous, Arsame dans ma cour,
Lorsque moi-même ici j'ignore son retour !
De ce trouble confus que faut-il que je pense?

(à Arsame.)

Vous à qui j'ai remis le soin de ma vengeance,
Que j'honorois enfin d'un choix si glorieux,
Parlez, prince ; quel soin vous ramène en ces lieux?
Quel besoin, quel projet a pu vous y conduire,

---

[1] Mithridate, en entrant sur la scène, s'étonne aussi de trouver ses fils à Nymphée. Crébillon a souvent imité Racine ; il ne pouvoit suivre un meilleur modèle.

Sans ordre de ma part, sans daigner m'en instruire?
ARSAME.
Vos ennemis domptés, devois-je présumer
Que mon retour, seigneur, pourroit vous alarmer?
Ah! vous connoissez trop et mon cœur et mon zéle,
Pour soupçonner le soin qui vers vous me rappelle.
Croyez, après l'emploi que vous m'avez commis,
Puisque vous me voyez, que tout vous est soumis.
Lorsqu'au prix de mon sang je vous couvre de gloire,
Lorsque tout retentit du bruit de ma victoire,
Je l'avouerai, seigneur, pour prix de mes exploits,
Que je n'attendois pas l'accueil que je reçois.
J'apprends de toutes parts que Rome et la Syrie,
Que Corbulon armé menacent l'Ibérie :
Votre fils se flattoit, conduit par son devoir,
Qu'avec plaisir alors vous pourriez le revoir :
Je ne soupçonnois pas que mon impatience
Dût dans un cœur si grand jeter la défiance.
J'attendois qu'on ouvrît pour m'offrir à vos yeux,
Quand j'ai trouvé, seigneur, Isménie en ces lieux.
PHARASMANE.
Je crains peu Corbulon, les Romains, la Syrie :
Contre ces noms fameux mon ame est aguerrie ;
Et je n'approuve pas qu'un si généreux soin
Vous ait, sans mon aveu, ramené de si loin.
D'ailleurs qu'a fait de plus, qu'a produit ce grand zéle,
Que le devoir d'un fils et d'un sujet fidéle?
Doutez-vous, quels que soient vos services passés,
Qu'un retour criminel les ait tous effacés?
Sachez que votre roi ne s'en souvient encore

ACTE I, SCÈNE III.

Que pour ne point punir des projets qu'il ignore.
Quoi qu'il en soit, partez avant la fin du jour,
Et courez à Colchos étouffer votre amour.
Je vous défends sur-tout de revoir Isménie.
Apprenez qu'à mon sort elle doit être unie ;
Que l'hymen dès ce jour doit couronner mes feux ;
Que cet unique objet de mes plus tendres vœux
N'a que trop mérité la grandeur souveraine ;
Votre esclave autrefois, aujourd'hui votre reine :
C'est vous instruire assez que mes transports jaloux
Ne veulent point ici de témoins tels que vous.
Sortez.

SCÈNE IV.

PHARASMANE, ZÉNOBIE, sous le nom d'ISMÉNIE ; MITRANE, HYDASPE, PHÉNICE, gardes.

ZÉNOBIE.

Et de quel droit votre jalouse flamme
Prétend-elle à ses vœux assujettir mon ame ?
Vous m'offrez vainement la suprême grandeur :
Ce n'est pas à ce prix qu'on obtiendra mon cœur.
D'ailleurs que savez-vous, seigneur, si l'hyménée
N'auroit point à quelque autre uni ma destinée ?
Savez-vous si le sang à qui je dois le jour
Me permet d'écouter vos vœux et votre amour[1] ?

[1] Ces scènes, où un personnage paroit sous un nom supposé, sont d'un effet théâtral, mais d'une exécution difficile. Il faut une mesure bien juste pour que celui qui se cache ne dise rien qui ne convienne à son caractère, en même temps qu'il ne dit rien qui

PHARASMANE.

Je ne sais en effet quel sang vous a fait naître :
Mais, fût-il aussi beau qu'il mérite de l'être,
Le nom de Pharasmane est assez glorieux
Pour oser s'allier au sang même des dieux.
En vain à vos rigueurs vous joignez l'artifice :
Vains détours, puisque enfin il faut qu'on m'obéisse.
Je n'ai rien oublié pour obtenir vos vœux;
Moins en roi qu'en amant j'ai fait parler mes feux :
Mais mon cœur, irrité d'une fierté si vaine,
Fait agir à son tour la grandeur souveraine;
Et, puisqu'il faut en roi m'expliquer avec vous,
Redoutez mon pouvoir, ou du moins mon courroux,
Et sachez que, malgré l'amour et sa puissance,
Les rois ne sont point faits à tant de résistance;
Quoi que de mes transports vous vous soyez promis,
Que tout, jusqu'à l'amour, doit leur être soumis.
J'entrevois vos refus : c'est au retour d'Arsame
Que je dois le mépris dont vous payez ma flamme;
Mais craignez que vos pleurs, avant la fin du jour,
D'un téméraire fils ne vengent mon amour.

SCÈNE V.

ZÉNOBIE, PHÉNICE.

ZÉNOBIE.

Ah! tyran, puisqu'il faut que ma tendresse agisse,

puisse le trahir. Ce langage à double entente, qui doit être clair pour le spectateur, sans être compris des autres personnages, est un effort de l'art. (La H.)

Et que de tes fureurs ma haine te punisse,
Crains que l'amour, armé de mes foibles attraits,
Ne te rende bientôt tous les maux qu'il m'a faits.
Et qu'ai-je à ménager? Mânes de Mithridate,
N'est-il pas temps pour vous que ma vengeance éclate?
Venez à mon secours, ombre de mon époux,
Et remplissez mon cœur de vos transports jaloux.
Vengez-vous par mes mains d'un ennemi funeste;
Vengeons-nous-en plutôt par le fils qui lui reste.
Le crime que sur vous votre père a commis
Ne peut être expié que par son autre fils.
C'est à lui que les dieux réservent son supplice :
Armons son bras vengeur. Va le trouver, Phénice :
Dis-lui qu'à sa pitié, qu'à lui seul j'ai recours;
Mais sans me découvrir implore son secours.
Dis-lui, pour me sauver d'une injuste puissance,
Qu'il intéresse Rome à prendre ma défense;
De son ambassadeur qu'on attend aujourd'hui,
Dans ces lieux, s'il se peut, qu'il me fasse un appui.
Fais briller à ses yeux le trône d'Arménie[1];
Retrace-lui les maux de la triste Isménie;
Par l'intérêt d'un sceptre ébranle son devoir;
Pour l'attendrir enfin, peins-lui mon désespoir.
Puisque l'amour a fait les malheurs de ma vie,
Quel autre que l'amour doit venger Zénobie[2]?

---

[1]   Va trouver de ma part ce jeune ambitieux,
   Œnone; fais briller la couronne à ses yeux....
            Phèdre, acte III, sc. 1.

[2] L'exposition de cette pièce est obscure et embarrassée; mais, du moment que les acteurs sont en scène, tout se développe de

soi-même. C'est une des plus fortes conceptions dramatiques qui existent au théâtre. La reconnoissance de Zénobie et de Rhadamiste forme une situation du plus grand intérêt. Le caractère de Rhadamiste est un des plus fiers, des plus terribles, et des mieux soutenus qu'aucun poëte ait jamais dessinés; c'est un portrait tracé d'après la nature et la vérité: les traits en sont puisés dans le cœur humain. Pharasmane est neuf et piquant par son âpreté sauvage; Zénobie a quelque ressemblance avec Pauline: elle a moins de délicatesse, moins de grace, mais autant de noblesse et de vertu.
(GEOFFROY.)

FIN DU PREMIER ACTE.

ACTE SECOND.

SCÈNE I.

RHADAMISTE[1], HIÉRON.

HIÉRON.
Est-ce vous que je vois? en croirai-je mes yeux?
Rhadamiste vivant! Rhadamiste en ces lieux!
Se peut-il que le ciel vous redonne à nos larmes,
Et rende à mes souhaits un jour si plein de charmes?
Est-ce bien vous, seigneur? et par quel heureux sort
Démentez-vous ici le bruit de votre mort?

RHADAMISTE.
Hiéron, plût aux dieux que la main ennemie
Qui me ravit le sceptre eût terminé ma vie!
Mais le ciel m'a laissé, pour prix de ma fureur,
Des jours qu'il a tissus de tristesse et d'horreur.
Loin de faire éclater ton zèle ni ta joie

[1] Quelle attente n'excite pas en nous la première vue d'un homme qui a été capable de plonger un poignard dans le sein d'une femme adorée, plutôt que de la laisser au pouvoir d'un rival! Et cette attente, il la remplit dès qu'il paroit; il effraie par ses fureurs, et intéresse par ses remords. Le tableau qu'il trace lui-même de l'action terrible et furieuse qu'il a commise montre en même temps tout ce qui peut l'excuser, et inspire plus de pitié que d'horreur. (LA H.)

Pour un roi malheureux que le sort te renvoie,
Ne me regarde plus que comme un furieux,
Trop digne du courroux des hommes et des dieux;
Qu'a proscrit dès long-temps la vengeance céleste;
De crimes, de remords assemblage funeste¹;
Indigne de la vie et de ton amitié;
Objet digne d'horreur, mais digne de pitié;
Traitre envers la nature, envers l'amour perfide;
Usurpateur ingrat, parjure, parricide.
Sans les remords affreux qui déchirent mon cœur,
Hiéron, j'oublierois qu'il est un ciel vengeur².

¹ On trouve dans les œuvres de Dufresny une critique du chef-d'œuvre de Crébillon, où il regarde comme démontré que le caractère de Rhadamiste n'est point propre au théâtre, parcequ'il est bizarrement composé de grands remords et de grands crimes. Voilà une étrange contre-vérité. D'abord, ce composé de grands remords et de grands crimes n'est point du tout bizarre; il est dans la nature, et, de plus, il est éminemment dans la nature théâtrale*. Cette lourde méprise de Dufresny, et l'arrêt que l'académie prononça dans le temps du Cid, « que l'amour de Chimène péchoit contre les bienséances du théâtre, » prouvent combien il faut de temps pour établir la vraie théorie des arts de l'imagination, et combien des hommes, d'ailleurs éclairés et sans passion, sont encore exposés à s'y méprendre. (La H.)

² Plus un coupable s'accuse, plus il obtient de compassion et d'indulgence. Ce n'est pas que les grandes passions justifient les

* La Harpe a raison, théâtralement parlant. Il est certain que les crimes produisent de l'effet au théâtre; mais, moralement parlant, ce mélange de crimes et de remords est bizarre, dangereux, et peu naturel: les remords ne viennent ordinairement qu'après les crimes. Les scélérats qui les éprouvent avant le crime, et qui passent pardessus, n'en sont que plus odieux, puisque la passion ne les aveugle pas assez pour qu'ils ne sentent pas toute l'horreur de l'action qu'ils commettent. (GROSIER.)

ACTE II, SCÈNE I.

HIÉRON.

J'aime à voir ces regrets que la vertu fait naître :
Mais le devoir, seigneur, est-il toujours le maître?
Mithridate lui-même, en vous manquant de foi,
Sembloit de vous venger vous imposer la loi.

RHADAMISTE.

Ah! loin qu'en mes forfaits ton amitié me flatte,
Peins-moi toute l'horreur du sort de Mithridate ;
Rappelle-toi ce jour et ces serments affreux
Que je souillai du sang de tant de malheureux :
S'il te souvient encor du nombre des victimes,
Compte, si tu le peux, mes remords par mes crimes.

grands crimes, et ceux qui ont prétendu tirer cette morale du théâtre l'ont évidemment calomniée*; car les hommes rassemblés ne supporteroient nulle part l'apologie du crime. Si les passions violentes qui le font commettre sont théâtrales en ce qu'elles nous arrachent de la pitié, elles sont instructives en nous faisant voir jusqu'où elles peuvent conduire ceux qui s'y abandonnent ; et s'il est de la justice naturelle de plaindre celui qu'elles ont égaré et qui se reproche ses fautes, et de n'avoir que de l'horreur pour la perversité tranquille et réfléchie, il est de notre raison de considérer avec effroi que les foiblesses du cœur et l'impétuosité du caractère peuvent quelquefois mener au même résultat que la méchanceté et la scélératesse, et ne laisser entre l'homme passionné et le méchant, entre le coupable et le pervers, d'autre différence que le remords. (La H.)

* Si les grandes passions ne justifient pas les crimes au théâtre, elles les excusent ; elles les rendent intéressantes ; elles nous disposent à l'indulgence, à la pitié pour les coupables ; elles nous familiarisent et nous apprivoisent avec des horreurs qui ne devroient nous inspirer que du mépris et du dégoût. Il seroit difficile de calomnier la morale du théâtre ; et quand on dit que, dans la plupart de nos tragédies, la vertu, s'il y en a, est en paroles, et le vice en action, ce n'est pas calomnier la morale du théâtre, c'est la définir. (Geoffroy.)

Je veux que Mithridate, en trahissant mes feux,
Fût digne même encor d'un sort plus rigoureux ;
Que je dusse son sang à ma flamme trahie :
Mais à ce même amour qu'avoit fait Zénobie?
Tu frémis, je le vois : ta main, ta propre main
Plongeroit un poignard dans mon perfide sein,
Si tu pouvois savoir jusqu'où ma barbarie
De ma jalouse rage a porté la furie.
Apprends tous mes forfaits, ou plutôt mes malheurs :
Mais, sans les retracer, juge-s-en par mes pleurs.

HIÉRON.

Aussi touché que vous du sort qui vous accable,
Je n'examine point si vous êtes coupable :
On est peu criminel avec tant de remords ;
Et je plains seulement vos douloureux transports.
Calmez ce désespoir où votre ame se livre,
Et m'apprenez...

RHADAMISTE.

           Comment oserai-je poursuivre?
Comment de mes fureurs oser t'entretenir,
Quand tout mon sang se glace à ce seul souvenir?
Sans que mon désespoir ici le renouvelle,
Tu sais tout ce qu'a fait cette main criminelle :
Tu vis comme aux autels un peuple mutiné
Me ravit le bonheur qui m'étoit destiné ;
Et, malgré les périls qui menaçoient ma vie,
Tu sais comme à leurs yeux j'enlevai Zénobie.
Inutiles efforts ! je fuyois vainement.
Peins-toi mon désespoir dans ce fatal moment.
Je voulus m'immoler ; mais Zénobie en larmes,

Arrosant de ses pleurs mes parricides armes,
Vingt fois pour me fléchir embrassant mes genoux,
Me dit ce que l'amour inspire de plus doux.
Hiéron, quel objet pour mon ame éperdue!
Jamais rien de si beau ne s'offrit à ma vue.
Tant d'attraits cependant, loin d'attendrir mon cœur,
Ne firent qu'augmenter ma jalouse fureur.
Quoi! dis-je en frémissant, la mort que je m'apprête
Va donc à Tiridate assurer sa conquête!
Les pleurs de Zénobie irritant ce transport,
Pour prix de tant d'amour je lui donnai la mort[1];
Et, n'écoutant plus rien que ma fureur extrême,
Dans l'Araxe aussitôt je la traînai moi-même.
Ce fut là que ma main lui choisit un tombeau,
Et que de notre hymen j'éteignis le flambeau.

HIÉRON.
Quel sort pour une reine à vos jours si sensible!

RHADAMISTE.
Après ce coup affreux, devenu plus terrible,
Privé de tous les miens, poursuivi, sans secours,
A mon seul désespoir j'abandonnai mes jours.

[1] Ce n'est point là un scélérat froidement atroce : c'est un homme en qui tous les sentiments sont extrêmes, qui aime avec fureur, dont la passion est une espèce de fièvre ardente qui lui ôte la raison, enfin que le péril affreux où il se trouve, toutes les noires pensées qui doivent l'assaillir, ont jeté dans un égarement qui nous fait regarder comme involontaire tout ce qu'il a pu alors attenter. L'état où il a été depuis ce jour, les larmes amères qu'il verse, les regrets qu'il traîne par-tout avec lui ; en un mot, tout ce qui précède son récit nous a déja disposés à le plaindre. Ses premières paroles le font connoître tout entier. (La H.)

Je me précipitai, trop indigne de vivre,
Parmi des furieux, ardents à me poursuivre,
Qu'un père, plus cruel que tous mes ennemis,
Excitoit à la mort de son malheureux fils.
Enfin, percé de coups, j'allois perdre la vie,
Lorsqu'un gros de Romains, sorti de la Syrie,
Justement indigné contre ces inhumains,
M'arracha tout sanglant de leurs barbares mains.
Arrivé, mais trop tard, vers les murs d'Artaxate,
Dans le juste dessein de venger Mithridate,
Ce même Corbulon, armé pour m'accabler,
Conserva l'ennemi qu'il venoit immoler.
De mon funeste sort touché sans me connoître,
Ou de quelque valeur que j'avois fait paroître,
Ce Romain, par des soins dignes de son grand cœur,
Me sauva malgré moi de ma propre fureur.
Sensible à sa vertu, mais sans reconnoissance,
Je lui cachai long-temps mon nom et ma naissance ;
Traînant avec horreur mon destin malheureux,
Toujours persécuté d'un souvenir affreux,
Et, pour comble de maux, dans le fond de mon ame
Brûlant plus que jamais d'une funeste flamme,
Que l'amour outragé, dans mon barbare cœur,
Pour prix de mes forfaits rallume avec fureur,
Ranimant, sans espoir, pour d'insensibles cendres,
De la plus vive ardeur les transports les plus tendres.
Ainsi dans les regrets, les remords et l'amour,
Craignant également et la nuit et le jour,
J'ai traîné dans l'Asie une vie importune.
Mais au seul Corbulon attachant ma fortune,

Avide de périls, et, par un triste sort,
Trouvant toujours la gloire où j'ai cherché la mort,
L'esprit sans souvenir de ma grandeur passée,
Lorsque dix ans sembloient l'en avoir effacée,
J'apprends que l'Arménie, après différents choix,
Alloit bientôt passer sous d'odieuses lois;
Que mon père, en secret méditant sa conquête,
D'un nouveau diadème alloit ceindre sa tête.
Je sentis à ce bruit ma gloire et mon courroux
Réveiller dans mon cœur des sentiments jaloux.
Enfin à Corbulon je me fis reconnoître :
Contre un père inhumain trop irrité peut-être,
A mon tour en secret jaloux de sa grandeur,
Je me fis des Romains nommer l'ambassadeur.

HIÉRON.

Seigneur, et sous ce nom quelle est votre espérance?
Quels projets peut ici former votre vengeance?
Avez-vous oublié dans quel affreux danger
Vous a précipité l'ardeur de vous venger?
Gardez-vous d'écouter un transport téméraire.
Chargé de tant d'horreurs, que prétendez-vous faire?

RHADAMISTE.

Et que sais-je, Hiéron? furieux, incertain,
Criminel sans penchant, vertueux sans dessein,
Jouet infortuné de ma douleur extrême,
Dans l'état où je suis, me connois-je moi-même?
Mon cœur, de soins divers sans cesse combattu[1],
Ennemi du forfait sans aimer la vertu,

---

[1] Vers trop foible pour la situation. *Des soins!* (La H.)

D'un amour malheureux déplorable victime,
S'abandonne au remords sans renoncer au crime.
Je cède au repentir, mais sans en profiter[1];
Et je ne me connois que pour me détester.
Dans ce cruel séjour sais-je ce qui m'entraîne,
Si c'est le désespoir, ou l'amour, ou la haine?
J'ai perdu Zénobie: après ce coup affreux,
Peux-tu me demander encor ce que je veux[2]?

[1] Répétition du vers précédent. (L. H.)
[2] Qu'on se souvienne que Rhadamiste a trempé ses mains dans le sang d'une femme qu'il idolâtroit, et qu'il idolâtre encore; qu'il l'a perdue au moment où il l'alloit posséder, et l'a perdue par un emportement barbare; qu'auparavant il avoit fait périr le père de sa maîtresse après avoir promis de l'épargner, et qu'il n'avoit pu lui pardonner d'avoir voulu lui ôter Zénobie pour la donner à un autre; que la première cause de tous ses malheurs a été la perfide ambition de Pharasmane, qui avoit pris les armes contre son frère, contre ce même Mithridate qui avoit élevé son fils et lui avoit promis Zénobie. Toutes ses infortunes lui viennent donc de ce qui devoit lui être le plus cher, et, ce qui est encore pis, de lui-même. Il a cherché à mourir; mais, percé de coups, il a été secouru par un guerrier généreux, par Corbulon, qui l'a rendu à la vie. Est-il étonnant que cet homme bouillant, emporté, implacable, longtemps tourmenté par la fortune et par son propre cœur, par le souvenir de crimes qu'il ne peut réparer, et d'injures dont il voudroit se venger, soit livré sans cesse à des transports douloureux, ou à cette fureur sombre, à cette rage aveugle qui ne sait où se prendre, et veut se prendre à tout? Dans cette situation tout ce qui se passe au fond de son cœur est un orage continuel, toutes ses pensées sont funestes, tous ses desirs sont des vengeances, tous ses cris sont des menaces; et tout s'explique par ces deux vers si simples, mais sublimes de vérité:

J'ai perdu Zénobie; après ce coup affreux

ACTE II, SCÈNE I.

Désespéré, proscrit, abhorrant la lumière,
Je voudrois me venger de la nature entière.
Je ne sais quel poison se répand dans mon cœur;
Mais, jusqu'à mes remords, tout y devient fureur¹.
Je viens ici chercher l'auteur de ma misère,
Et la nature en vain me dit que c'est mon père³.

Peux-tu me demander encor ce que je veux?
Ce qu'il veut?
Il voudroit se venger de la nature entière.
(LA H.)

¹ S'il y a quelques fautes dans les premiers vers, ces six derniers en rachèteroient de bien plus grandes. Je n'en connois point de plus profondément sentis, de plus fortement exprimés, qui aient plus de cette beauté tragique que l'on sent beaucoup mieux que l'on ne peut l'expliquer. Je ne sais si c'est là ce que Dufresny appeloit de la bizarrerie; mais il y a ici autant de vérité que d'énergie. (LA H.)

² On sent que Rhadamiste dit vrai lorsque, en parlant de son repentir, il ne renonce pas au crime; on sent que, si l'occasion de se venger se présente à lui, il peut le commettre encore. Que ne promet pas un semblable personnage, annoncé ainsi dès la première scène! De quoi ne sera-t-il pas capable? Lui-même desire que la justice céleste le prévienne; il se résigne au châtiment. (LA H.)

³ Ce vers, qui fait frémir, cette expression d'une rage concentrée, ne peut se pardonner qu'à l'état épouvantable où nous le voyons, à ce qu'il a souffert, à l'horreur qu'il a de lui-même. Certes ce n'est pas là un rôle bizarre: il ne ressemble, il est vrai, à rien de ce que l'on connoissoit au théâtre; mais il ressemble à la nature, telle que le génie la conçoit dans ce qu'elle a de plus effrayant, de plus malheureux; et, quand nous aurons vu tout ce qu'il produit, il faudra dire, en rendant au poète un hommage légitime: Cet ouvrage est le seul monument qui doive consacrer son

Mais c'est peut-être ici que le ciel irrité
Veut se justifier de trop d'impunité :
C'est ici que m'attend le trait inévitable
Suspendu trop long-temps sur ma tête coupable.
Et plût aux dieux [1] cruels que ce trait suspendu
Ne fût pas en effet plus long-temps attendu !

HIÉRON.

Fuyez, seigneur, fuyez de ce séjour funeste,
Loin d'attirer sur vous la colère céleste.
Que la nature au moins calme votre courroux :
Songez que dans ces lieux tout est sacré pour vous ;
Que s'il faut vous venger, c'est loin de l'Ibérie.
Reprenez avec moi le chemin d'Arménie.

RHADAMISTE.

Non, non, il n'est plus temps ; il faut remplir mon sort,
Me venger, servir Rome, ou courir à la mort.
Dans ses desseins toujours à mon père contraire,
Rome de tous ses droits m'a fait dépositaire ;
Sûre, pour rétablir son pouvoir et le mien,
Contre un roi qu'elle craint, que je n'oublierai rien.
Rome veut éviter une guerre douteuse,
Pour elle contre lui plus d'une fois honteuse ;
Conserver l'Arménie, ou, par des soins jaloux,
En faire un vrai flambeau de discorde entre nous.
Par un don de César je suis roi d'Arménie,
Parcequ'il croit par moi détruire l'Ibérie.

nom ; mais, à commencer du second acte, qu'il est beau, qu'il est
vigoureux, qu'il est neuf, qu'il est tragique ! (La H.)

[1] On lit dans les premières éditions :

Et plût aux cieux cruels.. ...

ACTE II, SCÈNE I.

Les fureurs de mon père ont assez éclaté
Pour que Rome entre nous ne craigne aucun traité.
Tels sont les hauts projets dont sa grandeur se pique.
Des Romains si vantés telle est la politique :
C'est ainsi qu'en perdant le père par le fils,
Rome devient fatale à tous ses ennemis[1].
Ainsi, pour affermir une injuste puissance,
Elle ose confier ses droits à ma vengeance,
Et, sous un nom sacré, m'envoyer en ces lieux,
Moins comme ambassadeur[2] que comme un furieux
Qui, sacrifiant tout au transport qui le guide,
Peut porter sa fureur jusques au parricide.
J'entrevois ses desseins : mais mon cœur irrité
Se livre au désespoir dont il est agité.
C'est ainsi qu'ennemi de Rome et des Ibères,
Je revois aujourd'hui le palais de mes pères.

---

[1] Ces deux derniers vers sont vrais ; mais ce que Rhadamiste vient de dire, « que César l'avoit fait roi d'Arménie, » avertit qu'il n'en faut pas davantage pour mettre aux mains le père et le fils. Ce moyen étoit en effet bien plus conforme à la politique des Romains, comme à la dignité de l'empire, que l'ambassade toujours hasardeuse du fils de Pharasmane auprès de son père. Encore une fois, ces moyens ont un air de roman : mais les situations qu'ils produisent ont un air tragique ; et les caractères, marqués avec force et contrastés avec art, servent à les rendre plus frappants. (La H.)

[2] Il n'étoit nullement dans les mœurs de Rome de donner à un étranger le caractère d'ambassadeur, et l'on n'en connoit point d'exemple jusqu'à la décadence de l'empire. Crébillon a justifié autant qu'il le pouvoit cette démarche extraordinaire, en faisant dire à Rhadamiste que la politique romaine veut armer ses ressentiments contre Pharasmane. (La H.)

HIÉRON.

Député comme vous, mais par un autre choix,
L'Arménie à mes soins a confié ses droits :
Je venois de sa part offrir à votre frère
Un trône où malgré nous veut monter votre père ;
Et je viens annoncer à ce superbe roi
Qu'en vain à l'Arménie il veut donner la loi.
Mais ne craignez-vous pas que malgré votre absence...

RHADAMISTE.

Le roi ne m'a point vu dès ma plus tendre enfance ;
Et la nature en lui ne parle point assez
Pour rappeler des traits dès long-temps effacés.
Je n'ai craint que tes yeux ; et sans mes soins peut-être,
Malgré ton amitié, tu m'allois méconnoître.
Le roi vient. Que mon cœur, à ce fatal abord,
A de peine à dompter un funeste transport !
Surmontons cependant toute sa violence,
Et d'un ambassadeur employons la prudence.

SCÈNE II[1].

PHARASMANE, RHADAMISTE, HIÉRON, MITRANE, HYDASPE, GARDES.

RHADAMISTE.

Un peuple triomphant, maître de tant de rois,

---

[1] Cette scène est noble, animée, imposante : l'entrevue de Pharasmane et de Rhadamiste nous attache déjà fortement, et tient tout ce que leur caractère annonçoit. Celui du roi d'Ibérie est tracé, il est vrai, sur Mithridate ; il a la même haine pour les Romains,

ACTE II, SCÈNE II.

Qui vers vous en ces lieux daigne emprunter ma voix,
De vos desseins secrets instruit comme vous-même,
Vous annonce aujourd'hui sa volonté suprême.
Ce n'est pas que Néron, de sa grandeur jaloux,
Ne sache ce qu'il doit à des rois tels que vous :
Rome n'ignore pas à quel point la victoire
Parmi les noms fameux élève votre gloire ;
Ce peuple enfin si fier, et tant de fois vainqueur,
N'en admire pas moins votre haute valeur.
Mais vous savez aussi jusqu'où va sa puissance :
Ainsi gardez-vous bien d'exciter sa vengeance.
Alliée, ou plutôt sujette des Romains,
De leur choix l'Arménie attend ses souverains.
Vous le savez, seigneur ; et du pied du Caucase
Vos soldats cependant s'avancent vers le Phase ;
Le Cyrus, sur ses bords chargés de combattants,
Fait voir de toutes parts vos étendards flottants.
Rome, de tant d'apprêts qui s'indigne et se lasse,
N'a point accoutumé les rois à tant d'audace.
Quoique Rome, peut-être au mépris de ses droits,
N'ait point interrompu le cours de vos exploits,
Qu'elle ait abandonné Tigrane et la Médie,
Elle ne prétend point vous céder l'Arménie.

ce même orgueil indomptable, cette même dureté jalouse qui le fait redouter de ses fils ; mais, selon Voltaire lui-même, qui n'est pas porté à flatter Crébillon, le rôle de Pharasmane, s'il n'est pas aussi bien écrit, est plus fier et plus tragique. J'ajouterai que ce rôle étincelle de traits sublimes, particulièrement dans cette scène, et que la diction, moins incorrecte qu'ailleurs, joint souvent l'énergie des figures à celle des pensées, et ne laisse alors rien à désirer pour l'élégance. (La H.)

Je vous déclare donc que César ne veut pas
Que vers l'Araxe enfin vous adressiez vos pas.
PHARASMANE.
Quoique d'un vain discours je brave la menace,
Je l'avouerai, je suis surpris de votre audace.
De quel front osez-vous, soldat de Corbulon,
M'apporter dans ma cour les ordres de Néron?
Et depuis quand croit-il qu'au mépris de ma gloire,
A ne plus craindre Rome instruit par la victoire,
Oubliant désormais la suprême grandeur,
J'aurai plus de respect pour son ambassadeur;
Moi qui, formant au joug des peuples invincibles,
Ai tant de fois bravé ces Romains si terribles;
Qui fais trembler encor ces fameux souverains,
Ces Parthes aujourd'hui la terreur des Romains?
Ce peuple triomphant n'a point vu mes images
A la suite d'un char en butte à ses outrages.
La honte que sur lui répandent mes exploits,
D'un airain orgueilleux a bien vengé des rois[1].

---

[1] Les rois vengés d'un airain orgueilleux sont d'une belle poésie, et je ne crois pas que Racine lui-même eût pu mieux dire. Il semble que Crébillon ait voulu lutter ici contre ces beaux vers de Mithridate :

> Tandis que l'ennemi, par ma fuite trompé,
> Tenoit après son char un vain peuple occupé,
> Et, gravant en airain ses frêles avantages,
> De mes états conquis enchaînoit les images....
> Acte III, sc. 1.

Si l'on veut comparer ces deux morceaux, peut-être trouvera-t-on dans celui de Racine un plus grand éclat d'expression. Il n'y a rien de plus brillant que ce contraste ingénieux, cette idée éclatante *des frêles avantages gravés en airain*; rien de plus heureuse-

Mais quel soin vous conduit en ce pays barbare?
Est-ce la guerre enfin que Néron me déclare?
Qu'il ne s'y trompe pas : la pompe de ces lieux,
Vous le voyez assez, n'éblouit point les yeux:
Jusques aux courtisans qui me rendent hommage,
Mon palais, tout ici n'a qu'un faste sauvage :
La nature, marâtre en ces affreux climats,
Ne produit, au lieu d'or, que du fer, des soldats[1]:
Son sein tout hérissé n'offre aux desirs de l'homme
Rien qui puisse tenter l'avarice de Rome[2].
Mais, pour trancher ici d'inutiles discours,
Rome de mes projets veut traverser le cours :
Et pourquoi, s'il est vrai qu'elle en soit informée,
N'a-t-elle pas encore assemblé son armée?
Que font vos légions? Ces superbes vainqueurs
Ne combattent-ils plus que par ambassadeurs?
C'est la flamme à la main qu'il faut dans l'Ibérie
Me distraire du soin d'entrer dans l'Arménie,
Non par de vains discours indignes des Romains,

ment figuré que ce peuple qui *enchaîne les images des états conquis*: pour tout dire en un mot, c'est la langue de Racine. Mais ces rois *rongés d'un airain orgueilleux* semblent d'un coloris plus mâle, peut-être parceque l'indignation a plus de force que le mépris. (La H.)

[1] Horriferosque viros tellus passim horrida nutrit.
SILIUS ITALICUS.

[2] Ces vers sont un chef-d'œuvre d'énergie, et cette belle scène ne pourroit pas être mieux terminée que par ceux-ci :

Retournez dès ce jour apprendre à Corbulon
Comme on reçoit ici les ordres de Néron.

(La H.)

Quand je vais par le fer m'en ouvrir les chemins,
Et peut-être bien plus, dédaignant Artaxate,
Défier Corbulon jusqu'aux bords de l'Euphrate.

HIÉRON.

Quand même les Romains, attentifs à vos lois,
S'en remettroient à nous pour le choix de nos rois,
Seigneur, n'espérez pas, au gré de votre envie,
Faire en votre faveur expliquer l'Arménie.
Les Parthes envieux, et les Romains jaloux,
De toutes parts bientôt armeroient contre nous.
L'Arménie, occupée à pleurer sa misère,
Ne demande qu'un roi qui lui serve de père :
Nos peuples désolés n'ont besoin que de paix ;
Et sous vos lois, seigneur, nous ne l'aurions jamais.
Vous avez des vertus qu'Artaxate respecte :
Mais votre ambition n'en est pas moins suspecte ;
Et nous ne soupirons qu'après des souverains
Indifférents au Parthe et soumis aux Romains.
Sous votre empire enfin prétendre nous réduire,
C'est moins nous conquérir que vouloir nous détruire.

PHARASMANE.

Dans ce discours rempli de prétextes si vains,
Dicté par la raison moins que par les Romains,
Je n'entrevois que trop l'intérêt qui vous guide.
Eh bien ! puisqu'on le veut, que la guerre en décide.
Vous apprendrez bientôt qui de Rome ou de moi
Dut prétendre, seigneur, à vous donner la loi ;
Et, malgré vos frayeurs et vos fausses maximes,
Si quelque autre eut sur vous des droits plus légitimes.
Et qui doit succéder à mon frère, à mon fils ?

ACTE II, SCÈNE II.

A qui des droits plus saints ont-ils été transmis?

RHADAMISTE.

Quoi? vous, seigneur, qui seul causâtes leur ruine!
Ah! doit-on hériter de ceux qu'on assassine[1]?

PHARASMANE.

Qu'entends-je? dans ma cour on ose m'insulter!
Holà, gardes...

HIÉRON, à Pharasmane.

Seigneur, qu'osez-vous attenter?

PHARASMANE, à Rhadamiste.

Rendez graces au nom dont Néron vous honore:
Sans ce nom si sacré[2], que je respecte encore,
En dussé-je périr, l'affront le plus sanglant
Me vengeroit bientôt d'un ministre insolent.
Malgré la dignité de votre caractère,
Croyez-moi cependant, évitez ma colère.
Retournez dès ce jour apprendre à Corbulon
Comme on reçoit ici les ordres de Néron.

---

[1] Avec quel plaisir nous voyons Rhadamiste, qui jusque-là s'est caché sous l'extérieur et le langage d'un ambassadeur, paroitre tout-à-coup sous ses propres traits! Comme la nature est peinte ici! comme elle arrache violemment le masque qui la couvre! Et, pour cela, deux vers ont suffi à l'art du poète: c'est là, sans doute, le premier mérite dramatique. (LA H.)

[2]   Rendez grace au seul nom qui retient ma colère...
        Peut-être sans ce nom.....
                        Iphigénie, acte IV, sc. VII.

SCÈNE III.

RHADAMISTE, HIÉRON.

HIÉRON.
Qu'avez-vous fait, seigneur, quand vous devez tout craindre ?
RHADAMISTE.
Hiéron, que veux-tu ? je n'ai pu me contraindre.
D'ailleurs, en l'aigrissant j'assure mes desseins :
Par un pareil éclat j'en impose aux Romains.
Pour remplir les projets que Rome me confie,
Il ne me reste plus qu'à troubler l'Ibérie,
Qu'à former un parti qui retienne en ces lieux
Un roi que ses exploits rendent trop orgueilleux.
Indociles au joug que Pharasmane impose,
Rebutés de la guerre où lui seul les expose,
Ses sujets en secret sont tous ses ennemis :
Achevons contre lui d'irriter les esprits ;
Et, pour mieux me venger des fureurs de mon père,
Tâchons dans nos desseins d'intéresser mon frère.
Je sais un sûr moyen pour surprendre sa foi :
Dans le crime du moins engageons-le avec moi.
Un roi père cruel, et tyran tout ensemble,
Ne mérite en effet qu'un sang qui lui ressemble.

FIN DU SECOND ACTE.

ACTE TROISIÈME.

SCÈNE I.

RHADAMISTE.

Mon frère me demande un secret entretien!
Dieux! me connoîtroit-il? Quel dessein est le sien?
N'importe, il faut le voir. Je sens que ma vengeance
Commence à se flatter d'une douce espérance.
Il ne peut en secret s'exposer à me voir,
Que réduit par un père à trahir son devoir.
On ouvre... Je le vois... Malheureuse victime!
Je ne suis pas le seul qu'un roi cruel opprime.

SCÈNE II.

RHADAMISTE, ARSAME.

ARSAME.

Si j'en crois le courroux qui se lit dans ses yeux,
Peu content des Romains le roi quitte ces lieux:
Je connois trop l'orgueil du sang qui m'a fait naître,
Pour croire qu'à son tour Rome ait sujet de l'être.
Seigneur, sans abuser de votre dignité,
Puis-je sur ce soupçon parler en sûreté?

Puis-je espérer que Rome exauce ma prière,
Et ne confonde point le fils avec le père ?

RHADAMISTE.

Quoiqu'il ait violé le respect qui m'est dû,
Attendez tout de Rome et de votre vertu.
Ce n'est pas d'aujourd'hui que Rome la respecte.

ARSAME.

Ah! que cette vertu va vous être suspecte!
Que je crains de détruire en ce même entretien
Tout ce que vous pensez d'un cœur comme le mien!
En effet, quel que soit le regret qui m'accable,
Je sens bien que ce cœur n'en est pas moins coupable ;
Et, de quelques remords que je sois combattu,
Qu'avec plus d'appareil c'est trahir ma vertu.
Dès qu'entre Rome et nous la guerre se déclare,
Que même avec éclat mon père s'y prépare,
Je sais que je ne puis vous parler ni vous voir,
Sans trahir à-la-fois mon père et mon devoir :
Je le sais ; cependant, plus criminel encore,
C'est votre pitié seule aujourd'hui que j'implore.
Un père rigoureux, de mon bonheur jaloux,
Me force en ce moment d'avoir recours à vous.
Pour me justifier, lorsque tout me condamne,
Je ne veux point, seigneur, vous peignant Pharasmane,
Répandre sur sa vie un venin dangereux.
Non ; quoiqu'il soit pour moi si fier, si rigoureux,
Quoique de son courroux je sois seul la victime,
Il n'en est pas pour moi moins grand, moins magnanime.
La nature, il est vrai, d'avec ses ennemis
N'a jamais dans son cœur su distinguer ses fils.

Je ne suis pas le seul de ce sang invincible
Qu'ait proscrit en naissant sa rigueur inflexible.
J'eus un frère, seigneur, illustre et généreux,
Digne par sa valeur du sort le plus heureux.
Que je regrette encor sa triste destinée !
Et jamais il n'en fut de plus infortunée.
Un père, conjuré contre son propre sang,
Lui-même lui porta le couteau dans le flanc.
De ce jeune héros partageant la disgrace,
Peut-être qu'aujourd'hui même sort me menace :
Plus coupable en effet, n'en attends-je pas moins.
Mais ce n'est pas, seigneur, le plus grand de mes soins ;
Non, la mort désormais n'a rien qui m'intimide :
Qu'un soin bien différent et m'agite et me guide !

RHADAMISTE.

Quels que soient vos desseins, vous pouvez sans effroi,
Sûr d'un appui sacré, vous confier à moi.
Plus indigné que vous contre un barbare père,
Je sens à son nom seul redoubler ma colère.
Touché de vos vertus, et tout entier à vous,
Sans savoir vos malheurs, je les partage tous.
Vous calmeriez bientôt la douleur qui vous presse,
Si vous saviez pour vous jusqu'où je m'intéresse.
Parlez, prince : faut-il contre un père inhumain
Armer avec éclat tout l'empire romain ?
Soyez sûr qu'avec vous mon cœur d'intelligence
Ne respire aujourd'hui qu'une même vengeance.
S'il ne faut qu'attirer Corbulon en ces lieux,
Quels que soient vos projets, j'ose attester les dieux
Que nous aurons bientôt satisfait votre envie,

Fallût-il pour vous seul conquérir l'Arménie.

ARSAME.

Que me proposez-vous? quels conseils! Ah! seigneur,
Que vous pénétrez mal dans le fond de mon cœur!
Qui? moi! que, trahissant mon père et ma patrie,
J'attire les Romains au sein de l'Ibérie!
Ah! si jusqu'à ce point il faut trahir ma foi,
Que Rome en ce moment n'attende rien de moi:
Je n'en exige rien, dès qu'il faut par un crime
Acheter un bienfait que j'ai cru légitime;
Et je vois bien, seigneur, qu'il me faut aujourd'hui
Pour des infortunés chercher un autre appui.
Je croyois, ébloui de ses titres suprêmes,
Rome utile aux mortels autant que les dieux mêmes;
Et, pour en obtenir un secours généreux,
J'ai cru qu'il suffisoit que l'on fût malheureux[1].
J'ose le croire encore; et, sur cette espérance,
Souffrez que des Romains j'implore l'assistance.
C'est pour une captive asservie à nos lois,

[1] Ce langage, qui est d'une noblesse intéressante, sans morgue, sans amertume, est celui qui devoit caractériser la vertu douce et l'âme pure d'Arsame. Sa conduite y est conforme en tout: il ne veut que soustraire une femme infortunée à la violence odieuse que Pharasmane veut exercer contre elle; et, quoique lui-même en soit amoureux, il consent à s'en priver pour lui assurer la protection des Romains. Rhadamiste y souscrit volontiers; mais il fait encore de nouvelles tentatives sur la fidélité d'Arsame, et ce qui commence à les justifier assez c'est qu'elles semblent l'effet de la tendresse fraternelle, sentiment qui répand un nouvel intérêt sur cette scène, et qui, nous faisant voir que Rhadamiste n'est point insensible aux impressions de la nature, prépare la conduite que nous lui verrons tenir avec son frère à la fin du cinquième acte. (La H.)

ACTE III, SCÈNE II.

Qui, pour vous attendrir, a recours à ma voix :
C'est pour une captive aimable, infortunée,
Digne par ses appas d'une autre destinée.
Enfin, par ses vertus à juger de son rang,
On ne sortit jamais d'un plus illustre sang.
C'est nous instruire [1] assez de sa haute naissance,
Que d'intéresser Rome à prendre sa défense.
Elle veut même ici vous parler sans témoins ;
Et jamais on ne fut plus digne de vos soins.
Pharasmane, entraîné par un amour funeste,
Veut me ravir, seigneur, ce seul bien qui me reste,
Le seul où je faisois consister mon bonheur,
Et le seul que pouvoit lui disputer mon cœur.
Ce n'est pas que, plus fier d'un secours que j'espère,
Je prétende à mon tour l'enlever à mon père :
Quand même il céderoit sa captive à mes feux,
Mon sort n'en seroit pas plus doux ni plus heureux.
Je ne veux qu'éloigner cet objet que j'adore,
Et même sans espoir de le revoir encore.

RHADAMISTE.

Suivi de peu des miens, sans pouvoir où je suis,
Vous offrir un asile est tout ce que je puis.

ARSAME.

Et tout ce que je veux : mon ame est satisfaite.
Je vais tout disposer, seigneur, pour sa retraite.

---

[1] Nous suivons ici la première et la seconde édition, publiées toutes deux dans le courant de 1711 ; la troisième, donnée en 1713, et qui offre de nombreuses incorrections, porte :

C'est vous......

Cette leçon s'est conservée dans les éditions suivantes.

Je ne sais ; mais, pressé d'un mouvement secret,
J'abandonne Isménie avec moins de regret.
Pour calmer la douleur de mon ame inquiète,
Il suffit qu'en vos mains Arsame la remette :
Encor si je pouvois, aux dépens de mes jours,
M'acquitter envers vous d'un généreux secours !
Mais je ne puis offrir, dans mon malheur extrême,
Pour prix d'un tel bienfait, que le bienfait lui-même.

RHADAMISTE.

Je n'en demande pas, cher prince, un prix plus doux :
Il est digne de moi, s'il n'est digne de vous.
Souffrez que désormais je vous serve de frère.
Que je vous plains d'avoir un si barbare père !
Mais de ces vains transports pourquoi vous alarmer ?
Pourquoi quitter l'objet qui vous a su charmer ?
Daignez me confier et son sort et le vôtre ;
Dans un asile sûr suivez-moi l'un et l'autre.
Sensible à ses malheurs, je ne puis sans effroi
Abandonner Arsame aux fureurs de son roi.
Prince, vous dédaignez un conseil qui vous blesse :
Mais si vous connoissiez celui qui vous en presse [1]...

ARSAME.

Donnez-moi des conseils qui soient plus généreux,

---

[1] L'incorruptible Arsame l'interrompt, et lui annonce que cette étrangère va venir le trouver, et qu'elle a quelque secret à lui confier. On ne pouvoit amener plus naturellement une scène dont la seule attente excite déjà un vif intérêt ; et, depuis le commencement du second acte jusqu'à la fin de la pièce, les situations, la conduite, les caractères, l'entente des scènes, tout est dans les vrais principes, tout respire le génie du théâtre. (LA H.)

ACTE III, SCÈNE II. 363

Dignes de mon devoir, et dignes de tous deux.
Le roi doit dès demain partir pour l'Arménie :
Il s'agit à ses vœux d'enlever Isménie.
Mon père en ce moment peut l'éloigner de nous,
Et sa captive en pleurs n'espère plus qu'en vous.
Déja sur vos bontés pleine de confiance,
Elle attend votre vue avec impatience.
Adieu, seigneur, adieu : je craindrois de troubler
Des secrets qu'à vous seul elle veut révéler.

SCÈNE III.

RHADAMISTE.

Ainsi, père jaloux, père injuste et barbare,
C'est contre tout ton sang que ton cœur se déclare !
Crains que ce même sang, tant de fois dédaigné,
Ne se soulève enfin, de sa source indigné,
Puisque déja l'amour, maître du cœur d'Arsame,
Y verse le poison d'une mortelle flamme.
Quel que soit le respect de ce vertueux fils,
Est-il quelques rivaux qui ne soient ennemis ?
Non, il n'est point de cœur si grand, si magnanime,
Qu'un amour malheureux n'entraîne dans le crime.
Mais je prétends en vain l'armer contre son roi :
Mon frère n'est point fait au crime comme moi.
Méritois-tu, barbare, un fils aussi fidéle ?
Ta rigueur semble encore en accroître le zéle :
Rien ne peut ébranler son devoir ni sa foi ;
Et toujours plus soumis... Quel exemple pour moi !

Dieux, de tant de vertus n'ornez-vous donc mon frère,
Que pour me rendre seul trop semblable à mon père?
Que prétend la fureur dont je suis combattu?
D'un fils respectueux séduire la vertu?
Imitons-la plutôt, cédons à la nature :
N'en ai-je pas assez étouffé le murmure?
Que dis-je? dans mon cœur, moins rebelle à ses lois,
Dois-je plutôt qu'un père en écouter[1] la voix?
Pères cruels, vos droits ne sont-ils pas les nôtres?
Et nos devoirs sont-ils plus sacrés que les vôtres?
On vient : c'est Hiéron.

SCÈNE IV.

RHADAMISTE, HIÉRON.

RHADAMISTE.

     Cher ami, c'en est fait;
Mes efforts redoublés ont été sans effet.
Tout malheureux qu'il est, le vertueux Arsame,
Presque sans murmurer, voit traverser sa flamme;
Et qu'en attendre encor quand l'amour n'y peut rien?
Hiéron, que son cœur est différent du mien!
J'ai perdu tout espoir de troubler l'Ibérie,
Et le roi va bientôt partir pour l'Arménie.

[1] L'édition de 1749, in-12, et celle du Louvre, portent :
  Dois-je plutôt qu'un père en *étouffer* la voix?
C'est évidemment une faute d'impression. Cette incorrection ne se retrouveroit pas chez les éditeurs modernes, s'ils avoient consulté les premières éditions.

Devançons-y ses pas, et courons achever
Des forfaits que le sort semble me réserver.
Pour partir avec toi je n'attends qu'Isménie.
Tu sais qu'à Pharasmane elle doit être unie.

HIÉRON.

Quoi! seigneur...

RHADAMISTE.

Elle peut servir à mes desseins.
Elle est d'un sang, dit-on, allié des Romains.
Pourrois-je refuser à mon malheureux frère
Un secours qui commence à me la rendre chère?
D'ailleurs, pour l'enlever, ne me suffit-il pas
Que mon père cruel brûle pour ses appas [1]?

[1] Quoi! il enlève une femme uniquement parcequ'un son père en est amoureux! D'ailleurs comment ne voit-il pas qu'on la reprendra aisément de ses mains? quel ambassadeur a jamais fait une telle folie? Rhadamiste peut-il heurter les premiers principes de la raison? (VOLT.) — Qui ne voit que ces deux derniers vers ne sont que le mouvement d'une ame irritée, très bien placés dans la bouche d'un homme tel que Rhadamiste, et que sa conduite est d'ailleurs conforme en tout à l'objet de son ambassade et aux vues qui doivent l'occuper? Pourquoi les Romains l'ont-ils envoyé? n'est-ce pas pour brouiller tout à la cour de Pharasmane? et, dans cette vue, peut-il mieux faire que d'armer le père et le fils l'un contre l'autre? peut-il y réussir mieux qu'en favorisant l'évasion d'Isménie? n'est-il pas très vraisemblable que Pharasmane n'en sera que plus irrité contre Arsame? et, si quelque chose peut conduire le fils à des extrémités auxquelles il répugne, n'est-ce pas la violence où le père peut se porter? de plus, Isménie ne sera-t-elle pas une espèce d'otage entre les mains de Rhadamiste? Il le dit expressément:

C'est un garant pour moi.

La démarche qu'il fait n'est donc rien moins qu'une *folie*. Elle s'accorde à-la-fois et avec sa politique et avec ses passions. (LA H.)

C'est un garant pour moi : je veux ici l'attendre.
Daigne observer des lieux où l'on peut nous surprendre.
Adieu ; je crois la voir : favorise mes soins,
Et me laisse avec elle un moment sans témoins.

SCÈNE V.

RHADAMISTE, ZÉNOBIE.

ZÉNOBIE.

Seigneur, est-il permis à des infortunées,
Qu'au joug d'un fier tyran le sort tient enchaînées,
D'oser avoir recours, dans la honte des fers,
A ces mêmes Romains maîtres de l'univers ?
En effet quel emploi pour ces maîtres du monde
Que le soin d'adoucir ma misère profonde ?
Le ciel, qui soumit tout à leurs augustes lois...

RHADAMISTE.

Que vois-je ? Ah, malheureux ! quels traits ! quel son de voix !
Justes dieux, quel objet offrez-vous à ma vue ?

ZÉNOBIE.

D'où vient à mon aspect que votre ame est émue,
Seigneur ?

RHADAMISTE.

Ah ! si ma main n'eût pas privé du jour...

ZÉNOBIE.

Qu'entends-je ? quels regrets ? et que vois-je à mon tour ?
Triste ressouvenir ! Je frémis, je frissonne.
Où suis-je ? et quel objet ! La force m'abandonne.
Ah ! seigneur, dissipez mon trouble et ma terreur :

Tout mon sang s'est glacé jusqu'au fond de mon cœur [1].
RHADAMISTE.
Ah! je n'en doute plus au transport qui m'anime.
Ma main, n'as-tu commis que la moitié du crime?
Victime d'un cruel contre vous conjuré,
Triste objet d'un amour jaloux, désespéré,
Que ma rage a poussé jusqu'à la barbarie,
Après tant de fureurs, est-ce vous, Zénobie?
ZÉNOBIE.
Zénobie! ah, grands dieux! Cruel, mais cher époux,
Après tant de malheurs, Rhadamiste, est-ce vous[2]?
RHADAMISTE.
Se peut-il que vos yeux puissent le méconnoître?
Oui, je suis ce cruel, cet inhumain, ce traître,
Cet époux meurtrier. Plût au ciel qu'aujourd'hui
Vous eussiez oublié ses crimes avec lui!
O dieux! qui la rendez à ma douleur mortelle,
Que ne lui rendez-vous un époux digne d'elle!
Par quel bonheur le ciel, touché de mes regrets,

---

[1] Jusqu'au fond de nos cœurs notre sang s'est glacé.
Phèdre, acte V, sc. VI.

[2] Cette reconnoissance est sans contredit une des plus belles, et peut-être la plus belle qu'il y ait au théâtre. Il suffit, pour l'apprécier, de se rappeler tout ce qui la précède, et dans quelle situation les deux époux paroissent l'un devant l'autre. L'exécution en est digne; car ce n'est pas au milieu d'une foule de vers d'un pathétique vrai, de l'expression la plus vive et la plus forte, qu'on peut faire attention à quelques vers négligés. La saine critique est inséparable de la sensibilité: l'une ne contredit jamais l'autre; et, quand la critique condamne, c'est que la sensibilité n'est pas là pour la désarmer. Mais comme elle domine dans cette scène! (LA H.)

Me permet-il encor de revoir tant d'attraits?
Mais, hélas! se peut-il qu'à la cour de mon père
Je trouve dans les fers une épouse si chère?
Dieux! n'ai-je pas assez gémi de mes forfaits,
Sans m'accabler encor de ces tristes objets?
O de mon désespoir victime trop aimable,
Que tout ce que je vois rend votre époux coupable!
Quoi! vous versez des pleurs!

ZÉNOBIE.

Malheureuse! eh! comment
N'en répandrois-je pas dans ce fatal moment?
Ah! cruel, plût aux dieux que ta main ennemie
N'eût jamais attenté qu'aux jours de Zénobie!
Le cœur à ton aspect désarmé de courroux,
Je ferois mon bonheur de revoir mon époux;
Et l'amour, s'honorant de ta fureur jalouse,
Dans tes bras avec joie eût remis ton épouse [1].
Ne crois pas cependant que, pour toi sans pitié,
Je puisse te revoir avec inimitié.

RHADAMISTE.

Quoi! loin de m'accabler, grands dieux! c'est Zénobie
Qui craint de me haïr, et qui s'en justifie!
Ah! punis-moi plutôt: ta funeste bonté,
Même en me pardonnant, tient de ma cruauté.
N'épargne point mon sang, cher objet que j'adore;
Prive-moi du bonheur de te revoir encore.

[1] Que cette expression est belle! Elle contient, sans le développer, un sentiment qui est au fond du cœur de toutes les femmes sensibles, et qui les dispose à pardonner tout ce qui n'a eu pour principe qu'un excès d'amour. (La H.)

ACTE III, SCÈNE V.

(Il se jette à genoux.)

Faut-il, pour t'en presser, embrasser tes genoux?
Songe au prix de quel sang je devins ton époux:
Jusques à mon amour, tout veut que je périsse.
Laisser le crime en paix, c'est s'en rendre complice[1].
Frappe: mais souviens-toi que, malgré ma fureur,
Tu ne sortis jamais un moment de mon cœur;
Que, si le repentir tenoit lieu d'innocence,
Je n'exciterois plus ni haine ni vengeance;
Que, malgré le courroux qui te doit animer,
Ma plus grande fureur fut celle de t'aimer.

ZÉNOBIE.

Lève-toi: c'en est trop. Puisque je te pardonne[2],
Que servent les regrets où ton cœur s'abandonne?
Va, ce n'est pas à nous que les dieux ont remis
Le pouvoir de punir de si chers ennemis.
Nomme-moi les climats où tu souhaites vivre:

---

[1] Voltaire a dit, après Crébillon:

Et qui pardonne au crime en devient le complice.
Brutus, acte V, sc. 1.

[2] Zénobie, quoique sensible à l'amour d'Arsame, quoique pénétrée d'horreur pour les crimes et les cruautés de Rhadamiste, ne se rappelle pas sans attendrissement l'excès de la passion qu'il a eue pour elle; et cet attendrissement est à son comble quand elle retrouve son époux, quand elle le revoit à ses pieds plein d'amour et de remords. Le spectateur s'intéresse à tous les sentiments qu'ils éprouvent, parceque les évènements qui les ont précédés et les périls qui les accompagnent sont également tragiques. C'est donc quand la jalousie fait le malheur de deux êtres qui tiennent l'un à l'autre, qu'elle peut faire naître la pitié et la terreur, qui sont les principes de tous les effets dramatiques. (L. H.)

Parle, dès ce moment je suis prête à te suivre[1],
Sûre que les remords qui saisissent ton cœur
Naissent de ta vertu plus que de ton malheur.
Heureuse si pour toi les soins de Zénobie
Pouvoient un jour servir d'exemple à l'Arménie,
La rendre comme moi soumise à ton pouvoir,
Et l'instruire du moins à suivre son devoir !

RHADAMISTE.

Juste ciel ! se peut-il que des nœuds légitimes
Avec tant de vertus unissent tant de crimes ;
Que l'hymen associe au sort d'un furieux
Ce que de plus parfait firent naître les dieux?
Quoi ! tu peux me revoir sans que la mort d'un père,
Sans que mes cruautés, ni l'amour de mon frère,

---

[1] La rigueur inflexible et jalouse de Pharasmane fait éclater davantage la fidélité vertueuse que lui conserve son fils Arsame lorsqu'il se refuse à toutes les propositions séduisantes que lui fait Rhadamiste pour l'attirer au parti des Romains, et que tout l'amour qu'il a pour Zénobie, et tout ce qu'il peut craindre d'un rival aussi cruel que l'est son père, ne peut ébranler son attachement à ses devoirs de sujet et de fils. D'un autre côté, cette même rigueur de Pharasmane, toujours tyran pour ses enfants, et tyran même dans son amour pour Zénobie, excuse suffisamment la démarche que se permet Arsame, qui s'adresse à l'ambassadeur de Rome pour remettre Zénobie sous la protection des Romains, et la dérober aux poursuites du roi d'Ibérie. La jalousie forcenée de Rhadamiste, la violence de son caractère, ses fureurs, qui ne respectent pas le sang le plus cher et le plus sacré, rendent plus intéressante la vertu courageuse de Zénobie, qui ne balance pas un moment à se remettre entre les mains d'un époux si terrible, et qui ose le faire arbitre de son sort après avoir osé lui avouer qu'elle a été sensible aux vertus et à l'amour d'Arsame. Toutes ces conceptions sont justes, nobles et dramatiques. (L. II.)

ACTE III, SCENE V.

Ce prince, cet amant si grand, si généreux,
Te fassent détester un époux malheureux?
Et je puis me flatter qu'insensible à sa flamme
Tu dédaignes les vœux du vertueux Arsame?
Que dis-je? trop heureux que pour moi dans ce jour
Le devoir dans ton cœur me tienne lieu d'amour!

ZÉNOBIE.

Calme les vains soupçons dont ton ame est saisie,
Ou cache-m'en du moins l'indigne jalousie;
Et souviens-toi qu'un cœur qui peut te pardonner
Est un cœur que sans crime on ne peut soupçonner.

RHADAMISTE.

Pardonne, chère épouse, à mon amour funeste;
Pardonne des soupçons que tout mon cœur déteste...
Plus ton barbare époux est indigne de toi,
Moins tu dois t'offenser de son injuste effroi.
Rends-moi ton cœur, ta main, ma chère Zénobie;
Et daigne dès ce jour me suivre en Arménie:
César m'en a fait roi. Viens me voir désormais
A force de vertus effacer mes forfaits.
Hiéron est ici: c'est un sujet fidèle;
Nous pouvons confier notre fuite à son zèle.
Aussitôt que la nuit aura voilé les cieux,
Sûre de me revoir, viens m'attendre en ces lieux.
Adieu: n'attendons pas qu'un ennemi barbare,
Quand le ciel nous rejoint, pour jamais nous sépare.
Dieux, qui me la rendez pour combler mes souhaits,
Daignez me faire un cœur digne de vos bienfaits[1]!

[1] La chaleur continue de ce rôle de Rhadamiste, les reproches

qu'il se fait, ses transports aux pieds de Zénobie, et la jalousie qu'il ne peut cacher au milieu de son ivresse; l'indulgente vertu de son épouse, l'attendrissement qu'elle lui montre, la dignité de ton et de sentiments qu'elle oppose à ses soupçons, tout concourt à placer cette scène au rang des plus belles et des plus théâtrales que nous connoissions. Tout cet ouvrage, et particulièrement le rôle de Rhadamiste, est pénétré de l'esprit de la tragédie. (L. H.)

FIN DU TROISIÈME ACTE.

ACTE QUATRIÈME.

SCÈNE I.

ZÉNOBIE, PHÉNICE.

PHÉNICE.
Ah! madame, arrêtez. Quoi! ne pourrai-je apprendre
Qui fait couler les pleurs que je vous vois répandre?
Après tant de secrets confiés à ma foi,
En avez-vous encor qui ne soient pas pour moi?
Arsame va partir: vous soupirez, madame!
Plaindriez-vous le sort du généreux Arsame?
Fait-il couler les pleurs dont vos yeux sont baignés?
Il part; et, prévenu que vous le dédaignez,
Ce prince malheureux, banni de l'Ibérie,
Va pleurer à Colchos la perte d'Isménie.
ZÉNOBIE.
Loin de te confier mes coupables douleurs,
Que n'en puis-je effacer la honte par mes pleurs!
Phénice, laisse-moi; je ne veux plus t'entendre.
L'ambassadeur romain près de moi va se rendre:
Laisse-moi seule[1].

---

[1] Les deux premières éditions portent:
Laisse-nous seuls.

SCÈNE II.

ZÉNOBIE.

Où vais-je? et quel est mon espoir?
Imprudente! où m'entraîne un aveugle devoir?
Je devance la nuit; pour qui? pour un parjure
Qu'a proscrit dans mon cœur la voix de la nature.
Ai-je donc oublié que sa barbare main
Fit tomber tous les miens sous un fer assassin?...
Que dis-je? Le cœur plein de feux illégitimes,
Ai-je assez de vertu pour lui trouver des crimes?
Et me paroîtroit-il si coupable en ce jour,
Si je ne brûlois pas d'un criminel amour?
Étouffons sans regret une honteuse flamme;
C'est à mon époux seul à régner sur mon ame :
Tout barbare qu'il est, c'est un présent des dieux,
Qu'il ne m'est pas permis de trouver odieux.
Hélas! malgré mes maux, malgré sa barbarie,
Je n'ai pu le revoir sans en être attendrie.
Que l'hymen est puissant sur les cœurs vertueux!
On vient. Dieux! quel objet offrez-vous à mes yeux!

SCÈNE III.

ZÉNOBIE, ARSAME.

ARSAME.
Eh quoi! je vous revois! c'est vous-même, madame!

ACTE IV, SCÈNE III.

Quel dieu vous rend aux vœux du malheureux Arsame?

ZÉNOBIE.

Ah! fuyez-moi, seigneur; il y va de vos jours.

ARSAME.

Dût mon père cruel en terminer le cours,
Hélas! quand je vous perds, adorable Isménie,
Voudrois-je prendre encor quelque part à la vie?
Accablé de mes maux, je ne demande aux dieux
Que la triste douceur d'expirer à vos yeux.
Le cœur aussi touché de perdre ce que j'aime,
Que si vous répondiez à mon amour extrême,
Je ne veux que mourir. Je vois couler des pleurs!
Madame, seriez-vous sensible à mes malheurs?
Le sort le plus affreux n'a plus rien qui m'étonne.

ZÉNOBIE.

Ah! loin qu'à votre amour votre cœur s'abandonne,
Vous voyez et mon trouble et l'état où je suis.
Seigneur, ayez pitié de mes mortels ennuis :
Fuyez; n'irritez point le tourment qui m'accable.
Vous avez un rival, mais le plus redoutable.
Ah! s'il vous surprenoit en ce funeste lieu,
J'en mourrois de douleur. Adieu, seigneur, adieu.
Si sur vous ma prière eut jamais quelque empire,
Loin d'en croire aux transports que l'amour vous inspire...

ARSAME.

Quel est donc ce rival si terrible pour moi?
En ai-je à craindre encor quelque autre que le roi?

ZÉNOBIE.

Sans vouloir pénétrer un si triste mystère,
N'en est-ce pas assez, seigneur, que votre père?

Fuyez, prince, fuyez; rendez-vous à mes pleurs :
Satisfait de me voir sensible à vos malheurs,
Partez, éloignez-vous, trop généreux Arsame.

ARSAME.

Un infidéle ami trahiroit-il ma flamme?
Dieux! quel trouble s'élève en mon cœur alarmé!
Quoi! toujours des rivaux, et n'être point aimé!
Belle Isménie, en vain vous voulez que je fuie;
Je ne le puis, dussé-je en perdre ici la vie.
Je vois couler des pleurs qui ne sont pas pour moi!
Quel est donc ce rival? Dissipez mon effroi.
D'où vient qu'en ce palais je vous retrouve encore?
Me refuseroit-on un secours que j'implore?
Les perfides Romains m'ont-ils manqué de foi?
Ah! daignez m'éclaircir du trouble où je vous voi.
Parlez, ne craignez pas de lasser ma constance.
Quoi! vous ne rompez point ce barbare silence?
Tout m'abandonne-t-il en ce funeste jour?
Dieux! est-on sans pitié, pour être sans amour?

ZÉNOBIE.

Eh bien! seigneur, eh bien! il faut vous satisfaire :
Je me dois plus qu'à vous cet aveu nécessaire.
Ce seroit mal répondre à vos soins généreux,
Que d'abuser encor votre amour malheureux.
Le sort a disposé de la main d'Isménie.

ARSAME.

Juste ciel!

ZÉNOBIE.

Et l'époux à qui l'hymen me lie
Est ce même Romain dont vos soins aujourd'hui

ACTE IV, SCÈNE III.

Ont imploré pour moi le secours et l'appui.

ARSAME.

Ah! dans mon désespoir, fût-ce César lui-même...

ZÉNOBIE.

Calmez de ce transport la violence extrême.
Mais c'est trop l'exposer à votre inimitié.
Moins digne de courroux que digne de pitié,
C'est un rival, seigneur, quoique pour vous terrible,
Qui n'éprouvera point votre cœur insensible,
Qui vous est attaché par les nœuds les plus doux,
Rhadamiste, en un mot.

ARSAME.

    Mon frère?

ZÉNOBIE.

        Et mon époux.

ARSAME.

Vous Zénobie? ô ciel! étoit-ce dans mon ame
Où devoit s'allumer une coupable flamme?
Après ce que j'éprouve, ah! quel cœur désormais
Osera se flatter d'être exempt de forfaits?
Madame, quel secret venez-vous de m'apprendre!
Réserviez-vous ce prix à l'amour le plus tendre?

ZÉNOBIE.

J'ai résisté, seigneur, autant que je l'ai pu;
Mais, puisque j'ai parlé, respectez ma vertu.
Mon nom seul vous apprend ce que vous devez faire;
Mon secret échappé, votre amour doit se taire.
Mon cœur de son devoir fut toujours trop jaloux...
Quelqu'un vient. Ah! fuyez, seigneur; c'est mon époux.

SCÈNE IV.

RHADAMISTE, ZÉNOBIE, ARSAME, HIÉRON.

RHADAMISTE.
(à part.)
Que vois-je? Quoi! mon frère... Hiéron, va m'attendre.
D'un trouble affreux mon cœur a peine à se défendre.
Madame, tout est prêt : les ombres de la nuit
Effaceront bientôt la clarté qui nous luit.

ZÉNOBIE.
Seigneur, puisqu'à vos soins désormais je me livre,
Rien ne m'arrête ici ; je suis prête à vous suivre.
Seul maître de mon sort, quels que soient les climats
Où le ciel avec vous veuille guider mes pas,
Vous pouvez ordonner, je vous suis.

RHADAMISTE.
(à part).
Ah, perfide!
Prince, je vous ai cru parti pour la Colchide.
Trop instruit des transports d'un père furieux,
Je ne m'attendois pas à vous voir en ces lieux :
Mais, si près de quitter pour jamais Isménie,
Vous vous occupez peu du soin de votre vie;
Et, d'un père cruel quel que soit le courroux,
On s'oublie aisément en des moments si doux.

ARSAME.
Lorsqu'il faut au devoir immoler sa tendresse,

ACTE IV, SCÈNE IV.

Un cœur s'alarme peu du péril qui le presse :
Et ces moments si doux que vous me reprochez
Coûtent bien cher aux cœurs que l'amour a touchés.
Je vois trop qu'il est temps que le mien y renonce :
Quoi qu'il en soit, du moins votre accueil me l'annonce.
Mais, avant que la nuit vous éloigne de nous,
Permettez-moi, seigneur, de me plaindre de vous.
A quoi dois-je imputer un discours qui me glace?
Qui peut d'un tel accueil m'attirer la disgrace?
Ce jour même, ce jour, il me souvient qu'ici
Votre vive amitié ne parloit pas ainsi.
Ce rival qu'avec soin on me peint inflexible
N'est pas de mes rivaux, seigneur, le plus terrible ;
Et, malgré son courroux, il en est aujourd'hui,
Pour mes feux et pour moi, de plus cruels que lui.
Ce discours vous surprend : il n'est plus temps de feindre ;
La nature en mon cœur ne peut plus se contraindre.
Ah! seigneur, plût aux dieux qu'avec la même ardeur
Elle eût pu s'expliquer au fond de votre cœur!
On ne m'eût point ravi, sous un cruel mystère,
La douceur de connoître et d'embrasser mon frère.
Ne vous dérobez point à mes embrassements :
Pourquoi troubler, seigneur, de si tendres moments?
Ah! revenez à moi sous un front moins sévère,
Et ne m'accablez point d'une injuste colère.
Il est vrai, j'ai brûlé pour ses divins appas ;
Mais, seigneur, mais mon cœur ne la connoissoit pas.

RHADAMISTE.

Dieux! qu'est-ce que j'entends? Quoi! prince, Zénobie

Vient de vous confier le secret de ma vie[1] !
Ce secret de lui-même est assez important
Pour n'en point rendre ici l'aveu trop éclatant.
Vous connoissez le prix de ce qu'on vous confie,
Et je crois votre cœur exempt de perfidie.
Je ne puis cependant approuver qu'à regret
Qu'on vous ait révélé cet important secret;
Du moins sans mon aveu l'on n'a point dû le faire:
A mon exemple enfin on devoit vous le taire ;
Et si j'avois voulu vous en voir éclairci,
Ma tendresse pour vous l'eût découvert ici.
Qui peut à mon secret devenir infidèle
Ne peut, quoi qu'il en soit, n'être point criminelle.
Je connois, il est vrai, toute votre vertu ;
Mais mon cœur de soupçons n'est pas moins combattu[2].

ARSAME.

Quoi ! la noire fureur de votre jalousie,
Seigneur, s'étend aussi jusques à Zénobie[3] !

[1] Dieux ! qu'est-ce que j'entends ? Madame, oubliez-vous
Que Thésée est mon père, et qu'il est votre époux ?
Phèdre, acte II, sc. v.

[2] Rien ne fait plus d'honneur à Crébillon que d'avoir soutenu son quatrième acte après le grand effet du troisième, et c'est dans le caractère de Rhadamiste et dans celui de Zénobie qu'il a trouvé ses ressources. La scène entre cette princesse et Arsame est un peu foible, il est vrai, et trop sur le ton élégiaque ; mais l'auteur se relève bien dans la suivante, lorsque Rhadamiste, après cette reconnoissance si vive et si tendre, se laisse emporter à de nouveaux accès de jalousie en voyant Arsame avec Zénobie, et sur-tout en apprenant qu'elle lui a confié le secret de son sort. (La H.)

[3] Il étoit facile, pour éviter la cacophonie, de mettre *jusque sur Zénobie*. (La H.)

Pouvez-vous offenser...
ZÉNOBIE.
Laissez agir, seigneur,
Des soupçons en effet si dignes de son cœur.
Vous ne connoissez pas l'époux de Zénobie,
Ni les divers transports dont son ame est saisie.
Pour oser cependant outrager ma vertu,
Réponds-moi, Rhadamiste : et de quoi te plains-tu?
De l'amour de ton frère? Ah, barbare! quand même
Mon cœur eût pu se rendre à son amour extrême,
Le bruit de ton trépas, confirmé tant de fois,
Ne me laissoit-il pas maîtresse de mon choix?
Que pouvoient te servir les droits d'un hyménée
Que vit rompre et former une même journée?
Ose te prévaloir de ce funeste jour
Où tout mon sang coula pour prix de mon amour;
Rappelle-toi le sort de ma famille entière;
Songe au sang qu'a versé ta fureur meurtrière;
Et considère après sur quoi tu peux fonder
Et l'amour et la foi que j'ai dû te garder.
Il est vrai que, sensible aux malheurs de ton frère,
De ton sort et du mien j'ai trahi le mystère.
J'ignore si c'est là le trahir en effet;
Mais sache que ta gloire en fut le seul objet :
Je voulois de ses feux éteindre l'espérance,
Et chasser de son cœur un amour qui m'offense.
Mais, puisqu'à tes soupçons tu veux t'abandonner,
Connois donc tout ce cœur que tu peux soupçonner :
Je vais par un seul trait te le faire connoître,
Et de mon sort après je te laisse le maître.

Ton frère me fut cher, je ne le puis nier;
Je ne cherche pas même à m'en justifier;
Mais, malgré son amour, ce prince, qui l'ignore,
Sans tes lâches soupçons l'ignoreroit encore.

(à Arsame.)

Prince, après cet aveu, je ne vous dis plus rien[1].
Vous connoissez assez[2] un cœur comme le mien,
Pour croire que sur lui l'amour ait quelque empire.
Mon époux est vivant, ainsi ma flamme expire[3].

[1] Après avoir rappelé avec toutes les bienséances convenables tous les droits qu'elle avoit d'écouter le choix de son cœur, Zénobie finit par un mouvement aussi noble qu'il étoit neuf au théâtre. (La H.)

[2] *Vous connoisses assez* dit tout le contraire de ce que l'auteur veut dire. Il falloit *vous connoisses trop bien*. Le sens est si clair qu'on ne prend pas garde au contre-sens qui est dans les termes. (La H.)

[3] Cette scène est comparable à celle de Pauline et de Sévère*, pour cette dignité modeste que peut mettre une femme vertueuse dans l'aveu de sa sensibilité. J'avouerai que j'avois d'abord cru trouver un défaut de vérité dans ces mots:

...... ainsi ma flamme expire.

En effet il n'est pas vrai que l'amour expire ainsi au premier ordre de la vertu, et il semble que Zénobie auroit dû dire seulement que désormais elle est rendue tout entière à son devoir. Mais, en y réfléchissant, j'ai vu qu'après l'aveu qu'elle vient de faire devant Arsame et Rhadamiste elle ne pouvoit pas énoncer trop formellement

* Mon admiration pour la scène de Corneille ne m'empêche pas de mettre celle de Crébillon au-dessus, parceque la présence de l'époux, témoin du chaste aveu que prononce Zénobie avec la dignité de sa pudeur et au péril de ses jours, ajoute au sensible intérêt qui attache le spectateur à sa victime l'épouvante qu'inspire le caractère de Rhadamiste. (M. Laurecieu, *Cours analytique de littérature*.)

ACTE IV, SCENE IV.

Cessez donc d'écouter un amour odieux,
Et sur-tout gardez-vous de paroître à mes yeux.

(à Rhadamiste.)

Pour toi, dès que la nuit pourra me le permettre,
Dans tes mains, en ces lieux, je viendrai me remettre.
Je connois la fureur de tes soupçons jaloux,
Mais j'ai trop de vertu pour craindre mon époux.

(Elle sort.)

RHADAMISTE.

Barbare que je suis! quoi! ma fureur jalouse
Déshonore à-la-fois mon frère et mon épouse!
Adieu, prince; je cours, honteux de mon erreur,
Aux pieds de Zénobie expier ma fureur.

SCÈNE V.

ARSAME.

Cher objet de mes vœux, aimable Zénobie,
C'en est fait, pour jamais vous m'êtes donc ravie!
Amour, cruel amour, pour irriter mes maux,
Devois-tu dans mon sang me choisir mes rivaux?
Ah! fuyons de ces lieux... Ciel! que me veut Mitrane?

tout ce qui pourroit ôter à l'un toute espérance et à l'autre toute défiance, et que par conséquent elle peut aller un peu au-delà de l'exacte vérité, et parler de la victoire qu'avec le temps elle remportera sur elle-même, comme si elle étoit déjà remportée. Que de nuances à observer dans les convenances dramatiques, et combien il faut y réfléchir avant d'asseoir un jugement! (LA H.)

SCÈNE VI.

ARSAME, MITRANE, gardes.

MITRANE.
J'obéis à regret, seigneur; mais Pharasmane,
Dont en vain j'ai tenté de fléchir le courroux...

ARSAME.
Hé bien!

MITRANE.
   Veut qu'en ces lieux je m'assure de vous.
Souffrez...

ARSAME.
   Je vous entends. Et quel est donc mon crime?

MITRANE.
J'en ignore la cause, injuste ou légitime:
Mais je crains pour vos jours; et les transports du roi
N'ont jamais dans nos cœurs répandu plus d'effroi.
Furieux, inquiet, il s'agite, il vous nomme;
Il menace avec vous l'ambassadeur de Rome;
On vous accuse enfin d'un entretien secret.

ARSAME.
C'en est assez, Mitrane, et je suis satisfait.
O destin! à tes coups j'abandonne ma vie;
Mais sauve, s'il se peut, mon frère et Zénobie.

FIN DU QUATRIÈME ACTE.

ACTE CINQUIÈME.

SCÈNE I.

PHARASMANE, HYDASPE, GARDES.

PHARASMANE.

Hydaspe, il est donc vrai que mon indigne fils,
Qu'Arsame est de concert avec mes ennemis?
Quoi! ce fils, autrefois si soumis, si fidèle,
Si digne d'être aimé, n'est qu'un traître, un rebelle!
Quoi! contre les Romains ce fils tout mon espoir
A pu jusqu'à ce point oublier son devoir!
Perfide, c'en est trop que d'aimer Isménie,
Et que d'oser trahir ton père et l'Ibérie,
Traverser à-la-fois et ma gloire et mes feux...
Pour de moindres forfaits, ton frère malheureux...
Mais en vain tu séduis un prince téméraire,
Rome: de mes desseins ne crois pas me distraire;
Ma défaite ou ma mort peut seule les troubler;
Un ennemi de plus ne me fait pas trembler.
Dans la juste fureur qui contre toi m'anime,
Rome, c'est ne m'offrir de plus qu'une victime.
C'est assez que mon fils s'intéresse pour toi;
Dès qu'il faut me venger, tout est Romain pour moi.
Mais que dit Hiéron? T'es-tu bien fait entendre?

Sait-il enfin de moi tout ce qu'il doit attendre
S'il veut dans l'Arménie appuyer mes projets?
HYDASPE.
Peu touché de l'espoir des plus rares bienfaits,
A vos offres, seigneur, toujours plus inflexible,
Hiéron n'a fait voir qu'un cœur incorruptible;
Soit qu'il veuille en effet signaler son devoir,
Ou soit qu'à plus haut prix il mette son pouvoir.
Trop instruit qu'il peut seul vous servir ou vous nuire,
Je n'ai rien oublié, seigneur, pour le séduire.
PHARASMANE.
Hé bien! c'est donc en vain qu'on me parle de paix:
Dussé-je sans honneur succomber sous le faix,
Jusque chez les Romains je veux porter la guerre,
Et de ces fiers tyrans venger toute la terre.
Que je hais les Romains! Je ne sais quelle horreur
Me saisit au seul nom de leur ambassadeur:
Son aspect a jeté le trouble dans mon ame.
Ah! c'est lui qui sans doute aura séduit Arsame:
Tous deux en même jour arrivés dans ces lieux...
Le traître! C'en est trop: qu'il paroisse à mes yeux.
Il faut... mais je le vois[1].

---

[1] Ce passage a été tronqué dans l'édition de 1749, où il est ainsi conçu:

> Mais de le voir, il faut...

Il a été corrigé en 1750, par

> Mais je le vois, il faut...

Cette correction, faite sans doute par l'imprimeur, étoit insuffisante, et nous avons dû suivre les premières éditions, toutes uniformes sur ce point.

SCÈNE II.

PHARASMANE, ARSAME, HYDASPE, MITRANE, gardes.

PHARASMANE.
Fils ingrat et perfide,
Que dis-je ? au fond du cœur peut-être parricide,
Esclave de Néron, eh! quel est ton dessein ?
(à Hydaspe.)
Qu'on m'amène en ces lieux l'ambassadeur romain.
Traître, c'est devant lui que je veux te confondre.
Je veux savoir du moins ce que tu peux répondre ;
Je veux voir de quel œil tu pourras soutenir
Le témoin d'un complot que j'ai su prévenir ;
Et nous verrons après si ton lâche complice
Soutiendra sa fierté jusque dans le supplice.
Tu ne me vantes plus ton zéle ni ta foi.

ARSAME.
Elle n'en est pas moins sincère pour mon roi.

PHARASMANE.
Fils indigne du jour, pour me le faire croire,
Fais que de tes projets je perde la mémoire.
Grands dieux, qui connoissez ma haine et mes desseins,
Ai-je pu mettre au jour un ami des Romains ?

ARSAME.
Ces reproches honteux dont en vain l'on m'accable
Ne rendront pas, seigneur, votre fils plus coupable.
Que sert de m'outrager avec indignité ?

Donnez-moi le trépas si je l'ai mérité :
Mais ne vous flattez point que, tremblant pour ma vie,
Jusqu'à la demander la crainte m'humilie.
Qui ne cherche en effet qu'à me faire périr
En faveur d'un rival pourroit-il s'attendrir ?
Je sais que près de vous, injuste ou légitime,
Le plus léger soupçon tint toujours lieu de crime ;
Que c'est être proscrit que d'être soupçonné ;
Que votre cœur enfin n'a jamais pardonné.
De vos transports jaloux qui pourroit me défendre,
Vous qui m'avez toujours condamné sans m'entendre ?

PHARASMANE.

Pour te justifier, eh ! que me diras-tu ?

ARSAME.

Tout ce qu'a dû pour moi vous dire ma vertu ;
Que ce fils si suspect, pour trahir sa patrie,
Ne vous fût pas venu chercher dans l'Ibérie.

PHARASMANE.

D'où vient donc aujourd'hui ce secret entretien,
S'il est vrai qu'en ces lieux tu ne médites rien ?
Quand je voue aux Romains une haine immortelle,
Voir leur ambassadeur est-ce m'être fidèle ?
Est-ce pour le punir de m'avoir outragé,
Qu'à lui parler ici mon fils s'est engagé ?
Car il n'a point dû voir l'ennemi qui m'offense,
Que pour venger ma gloire, ou trahir ma vengeance :
Un de ces deux motifs a dû seul le guider[1] ;

---

[1] On lit dans les deux premières éditions :

. . . . . . A dû seul te guider.

ACTE V, SCÈNE II.

Et c'est sur l'un des deux que je dois décider.
Éclaircis-moi ce point, je suis prêt à t'entendre ;
Parle.

ARSAME.

Je n'ai plus rien, seigneur, à vous apprendre.
Ce n'est pas un secret qu'on puisse révéler :
Un intérêt sacré me défend de parler.

SCÈNE III.

PHARASMANE, ARSAME, MITRANE, HYDASPE, GARDES.

HYDASPE.

L'ambassadeur de Rome et celui d'Arménie...

PHARASMANE.

Hé bien ?

HYDASPE.

De ce palais enlèvent Isménie.

PHARASMANE.

Dieux ! qu'est-ce que j'entends ? Ah traître ! en est-ce assez ?
Qu'on rassemble en ces lieux mes gardes dispersés :
Allez ; dès ce moment qu'on soit prêt à me suivre.

(à Arsame.)

Lâche ! à cet attentat n'espère pas survivre.

HYDASPE.

Vos gardes rassemblés, mais par divers chemins,
Déjà de toutes parts poursuivent les Romains.

PHARASMANE.

Rome, que ne peux-tu, témoin de leurs supplices,

De ma fureur ici recevoir les prémices!

(Il veut sortir.)

ARSAME.

Je ne vous quitte point, en dussé-je périr.
Eh bien! écoutez-moi, je vais tout découvrir.
Ce n'est pas un Romain que vous allez poursuivre :
Loin qu'à votre courroux sa naissance le livre,
Du plus illustre sang il a reçu le jour,
Et d'un sang respecté même dans cette cour.
De vos propres regrets sa mort seroit suivie :
Ce ravisseur enfin est l'époux d'Isménie...
C'est...

PHARASMANE.

Achève, imposteur : par de lâches détours,
Crois-tu de ma fureur interrompre le cours?

ARSAME.

Ah! permettez du moins, seigneur, que je vous suive;
Je m'engage à vous rendre ici votre captive.

PHARASMANE.

Retire-toi, perfide, et ne réplique pas.

(à une partie de sa garde.)

Mitrane, qu'on l'arrête[1]. Et vous, suivez mes pas.

---

[1] On a objecté, et cette remarque se présente d'elle-même, qu'Arsame devoit lui dire : « Arrêtez, c'est votre fils que vous allez frapper. » Voltaire a insisté plus que personne sur cette critique, qui même chez lui devient outrée. « Arsame, dit-il, voyant son frère Rhadamiste en péril, et pouvant le sauver d'un mot, ne révèle point à Pharasmane que Rhadamiste est son fils. Il n'a qu'à parler pour prévenir un parricide ; nulle raison ne le retient : cependant il se tait. L'auteur le fait persister une scène entière dans un silence condamnable, uniquement pour ménager à la fin une surprise qui

SCÈNE IV.

ARSAME, MITRANE, GARDES.

ARSAME.

Dieux, témoins des fureurs que le cruel médite,

devient *puérile*, parcequ'elle n'est nullement vraisemblable. » L'objection est pressante, et n'est pas sans fondement. Cependant est-il bien vrai que *nulle raison ne retienne* Arsame? Pharasmane a voulu autrefois la mort de ce fils, et croit même avoir réussi dans ce cruel dessein. Ce n'est donc pas un homme incapable de verser le sang de ses enfants; et sur-tout ce n'est pas dans le moment où Rhadamiste est si coupable envers lui, comme ami des Romains et comme ravisseur d'Isménie, que ce monarque sanguinaire et jaloux sera porté à l'épargner. Aussi Arsame dit-il un moment après :

Mais je devois parler : le nom de fils peut-être, etc.

C'est une preuve que l'auteur a senti l'objection, et que du moins il ne manquoit pas tout-à-fait de réponse. Mais accordons que le premier mouvement eût dû être le plus fort, et qu'Arsame eût mieux fait de parler : tout considéré, il faudra convenir que c'est ici une de ces occasions où, de deux partis que peut prendre le poëte, il y en a un qui vaut mieux dans l'exactitude rigoureuse, et un autre qui, sans être dépourvu de raison, vaut infiniment mieux pour l'effet; et, dans ce cas, doit-on condamner ce poëte d'avoir préféré le dernier parti? C'est ici que la sévérité de Voltaire me paroit aller jusqu'à l'injustice. Il n'est nullement vrai que la catastrophe de Rhadamiste ne soit qu'une *surprise puérile*: l'expérience atteste qu'elle produit la terreur et la pitié. Il n'y a personne qui ne frémisse lorsque Pharasmane reparoit tenant à la main l'épée qu'il a teinte du sang de son fils, lorsque, voyant avec surprise Arsame tomber évanoui d'horreur et de désespoir, il commence à s'interroger lui-même sur toutes les circonstances qu'il se rappelle et qui l'épouvantent, et principalement sur le peu de résistance qu'il a éprouvé de la part de ce Romain qui avoit paru si redoutable pour tout autre. (I. s II.)

L'abandonnerez-vous au transport qui l'agite?
Par quel destin faut-il que ce funeste jour
Charge de tant d'horreurs la nature et l'amour?
Mais je devois parler; le nom de fils peut-être...
Hélas! que m'eût servi de le faire connoître?
Loin que ce nom si doux eût fléchi le cruel,
Il n'eût fait que le rendre encor plus criminel.
Que dis-je, malheureux? que me sert de me plaindre!
Dans l'état où je suis, eh! qu'ai-je encore à craindre?
Mourons; mais que ma mort soit utile en ces lieux
A des infortunés qu'abandonnent les dieux.
Cher ami, s'il est vrai que mon père inflexible
Aux malheurs de son fils te laisse un cœur sensible,
Dans mes derniers moments à toi seul j'ai recours.
Je ne demande point que tu sauves mes jours;
Ne crains pas que pour eux j'ose rien entreprendre :
Mais si tu connoissois le sang qu'on va répandre,
Au prix de tout le tien tu voudrois le sauver.
Suis-moi; que ta pitié m'aide à le conserver.
Désarmé, sans secours, suis-je assez redoutable
Pour alarmer encor ton cœur inexorable?
Pour toute grace enfin je n'exige de toi
Que de guider mes pas sur les traces du roi.

MITRANE.

Je ne le nierai point, votre vertu m'est chère;
Mais je dois obéir, seigneur, à votre père :
Vous prétendez en vain séduire mon devoir.

ARSAME.

Eh bien! puisque pour moi rien ne peut t'émouvoir...
Mais, hélas! c'en est fait, et je le vois paroître.

ACTE V, SCÈNE IV.

Justes dieux, de quel sang nous avez-vous fait naître!
(à part)
Ah! mon frère n'est plus!

SCÈNE V.

PHARASMANE, ARSAME, MITRANE, HYDASPE, GARDES.

ARSAME.
    Seigneur, qu'avez-vous fait?
PHARASMANE.
J'ai vengé mon injure, et je suis satisfait.
Aux portes du palais j'ai trouvé le perfide,
Que son malheur rendoit encor plus intrépide
Un long rempart des miens expirés sous ses coups,
Arrêtant les plus fiers, glaçoit les cœurs de tous.
J'ai vu deux fois le traître, au mépris de sa vie,
Tenter, même à mes yeux, de reprendre Isménie.
L'ardeur de recouvrer un bien si précieux
L'avoit déjà deux fois ramené dans ces lieux.
A la fin, indigné de son audace extrême,
Dans la foule des siens je l'ai cherché moi-même :
Ils en ont pâli tous; et, malgré sa valeur,
Ma main a dans son sein plongé ce fer vengeur.
Va le voir expirer dans les bras d'Isménie;
Va partager le prix de votre perfidie.

ARSAME.
Quoi! seigneur, il est mort! Après ce coup affreux,
Frappez, n'épargnez plus votre fils malheureux.

(à part.)

Dieux, ne me rendiez-vous mon déplorable frère
Que pour le voir périr par les mains de mon père?
Mitrane, soutiens-moi.

PHARASMANE.

     D'où vient donc que son cœur
Est si touché du sort d'un cruel ravisseur?
Le Romain dont ce fer vient de trancher la vie,
Si j'en crois ses discours, fut l'époux d'Isménie;
Et cependant mon fils, charmé de ses appas,
Quand son rival périt, gémit de son trépas!
Qui peut lui rendre encor cette perte si chère?
Des larmes de mon fils quel est donc le mystère?
Mais moi-même, d'où vient qu'après tant de fureur
Je me sens malgré moi partager sa douleur?
Par quel charme, malgré le courroux qui m'enflamme,
La pitié s'ouvre-t-elle un chemin dans mon ame?
Quelle plaintive voix trouble en secret mes sens,
Et peut former en moi de si tristes accents?
D'où vient que je frissonne? et quel est donc mon crime?
Me serois-je mépris au choix de la victime?
Ou le sang des Romains est-il si précieux
Qu'on n'en puisse verser sans offenser les dieux[1]?
Par mon ambition, d'illustres destinées,
Sans pitié, sans regret, ont été terminées;
Et, lorsque je punis qui m'avoit outragé,

---

[1] Ces vers sont dans la mémoire de tout le monde. Nous ne connoissons pas de pièce où les traits sublimes soient plus fréquents que dans *Rhadamiste*. De pareilles beautés assurent à Crébillon une place honorable à côté de Corneille et de Racine.

ACTE V, SCÈNE V.

Mon foible cœur craint-il de s'être trop vengé ?
D'où peut naître le trouble où son trépas me jette ?
Je ne sais ; mais sa mort m'alarme et m'inquiète.
Quand j'ai versé le sang de ce fier ennemi,
Tout le mien s'est ému, j'ai tremblé, j'ai frémi.
Il m'a même paru que ce Romain terrible,
Devenu tout-à-coup à sa perte insensible,
Avare de mon sang quand je versois le sien [1],
Aux dépens de ses jours s'est abstenu du mien [2].
Je rappelle en tremblant ce que m'a dit Arsame.
Éclaircissez le trouble où vous jetez mon ame ;
Écoutez-moi, mon fils, et reprenez vos sens.

ARSAME.

Que vous servent, hélas ! ces regrets impuissants ?
Puissiez-vous, à jamais ignorant ce mystère,
Oublier avec lui de qui vous fûtes père !

PHARASMANE.

Ah ! c'est trop m'alarmer ; expliquez-vous, mon fils.
De quel effroi nouveau frappez-vous mes esprits ?
Mais pour le redoubler dans mon ame éperdue,
Dieux puissants, quel objet offrez-vous à ma vue !

---

[1] Il n'y a personne qui ne soit attendri lorsqu'on apporte expirant ce même Rhadamiste, devenu plus intéressant pour nous par le respect généreux qu'il a eu pour son père, respect qui lui a coûté la vie, et qui semble une sorte d'expiation de ses fautes, en même temps que sa mort en est la punition. (LAH.)

[2] VAR. Tout couvert de mes coups, s'est abstenu du mien.
(Première édition.)

SCÈNE VI.

PHARASMANE; RHADAMISTE, porté par des soldats; ZÉNOBIE, ARSAME, HIÉRON, MITRANE, HYDASPE, PHÉNICE, GARDES.

PHARASMANE.

Malheureux, quel dessein te ramène en ces lieux ?
Que cherches-tu ?

RHADAMISTE.

Je viens expirer à vos yeux [1].

PHARASMANE.

Quel trouble me saisit !

RHADAMISTE.

Quoique ma mort approche,
N'en craignez pas, seigneur, un injuste reproche.
J'ai reçu par vos mains le prix de mes forfaits.
Puissent les justes dieux en être satisfaits !
Je ne méritois pas de jouir de la vie.

(à Zénobie.)

Sèche tes pleurs : adieu, ma chère Zénobie ;
Mithridate est vengé.

PHARASMANE.

Grands dieux ! qu'ai-je entendu ?
Mithridate ! Ah ! quel sang ai-je donc répandu ?
Malheureux que je suis, puis-je le méconnoître ?
Au trouble que je sens, quel autre pourroit-ce être ?

---

[1] Ces paroles si simples, adressées à Pharasmane, font couler des larmes. (L. H.)

Mais, hélas! si c'est lui, quel crime ai-je commis!
Nature, ah! venge-toi, c'est le sang de mon fils.
RHADAMISTE.
La soif que votre cœur avoit de le répandre
N'a-t-elle pas suffi, seigneur, pour vous l'apprendre?
Je vous l'ai vu poursuivre avec tant de courroux,
Que j'ai cru qu'en effet j'étois connu de vous.
PHARASMANE.
Pourquoi me le cacher? Ah! père déplorable!
RHADAMISTE.
Vous vous êtes toujours rendu si redoutable,
Que jamais vos enfants, proscrits et malheureux,
N'ont pu vous regarder comme un père pour eux.
Heureux, quand votre main vous immoloit un traître,
De n'avoir point versé le sang qui m'a fait naître;
Que la nature ait pu, trahissant ma fureur,
Dans ce moment affreux s'emparer de mon cœur!
Enfin, lorsque je perds une épouse si chère,
Heureux, quoiqu'en mourant, de retrouver mon père!
Votre cœur s'attendrit, je vois couler vos pleurs.

(à Arsame.)

Mon frère, approchez-vous; embrassez-moi : je meurs[1].
ZÉNOBIE.
S'il faut par des forfaits que ta justice éclate,

---

[1] Ce style, ce spectacle, la situation de tous les personnages, tout ce dénouement enfin n'est pas moins tragique que le reste de la pièce; et, s'il y a quelque chose à dire aux moyens de l'auteur, on ne peut nier que les effets ne l'aient suffisamment justifié, et qu'un assez léger reproche ne soit couvert par tout ce qu'on peut mériter d'éloge. (La H.)

Ciel, pourquoi vengeois-tu la mort de Mithridate?

(Elle sort.)

PHARASMANE.

O mon fils! ô Romains! êtes-vous satisfaits?

(à Arsame.)

Vous, que pour m'en venger j'implore désormais,
Courez vous emparer du trône d'Arménie.
Avec mon amitié je vous rends Zénobie;
Je dois ce sacrifice à mon fils malheureux.
De ces lieux cependant éloignez-vous tous deux :
De mes transports jaloux mon sang doit se défendre ;
Fuyez, n'exposez plus un père à le répandre[1].

---

[1] On trouve dans tous les recueils d'anecdotes le jugement de Boileau, dans sa dernière maladie, sur *Rhadamiste*, qu'il mettoit, dit-on, au-dessous des pièces de Pradon et de Boyer. Voltaire, qui rapporte ce fait, ajoute : « C'est qu'il étoit dans un âge et dans un état où l'on n'est sensible qu'aux défauts, et insensible aux beautés. » Mais cette anecdote est-elle exactement vraie ? Il n'y a qu'à remonter à sa source, ce qu'il faut toujours faire quand on cherche la vérité de bonne foi, et l'on verra que tout le monde a tort. Rétablissons le fait tel qu'il est : nous rendrons justice à tous, et il se trouvera que les paroles de Boileau n'ôtent rien à son jugement ni au mérite de *Rhadamiste*. C'est dans le *Bolœana* de Monchesnay que cette anecdote a été rapportée originairement. Voici dans quels termes : « Le Verrier s'avisa de lui aller lire une nouvelle tragédie « (c'étoit *Rhadamiste*) lorsqu'il étoit dans son lit, n'attendant plus « que l'heure de la mort. Ce grand homme eut la patience d'en « écouter jusqu'à deux scènes, après quoi il lui dit : Quoi, mon« sieur ! cherchez-vous à me hâter l'heure fatale ? Voilà un auteur « devant qui les Boyer et les Pradon sont de vrais soleils. Hélas ! « j'ai moins de regret à quitter la vie, puisque notre siècle enchérit « chaque jour sur les sottises. » On lit avec si peu d'attention, et un fait une fois répété inexactement par un auteur l'est bientôt par

tant d'autres, qu'il est demeuré certain dans l'opinion générale que Boileau avoit prononcé l'arrêt le plus infamant contre *Rhadamiste*, quoiqu'il n'ait pu s'expliquer que sur deux scènes, puisqu'il n'en avoit pas entendu davantage. Or, il faut l'avouer, le premier acte de *Rhadamiste* est si mauvais de tout point; il est sur-tout si mal écrit, que tout ce qui m'étonne, c'est que Boileau, sévère comme il le fut toujours sur le style, et dans l'état où il étoit alors, ait pu entendre jusqu'au bout l'exposition, qui a plus de deux cents vers. (L. H.) — Ce chef-d'œuvre, représenté pour la première fois quatre ans avant la mort de Louis XIV, appartient encore à ce siècle à jamais mémorable; il doit être regardé comme le dernier soupir de cette tragédie mâle, simple et vraie, créée par Corneille et Racine. (GEOFFROY.)

FIN DU PREMIER VOLUME.

TABLE.

Avertissement de l'éditeur.	Page j
Éloge de Crébillon.	1
Épitre au Roi.	33
Préface.	35
Idoménée, tragédie.	41
Atrée et Thieste, tragédie.	133
Électre, tragédie.	221
Rhadamiste et Zénobie, tragédie.	313

FIN DE LA TABLE.

www.ingramcontent.com/pod-product-compliance
Lightning Source LLC
Chambersburg PA
CBHW052133230426
43671CB00009B/1230